O DIREITO LABORAL PORTUGUÊS NA CRISE ATUAL

JOÃO REIS

IMPEDIMENTO PARA TRABALHAR E DIREITO
A FÉRIAS: CRÓNICA SOBRE A JURISPRUDÊNCIA
DO TRIBUNAL DE JUSTIÇA DA UNIÃO EUROPEIA

FRANCISCO LIBERAL FERNANDES

A REPERCUSSÃO DA DOENÇA DO TRABALHADOR
SOBRE O SEU DIREITO A FÉRIAS
– ALGUMAS NOTAS COM BASE
NO DIREITO EUROPEU E NO DIREITO PORTUGUÊS

MILENA SILVA ROUXINOL

ALGUMAS NOTAS SOBRE O DIREITO À GREVE
E A SUA EVOLUÇÃO AO NÍVEL EUROPEU

JÚLIO GOMES

O TRABALHADOR ESTRANGEIRO NO DIREITO LABORAL
DA PENÍNSULA IBÉRICA: ASPECTOS BÁSICOS

MARIA REGINA REDINHA – ANA I. PÉREZ CAMPOS

DA (I)LEGALIDADE DO REGIME DO ARTIGO 366.°,
N.^{OS} 4 E 5 DO CÓDIGO DO TRABALHO:
ANÁLISE DE UMA PRESUNÇÃO (POUCO) ILIDÍVEL

ANA MARGARIDA MARTINS PINTO PIRES

O DIREITO À GREVE NO ORDENAMENTO JURÍDICO
PORTUGUÊS – NÓTULAS PARA UMA CONSIDERAÇÃO
RETROSPECTIVA

DIOGO FIGUEIREDO PERFEITO DIAS FERREIRA

UMA NOVA VISÃO DA REALIDADE LABORAL
NO DISTRITO DE COIMBRA

ANA RITA OLIVEIRA SANTOS

ALMEDINA

ESTUDOS LABORAIS – Miscelânias n.° 8

AUTORES

João Reis

Francisco Liberal Fernandes

Milena Silva Rouxinol

Júlio Gomes

Maria Regina Redinha

Ana I. Pérez Campos

Diogo Figueiredo Perfeito Dias Ferreira

Ana Rita Oliveira Santos

EDITOR

EDIÇÕES ALMEDINA, S.A.

Rua Fernandes Tomás, n°s 76, 78 e 80

3000-167 Coimbra

Tel.: 239 851 904 · Fax: 239 851 901

www.almedina.net · editora@almedina.net

DESIGN DE CAPA

FBA.

PRÉ-IMPRESSÃO

EDIÇÕES ALMEDINA, S.A.

IMPRESSÃO E ACABAMENTO

Vasp - DPS

Julho, 2018

DEPÓSITO LEGAL

442964/18

ALMEDINA | GRUPOALMEDINA

BIBLIOTECA NACIONAL DE PORTUGAL – CATALOGAÇÃO NA PUBLICAÇÃO

ESTUDOS LABORAIS

Estudos laborais / autores João Reis... [et al.]. – (Miscelâneas do IDET ; 8)

ISBN 978-972-40-7376-7

I – REIS, João

CDU 349

NOTA DE APRESENTAÇÃO

Desde a sua fundação que o IDET vem realizando cursos de Pós-Graduação em Direito do Trabalho. Vai já no décimo sétimo curso. Tem motivos para se orgulhar deste feito. Os cursos têm-se pautado por critérios de estrita qualidade e rigor. São ministrados por especialistas de reconhecido mérito, de diversa sensibilidade jurídico-laboral, e o seu corpo discente, constituído maioritariamente por juristas e por licenciados em áreas distintas do direito, tem sido exigente, diversificado e de apreciável nível profissional e académico.

Contudo, diversamente do que sucede noutras áreas jurídicas, não tem sido dada a atenção devida à promoção de estudos e reflexões jurídico-laborais. Chegou a altura de combater esta lacuna. Daí este número, que se espera que seja o primeiro de muitos.

Os temas tratados neste volume são de manifesto interesse e atualidade.

Numa época de profundas transformações do trabalho e do direito que o regula, compreende-se que este volume, como primeiro tema, abra com uma reflexão geral sobre as incidências de tais alterações sobre o direito laboral. Depois da crise, terá o direito do trabalho ainda o sentido e a função que explicaram o seu surgimento? Eis uma questão central, entre outras, a enfrentar pelos juristas contemporâneo, abordada no artigo de João Reis.

O direito comunitário laboral é pouco conhecido pelos operadores jurídicos portugueses e, até mesmo, pela doutrina juslaboral portuguesa. Mas a verdade é que ele vai tendo uma influência crescente nos ordenamentos jurídicos internos. Justifica-se por isso, como segundo tema destas Miscelânias n.° 8, uma atenção especial ao regime comunitário (ou da União) sobre o trabalho. Um dos direitos com grande implicação prática e teórica é o direito de férias, valendo a pena conhecer a reflexão de Liberal Fernandes e Milena Rouxinol sobre as implicações da doença sobre o regime das férias à luz do direito do trabalho da união europeia.

Para além da matéria atinente às relações individuais de trabalho, importa também realçar o regime comunitário acerca do conflito coletivo laboral, mormente sobre a greve, instituto singular cuja problematicidade é sempre atual. É, pois, de grande utilidade teórica o estudo de Júlio Gomes sobre a greve no ordenamento da união europeia. Não só de utilidade teórica como também prática: o Tribunal de Justiça da União Europeia já foi chamado para se pronunciar sobre a colisão da greve com as chamadas "liberdades fundamentais do mercado", e tudo leva a crer que volte a ser convocado. Urge, pois, delimitar rigorosamente a posição da greve no ordenamento comunitário.

O terceiro núcleo temático destas miscelânias tem a ver com o regime jurídico sobre o trabalho de estrangeiros, o qual é chamado a intervir cada vez mais, espelhando a importância do fenómeno migratório nas sociedades dos nossos dias. Deste modo, o artigo de Regina Redinha e Ana Campos sobre os aspetos básicos do regime do trabalhador estrangeiro na Península Ibérica afigura-se de uma apreciável utilidade.

A presunção de aceitação do despedimento no caso de o trabalhador aceitar a indemnização e antiguidade – a quarta matéria temática deste volume – continua a suscitar as maiores dúvidas à doutrina. Importa, pois, num momento em que estão a ser discutidas alterações à legislação laboral, atentar sobre o regime vigente, dando voz a Ana Pires, uma auditora do nosso último Curso de Pós-graduação, a qual, com toda a oportunidade e sentido crítico, refletiu atentamente sobre o tema.

As investigações juslaborais de ordem histórica são de um préstimo indiscutível. Por isso, achou-se por bem, como penúltimo ponto deste volume, dar a conhecer a criteriosa e informada exposição de Diogo Ferreira sobre a evolução da greve no direito português.

Por último, uma vez que o conhecimento dos dados sobre a atividade sancionatória da autoridade laboral é uma vertente importante do mundo do trabalho, entendeu-se divulgar a original investigação de Ana Santos sobre as denúncias laborais no Distrito de Coimbra, a qual constitui um retrato interessante para uma reflexão jurídica mais sólida e fundada sobre o combate às infrações laborais.

Coimbra, setembro de 2017

João Reis

O DIREITO LABORAL PORTUGUÊS NA CRISE ATUAL

JOÃO REIS

Sumário:

1. Introdução; 2. Causas próximas da mudança; 3. Medidas laborais de austeridade; 3.1.Diminuição do salário; 3.2. Congelamento das carreiras profissionais; 3.3. Dilatação e flexibilização do tempo de trabalho; 3.4. Maior tolerância com o despedimento; 3.5. Direito coletivo do trabalho; 3.5.1. Anulação de regimes convencionais; 3.5.2. Os critérios para a adoção de portarias de extensão; 3.5.3. Sobrevigência da convenção coletiva; 3.5.4. Nível da negociação coletiva; 3.5.5. Suspensão da convenção coletiva; 3.5.6. Subsídio de desemprego; 4. As alterações e o direito laboral: um direito diferente?; 4.1. Menos proteção para a pessoa e mais para o empregador; 4.2. Maior ocultação do conflito básico; 4.3. Maior debilitação da dimensão coletiva; 4.4. Maior desvalorização do trabalhador; 4.5. A ambivalência do direito do trabalho continua; 5. Implicações económico-sociais das alterações laborais.

1. Introdução

As transformações sofridas pelo direito do trabalho português em consequência das dificuldades económicas e financeiras, nacionais e estrangeiras, têm sido muitas e profundas. Não admira. A permeabilidade do direito do trabalho à infraestrutura económica é uma característica frequentemente destacada pela doutrina. O surgimento e evolução deste ramo do direito refletiu sempre o modo de organização do mercado do trabalho, o valor do trabalho, ou, o que é o mesmo, o valor atribuído à pessoa que o produz numa dada sociedade.

É, pois, natural que a intensificação das trocas comerciais, da liberalização dos mercados, da magnificação da concorrência, numa palavra, da crescente mundialização ou globalização da economia, acabe por acarretar consequências significativas na regulação do trabalho. É mesmo de admitir que o capitalismo tenha entrado numa nova fase ou, pelo menos, venha assumindo características novas[1]. Mas não se confundam as coisas. Se as adaptações da legislação do trabalho ao inevitável dinamismo das relações laborais, fruto da incessante inovação na produção e comercialização de bens e serviços são naturais, já a ideia de que o tipo e o sentido das alterações ocorridas são inevitáveis carece de demonstração. Mais do que uma inevitabilidade indesejada, o direito do trabalho que se vem construindo corresponde a uma escolha, a uma opção ideológica desejada. Um uso mais flexível da força de trabalho não impõe necessariamente um contrato de trabalho temporário, o combate ao desemprego não justifica maior facilidade no regime da cessação do contrato, a igualdade

[1] Na verdade, acabaram-se algumas ilusões e certo tipo de manipulações ideológicas são hoje mais evidentes. Como salienta Avelãs Nunes, o «capitalismo sem crises, o capitalismo que já não era capitalismo (como pretendiam os defensores da teoria da convergência dos sistemas) deu lugar ao capitalismo do risco sistémico, ao capitalismo de casino ... Mais recentemente passou-se ao capitalismo sem risco e sem falências, à "economia da mentira" (como alguém lhe chamou), ao capitalismo assente no crime sistémico (crime sem castigo, porque os bancos são *too big to fail,* mas são também *too big to jail,* no dizer de *The Economist*)». "Uma tentativa de compreender a crise à luz do marxismo», *Revista da Faculdade de Direito da Universidade de Lisboa,* Vol. LIII – N.ºs 1 e 2, Coimbra Editora, 2012, p. 19.

entre os trabalhadores não tem de implicar um nivelamento por baixo, etc. A causa destas tendências laborais não se explica apenas, nem principalmente, pelas transformações do processo de trabalho em si; encontra sobretudo a sua razão de ser no específico sentido com que se quer conformar tais mudanças.

E o específico sentido que se procura insuflar no direito do trabalho corrente, em última instância, traduz-se, segundo o figurino único neoliberal, na promoção do enfraquecimento das estruturas representativas dos trabalhadores e, em geral, da dimensão coletiva associada ao trabalho, principalmente dos sindicatos[2] e, por via da progressiva descrença "nos amanhãs que cantam", criar a convicção social de que não há espaço para um direito do trabalho diferente deste. Só haveria lugar, segundo esta crença, para um "direito de trabalho de exceção"[3]. Esta orientação integra-se na ofensiva ideológica para aumentar o poder patronal na relação de trabalho e na distribuição de rendimento.

Não devemos, portanto, procurar explicar as alterações do direito do trabalho unicamente em imperiosas e inelutáveis exigências de ordem económica, mas também (ou sobretudo) em causas de ordem social, política e ideológica.

E, especificamente em relação ao direito do trabalho português, deve ser tido em conta que Portugal faz parte da União Europeia e sofre, naturalmente, as decorrências da integração

---

[2] Sobre os ataques do neoliberalismo ao sindicalismo, visto como um "grosseiro tipo de socialismo", e ao sindicato, considerado como "um inimigo interno", entre outros, Avelãs Nunes, *As Voltas que o Mundo Dá .... Reflexões a Propósito das Aventuras e Desventuras do Estado Social,* Edições Avante, 2010, pp. 140 a 145, Antonio Baylos, Nunzia Castelli, Francisco Trillo, *Negociar en Crisis, Negociación colectiva en los países del Sur,* Editorial Bomarzo, 2014, pp. 14-15.

[3] Expressão retirada do título do livro de António Casimiro Ferreira, *Sociedade da Austeridade e direito do trabalho de exceção",* Vida Económica, 2012. Sobre o significado desta expressão, cfr. pp. 75-77.

económica e monetária e da proeminência esmagadora das liberdades económicas do mercado sobre a dimensão social. Neste panorama, a concorrência é a mola real do funcionamento do mercado comunitário e o direito laboral, mais do que um instrumento intencionado ao justo – à busca da justiça social historicamente possível – surge frequentemente como suspeito de falsear as regras da concorrência[4], de encarecer os custos empresariais, enfim de criar empecilhos ou entraves às liberdades do mercado e à plena *in re potestas* de que é suposto o titular da empresa gozar.

Os ventos do liberalismo vêm soprando fortemente em Portugal, estando a provocar, nalguns domínios, como a laboral e o financeiro, uma verdadeira tempestade. Mas ainda não conseguiram rebentar e varrer todos os seus obstáculos e resistências. É o que sucede no campo jurídico, onde a Constituição portuguesa, ainda que com uma acentuada perda de fulgor, continua a resistir, proclamando:

a) Que «Portugal é uma República ... baseada na dignidade da pessoa humana e ... empenhada na construção de uma sociedade não só livre como «justa e solidária» (art. 1.º);
b) Que é tarefa fundamental do Estado promover «o bem-estar e a qualidade de vida do povo e a igualdade real

[4] Talvez tenha sentido questionar se mesmo as disposições sociais do direito comunitário, em geral apresentadas como um tempero da esmagadora dimensão mercantilista da União Europeia, mais do que procurar a justiça social, não terão como objetivo eliminar as normas sociais estatais que possam constituir obstáculos ao desenvolvimento do mercado e distorções à concorrência. Adoración Hernández e Albert Fernández respondem afirmativamente a esta questão (cfr. *Derechos sociales, integración económica y medidas de austeridade: la EU contra el constitucionalismo social*, Editorial Momarzo, 2014, p. 20 e ss.).

entre os portugueses, bem como a efectivação dos direitos económicos, sociais e culturais ...» (art. 9.°);

c) Um importante catálogo de direitos laborais que goza do regime privilegiado dos direitos, liberdades e garantias fundamentais (arts. 53.° a 57.°).

Ora, o liberalismo pode conviver com a difusa ideia de "sociedade livre" ou pelo menos com uma certa ideia de liberdade, desde que baseada no livre jogo dos interesses ou egoísmos, mas dificilmente se dá com a procura de uma "sociedade solidária", e muito menos se conforma com a intervenção económica do Estado para limitar a abusiva "liberdade dos sujeitos económicos" – ou mesmo a tirania de uns sobre outros -, na mira de alcançar uma "sociedade justa". A relação de tensão entre as medidas liberais e a Constituição portuguesa é, pois, inevitável[5], sendo sempre de averiguar, em relação a cada uma delas, se ainda se situam ou não no quadro constitucional.

Portanto, para perceber o complexo quadro jurídico português na sua globalidade, não deve perder-se de vista esta dissonância entre os desígnios consagrados no bloco constitucional laboral e os objetivos de flexibilização e desproteção laboral prosseguidos e em prossecução.

2. Causas próximas das mudanças

Entre as causas mais próximas ou imediatas das alterações provocadas recentemente no direito do trabalho português, devem ser destacadas a gravíssima crise económico-financeira,

[5] No sentido de que "a rejeição do modelo liberal" é uma das importantes características da "filosofia social" da Constituição portuguesa, Jorge Leite, *Direito do Trabalho*, Vol. I, Serviços de Acção Social da U.C., Serviços de Textos, Coimbra – 2003, pp. 78-79.

a intervenção externa da Troika[6] e, no campo sócio-laboral, os acordos de concertação social de 2011 e 2014.

São conhecidos os relatórios e os estudos que radiografam e explicam a derrocada financeira e a não menos grave insustentabilidade da economia portuguesa à luz das suas bases atuais. Portugal esteve e está à beira da bancarrota. Não vale a pena insistir nas nefastas e perigosas consequências que daqui podem resultar. Elas são conhecidas. Importa antes destacar, tendo em vista o tema desta reflexão, o argumento, abundantemente repetido, de que o direito do trabalho tem sido um dos principais responsáveis desta crise. O discurso dominante vem insistindo, há já alguns anos, de que ele faz parte do problema, colocando-o no banco dos réus, indo ao ponto de o considerar agente destrutivo das sociedades atuais. O argumentário é conhecido: o direito do trabalho português é demasiado rígido e garantístico, velho e fora da realidade, o que dificultaria ou impediria o uso da força de trabalho e a contratação de novos trabalhadores, tornando mais difícil a concorrência das empresas portuguesas no competitivo mercado nacional e planetário[7].

---

[6] Entre várias obras e estudos sobre a crise portuguesa, cfr. Avelãs Nunes, *O euro: das promessas do paraíso às ameaças de austeridade perpétua,* Separata do *Boletim de Ciências Económicas,* LVI (2013) Coimbra, *A Economia Política do Retrocesso, Crise, Causas e Objetivos,* José Reis Coord., Almedina, CES, 2014, João Ferreira do Amaral, *Porque devemos sair do euro,* 2013, Ricardo Paes Mamede, *O que fazer com este país,* Marcador, 2015, pp. 21-80; Francisco Louçã e Mariana Mortágua, *A Dividadura, Portugal na crise do euro,* 2012; Eugénio Rosa, *Os números da desigualdade em Portugal,* 2015. É do maior interesse consultar também os abundantes e interessantes estudos deste economista sobre temas económicos, sociais e laborais acessíveis em www.eugeniorosa.com/

[7] Sobre este ponto, entre outros, cfr. Leal Amado, *Contrato de Trabalho,* Coimbra Editora, 2014, pp. 30-33. A ideia de que o direito de trabalho é um dos grandes responsáveis pelas crises que ciclicamente se abatem sobre o mercado e, em geral, sobre a evolução do processo económico não é recente. Já na década de oitenta do século passado, Jorge Leite dava conta desta ideia

Valeria a pena analisar detalhadamente os factos e as opiniões em que se baseia a argumentação acabada de mencionar. Porém, não o vamos fazer. Ocuparia extenso espaço e não se justifica à luz da presente abordagem. Se o fizéssemos, talvez se encontrasse, sem dúvida, um ou outro regime rígido, pouco flexível e demasiado garantístico; só que estas notas num caso valem para os empregadores e noutros para os trabalhadores. Mas numa observação geral, e por mais que alguns relatórios teimem em pintar o contrário, a rigidez e o caráter excessivamente protetivo não são as características essenciais do direito do trabalho português. Basta atentar em três domínios laborais essenciais – o despedimento por razões económicas, o tempo de trabalho e a flexibilização funcional – para concluir que o regime legal português é tanto ou mais liberal do que os ordenamentos laborais que nos são mais próximos.

Hoje, faz todo o sentido questionar em sentido contrário, isto é, se o direito do trabalho português, afinal, não é demasiado flexível e permissivo. Como, antes de perguntar pelo caráter mais ou menos "hard law" ou "soft law" do direito do trabalho português, tem sentido perguntar se o direito do trabalho, pelo menos em certas áreas, para ser verdadeiro direito, deve ou não ter um caráter inderrogável e imperativo. A resposta só pode ser positiva. Assim o impõe a importância do trabalho para a dignidade humana e a essencialidade desta para o direito.

A falácia de que o direito do trabalho português é obsoleto e imobilista, alardeada reiteradamente por comentaristas, incluindo alguns televisivos "fazedores de opinião", que muitas vezes dão mostras de não terem lido uma linha da legislação laboral, daria para rir se não fosse social e humanamente perigosa.

---

no seu interessante artigo, "O Direito do Trabalho na crise", in *Temas de Direito do Trabalho, (IV Jornadas Luso-Hispano-Brasileiras de Direito do Trabalho),* Coimbra, 21 a 24 de Abril de 1986.

De há muito que, a pretexto da crise[8], o direito do trabalho vem mudando. Sem regressar a tempos mais recuados e sem pretensão de exaustividade, a crise foi invocada para justificar o *Lay off*[9], em 1983, a flexibilidade funcional[10] e de períodos máximos de trabalho[11] e a flexibilização do regime dos despedimentos por causas económicas (despedimento por inadaptação[12] e por extinção dos postos de trabalho[13]) nos anos noventa. Mais próximo de nós, também contribuiu para o surgimento Código do Trabalho em 2003, alterado em 2006[14], em 2009[15], em 2011[16], em 2012[17], em 2013[18], em 2014[19]. Mas as alterações não se ficaram por aqui. Para além da introdução de um código laboral, foram promulga-

---

[8] A crise é invocada a propósito de tudo. "Crise da dívida soberana", "crise do Estado", crise de valores", "crise de civilização", "crise de identidade", "crise do trabalho", crise da família", eis algumas das facetas apontadas à crise. Enfim, nas palavras de J. Pureza, é a «crise-como política ... é o programa liberal para o tempo presente em Portugal e na Europa. Nele se articulam a crise do sistema e o sistema da crise» (*Linhas vermelhas, crítica da crise-como-política,* Bertrand Editora, Lisboa, 2015, p. 17). Mas é a crise económica aquela que parece ser, na expressão de Palomeque Lopez, a "companheira da viagem histórica do Direito do Trabalho", "Un compañero de viaje histórico del Derecho del Trabajo: la crisis", in *Boletin Informativo de la Inspección de Trabajo,* 4, 1983, p. 49 e ss.

[9] Decreto- Lei n.° 398/83, de 2 de Novembro.

[10] L. n.° 21/96, de 23 de Julho.

[11] L. n.° 2/91, de 17 de Janeiro.

[12] DL n.° 400/91, de 16 de Outubro.

[13] DL n.° 64-A/89, de 27 de Fevereiro.

[14] L. n.° 9/2006, de 20 de Março.

[15] L. n.° 7/2009, de 12 de Fevereiro. Alguns autores entendem que, este decreto instituiu um novo código.

[16] L. n.° 53/2011, de 14 de Outubro.

[17] L. n.° 3/2012, de 10 de Janeiro, L. 23/2012, de 25 de Junho, L. n.° 47/ /2012, de 29 de Agosto.

[18] L. n.° 69/2013, de 30 de Agosto.

[19] L. n.° 27/2014, de 8 de Maio.

das novas leis no domínio da Administração do Trabalho[20], dos acidentes de trabalho e das doenças profissionais[21], da segurança e saúde[22], da parentalidade[23], processual do trabalho[24], da resolução de conflitos extrajudiciais[25], do emprego público[26]. Não é preciso referir mais modificações para concluir que a legislação laboral não só não tem estado sob o signo da imobilização como tem sofrido constantes e significativas alterações. Basta de confusão. É tempo de concluir que o direito do trabalho não é o responsável pela crise e de se procurar os verdadeiros responsáveis noutra sede. E não restam hoje dúvidas de que é no campo das finanças e da economia, mais propriamente nos desmandos dos mercados, sobretudo dos financeiros, que encontraremos as causas reais e determinantes da crise atual[27].

---

[20] Cfr. o Decreto Regulamentar n.° 47/2012, de 16 de junho (reestruturação da Autoridade para as Condições de Trabalho), o DL n.° 76/2012, de 26 de março (reestruturação da orgânica da Comissão para a Igualdade no Trabalho e no Emprego); a L. n.° 70/2013, de 30 de agosto (fundo de compensação do trabalho, do mecanismo equivalente e do fundo de garantia de compensação do trabalho), o DL n.° 59/2015, de 21 de abril (novo regime do Fundo de Garantia Salarial),

[21] L. n.° 96/2009, de 3 de setembro.

[22] L. n.° 102/2009, de 10 de setembro.

[23] DL n.° 89/2009 e DL n.° 91/2009, ambos de 9 de abril.

[24] DL n.° 295/2009, de 13 de outubro (alterações ao Código de Processo de Trabalho).

[25] DL n.° 259/2009, de 25 de setembro (regime jurídico da arbitragem não voluntária).

[26] L. n.° 35/2014, de 20 de junho (Lei Geral do Trabalho em Funções Públicas).

[27] Sobre este ponto, cfr. Avelãs Nunes, "Uma tentativa de compreender a crise à luz do marxismo", cit., principalmente pp. 28 e ss. Ricardo Mamede, *O que fazer com este país*, cit., p. 41 e ss..

Num contexto em que confluíram fatores internacionais e nacionais[28], com raízes no passado[29], Portugal passou por graves dificuldades financeiras em 2008, obrigando a políticas destinadas a recapitalizar bancos em dificuldades e a evitar falências bancárias, ficando tristemente célebre a nacionalização do Banco Português de Negócios[30]. Conhecia-se já a nacionalização de bancos com o intuito de os pôr ao serviço do país; a partir daqui passou a conhecer-se a nacionalização para proteger os banqueiros. O Estado privatizou prejuízos. Sem constrangimento de maior pela violação da "sagrada" tutela da propriedade privada e do "sacrossanto" princípio de não intervenção estadual no mercado. Invocaram-se razões sistémicas relacionadas com o funcionamento dos bancos.

Nos finais de 2008, Já sob os reflexos da crise americana e a ameaça de recessão, com a sensata consciência de que a crise era também (ou sobretudo) económica, procurou-se promover alguma expansão económica com o intuito de promover o investimento e o emprego[31].

---

[28] Entre outros estudos, José Reis, João Rodrigues, Ana Santos e Nuno Teles, "Compreender a crise: a economia portuguesa num quadro europeu desfavorável", in *A Economia Política do Retrocesso,* José Reis Coord., Almedina, CES, 2014, p. 21 e ss.

[29] Para uma feliz síntese dos traços caraterizadores da economia portuguesa antes da chegada dos efeitos da crise financeira internacional, em 2008, entre outros, Ricardo Mamede, *O que fazer com este país,* Marcador, 2015, pp. 13 a 37.

[30] Nesta "fase financeira da crise", para além da nacionalização do BPN, foi ainda concedida uma garantia pública ao Banco Privado Português no valor de 450 milhões de euros, cfr. Ana Costa e José Castro Caldas, "A União Europeia e Portugal entre os Resgates Bancários e a Austeridade: um Mapa das Políticas e das Medidas", in *A Economia Política do Retrocesso,* José Reis Coord., Almedina, CES, 2014, p. 87 e ss., principalmente, pp. 92-93.

[31] As medidas previstas na L. n.° 10/2009, de 10 de março, integradas no chamada Iniciativa para o Investimento e o Emprego, exemplificam a prossecução deste objetivo.

Mas as receitas deixaram de suportar as despesas. Tanto no setor privado como no público. O défice orçamental cresceu perigosamente. Atingiu valores não permitidos pelas regras comunitárias. Portugal deixou de conseguir financiamento nos mercados por si próprio. Culpou-se a indisciplina orçamental e clamou-se por uma política de consolidação orçamental. Esta implicava austeridade, a qual só por "reformas estruturais" poderia ser alcançada. E entre estas, claro está, as "medidas de flexibilização do mercado laboral" faziam o papel de estrelas da companhia. Não se pense, contudo, que por "reformas estruturais" se entende alterações no sentido do progresso, como o próprio nome inculca; longe disso, reformas estruturais nesta linguagem significam cortes de despesas e nada mais. Em matéria social, já se vê, significam supressão de direitos e retrocesso nas condições de trabalho e da segurança social[32].

E deste modo, por este caminho triste, Portugal entrou em austeridade com o PEC-I, em 2010, e solicitou ajuda externa em Abril de 2011. Para regozijo de uns, desagrado de outros e revolta de uns tantos, celebrou um acordo, em 17 de maio de 2011, com o Fundo Monetário Internacional, a Comissão Europeia e o Banco Central Europeu (Troika), designado por Memorando de Entendimento sobre as Condicionalidades de Política Económica. Este Memorando partia do princípio de que, para lá da crise financeira, a economia portuguesa padecia, há já algum tempo, de distorções graves, pois nela tem vindo a coexistir um grande endividamento com fraca produtividade e competitividade. Proclamou-se aos sete ventos que os portugueses viviam

---

[32] Compreende-se, por isso, que expressões "como empobrecimento como caminho para enriquecer", "inevitabilidade da austeridade", façam parte da "novilíngua liberal". Neste sentido, José Manuel Pureza, *Linhas Vermelhas, crítica da crise-como-política,* Bertrand Editora, Lisboa, 2015, p. 72 e ss.

"acima das possibilidades"[33]. E por detrás destes desequilíbrios existiam, na ótica dos que concordavam com a intervenção estrageira, causas estruturais laborais: a rigidez do mercado de trabalho e níveis salariais superiores aos níveis de produtividade. Aliás, já antes da intromissão da Troika, o nível salarial era apresentado como um fator com impacto negativo na competitividade empresarial[34].

Em face deste diagnóstico, não se fizeram esperar as propostas, ou melhor, as exigências. Foi imposta uma flexibilização da legislação laboral e uma desvalorização do custo do trabalho. Mais propriamente, advogou-se a flexibilização e o embaratecimento do tempo de trabalho, a baixa real dos salários reais, a menor duração e uma diminuição do montante das prestações de desemprego, bem como a facilitação do despedimento individual por razões não inerentes ao trabalhador.

A lógica do Memorando, em busca da austeridade e da desvalorização interna[35], no fundo, terá sido a de prosseguir através do "embaratecimento da mão-de-obra" o mesmo objetivo que, nos países não integrantes de uma União Económica e Monetária, se alcança por via da desvalorização cambial[36].

---

[33] A propósito deste argumento, tão estafado quanto falso, cfr. José Manuel Pureza, *Linhas Vermelhas ..., idem,* pp. 66-72. Este argumento foi também usado em Espanha e Itália, cfr. A. Baylos, N. Castelli, F. Trillo, *Negociar en Crisis ...* , cit., p. 69.

[34] Mas os dados parecem apontar no sentido da redução dos salários na riqueza produzida no período imediatamente anterior à crise financeira internacional, isto é, entre 2000 e 2007 (cfr. Ricardo Mamede, *O que fazer com este país,* cit., pp. 53-57).

[35] Estes objetivos da UE parecem não ser passageiros, pois, como observam A. Baylos, N. Castelli e F. Trillo, a "consolidação das políticas de austeridade e de desvalorização interna como colunas vertebrais da nova governança europeia estão erigindo-se em elementos essenciais de uma nova civilização europeia" (*Negociar en Crisis ...,* cit., 95).

[36] Neste sentido, Ana Costa e José Castro Caldas, "A União Europeia e Portugal ...", cit., pp. 110-113.

No domínio laboral, mais propriamente ao nível da "concertação social" de topo, devem ser mencionados dois acordos: o Acordo Tripartido para a Competitividade e Emprego, de 22 de março de 2011 e o Compromisso para o Crescimento Competitividade e Emprego, de 18 de Janeiro de 2012. Muitas das medidas previstas no Memorando da Troika constavam já do primeiro acordo de concertação e o segundo acordo de concertação serviu para os "parceiros sociais" subscritores[37] emprestarem legitimidade às medidas laborais que eram vigorosamente contestadas nas ruas e nos locais de trabalho. Este apoio da "concertação social", dada a impopularidade das cortantes medidas laborais adotadas, foi um balão de oxigénio para o Governo, cada vez mais contestado e desacreditado, e simultaneamente dividiu o movimento laboral e social na resistência às alterações propostas. Às vezes, poucas é certo, a "concertação social" divergiu da política laboral prosseguida. Foi o que sucedeu em matéria de salário mínimo. A dada altura, se não todos, pelo menos a maioria dos membros da Comissão Permanente de Concertação Social manifestaram-se favoráveis à subida do salário mínimo nacional. A Troika e o Governo, porém, surdos aos clamores dos "parceiros sociais", opuseram-se intransigentemente[38].

---

[37] Do lado sindical, estes acordos foram outorgados só por uma central sindical (UGT). A outra central representada na Comissão Permanente de Concertação Social (CGTP- Intersindical) não só não os subscreveu como lhes moveu uma resistência militante.

[38] O aumento do salário mínimo nacional (de 485 para 505 Euros) só veio a ser concertado no Acordo Relativo à Atualização da Retribuição Mínima Garantida, Competitividade e Promoção do Emprego, celebrado em 24 de Setembro de 2014, já quando o Memorando da Troika havia expirado.

3. Medidas laborais de austeridade

Convém agora dar a conhecer as principais medidas legislativas de carater laboral levadas a cabo, essencialmente, quando Portugal era um país formalmente sob a intervenção do Fundo Monetário Internacional, do Banco Central Europeu e da Comissão Europeia[39]. Foram variadas e de largo alcance as iniciativas adotadas. Embora o objetivo geral tenha sido a redução salarial e uma transferência intencional de rendimentos do trabalho para o capital[40], tais iniciativas podem ser arrumadas segundo os objetivos mais particularizados tidos em vista e o setor em que incidiram.

3.1. *Diminuição do salário*

Assim, no setor público, podem começar por se destacar aquelas medidas diretamente destinadas ao embaratecimento e desvalorização da retribuição ou vencimento. Foi o que sucedeu com a lei do orçamento de Estado para 2011[41], no quadro do chamado Programa de Estabilidade e Crescimento III (PEC III), onde, para os trabalhadores da Administração Pública e do Setor Empresarial do Estado com salários iguais ou superiores a 1500 Euros, houve cortes salariais entre 3,5 e 10%, os quais se mantiveram em 2012 e 2013.

[39] Sobre estas medidas, Jorge Leite, Hermes Augusto Costa, Manuela Carvalho da Silva e João Ramos de Almeida, "Austeridade, Reformas Laborais e Desvalorização do Trabalho", in *A Economia Política do Retrocesso*, cit. p. 127 e ss.; Jorge Leite, "A reforma laboral em Portugal", *Revista General de Derecho del Trbajo y de la Seguridad Social*, n.° 34, 3013.

[40] Sobre esta significativa transferência, cfr. José Reis, *A Economia Política do Retrocesso*, cit., pp. 15-16 e Jorge Leite, Hermes Costa, Manuel Carvalho da Silva e João Ramos de Almeida, mesma obr., p. 155 e ss.

[41] L. n.° 55-A/2010, de 31 de dezembro.

No orçamento para 2014, o montante salarial sujeito a cortes baixou. De 1500 euros passou para 675 euros, quantia esta sujeita a um corte de 2,5%, que aumentava progressivamente até ao salário bruto de 2000 euros. A partir deste montante, a taxa de redução foi fixada em 12%. A norma que impunha um corte entre 2,5 e 12% foi considerada inconstitucional[42].

Também deve ser salientada a retirada de 50% do Subsídio de Natal, em 2011, como sobretaxa extraordinária em sede de Imposto sobre o Rendimento das Pessoas Singulares (IRS)

Em relação aos trabalhadores do emprego público e aos pensionistas, foi ainda imposta, nos respetivos orçamentos do Estado, a supressão dos subsídios de férias e de Natal em 2012 e 2013. O Tribunal Constitucional português julgou estes cortes inconstitucionais. A declaração de inconstitucionalidade, porém, não produziu efeitos práticos em 2012, pelo que os trabalhadores ficaram sem os referidos subsídios nesse ano. Só no ano de 2013, contra a persistência do Governo, a declaração de inconstitucionalidade foi efetivamente eficaz, pelo que os trabalhadores e pensionistas não foram privados dos mencionados subsídios[43].

No setor privado, nos despedimentos por causas objetivas efetuados após 1 de novembro de 2011, o montante da compensação foi, por fases, fortemente reduzido. Por cada ano ou fração de ano de antiguidade, o trabalhador, em vez de um mês

---

[42] Acórdão do Tribunal Constitucional n.° 413/2014, de 30 de maio.

[43] O Ac. n.° 353/2012 do TC, de 5 de julho, declarou os cortes dos subsídios de férias e de Natal aplicáveis aos trabalhadores do setor público inconstitucionais, mas, ao abrigo do art. 282.°, n.° 4, da Constituição, não executou os efeitos desta inconstitucionalidade, pelo que os montantes dos subsídios não chegaram aos destinatários. Por seu turno, o Ac. n.° 187/2013 do TC, de 5 de Abril, prosseguiu no mesmo rumo, considerando inconstitucional o corte do subsídio efetuado em 2013. Sobre estes acórdãos, cfr. A. Casimiro Ferreira e José M. Pureza, "Estado de direito ou Estado de exceção: a justiça constitucional face ao questionamento do Estado Social", *A Economia Política do Retrocesso ...*, cit., 283 e ss. principalmente p. 294 e ss.

de retribuição, passou a auferir, primeiro, 20 dias e, para futuro, 12 dias. À diminuição substancial da base de cálculo, acresce a fixação de um limite máximo em relação ao montante global da compensação. Esta não pode ser superior a 12 retribuições base e diuturnidades[44]. Este regime serve agora de modelo para a compensação a atribuir na cessação dos contratos de trabalho motivada por causa não inerente à pessoa do trabalhador, como, por exemplo, na caducidade dos contratos de trabalho a termo resolutivo.

Verificou-se igualmente uma baixa acentuada na retribuição pelo trabalho suplementar.

3.2. *Congelamento de carreiras profissionais*

As promoções e as progressões foram suspensas no emprego público.

3.3. *Dilatação e flexibilização do tempo de trabalho*

Prolongar o tempo de trabalho, foi outra das orientações laborais no período de austeridade[45]. Diminuiu o período de férias. Em relação ao emprego privado, no regime anterior o

---

[44] Cfr. art. 366.°, n.° 2, al. b) do CT, na redação dada pela L. n.° 23/ /2012, de 25 de junho.

[45] Isto num país onde o período efetivamente trabalhado é dos mais longos da Europa. Segundo um estudo da OCDE baseado em dados do *Eurostat,* em média os portugueses trabalham 1857 horas enquanto na Alemanha, país onde se trabalha menos tempo, a média é de 1371 horas. Portanto, em média os trabalhadores portugueses laboram mais 486 horas por ano do que os trabalhadores alemães. Portugal é o sexto país da União Europeia onde se trabalha mais horas, a seguir à Hungria, Estónia, Polónia, Letónia e Grécia. Claro que atendendo à produtividade os números invertem.se. Em 2013,

período mínimo era de 22 dias úteis, a que poderiam acrescer mais três dias[46], e no emprego público, em função da idade do trabalhador, o período mínimo de férias era de 25 dias úteis e o máximo poderia atingir os 28 dias úteis[47]. Segundo as alterações recentes, o período mínimo de férias é de 22 dias úteis tanto no setor privado como no público[48].

Apesar de representarem símbolos importantes para a comunidade a que respeitam, assinalando eventos decisivos ou marcantes na sua formação e consolidação, sendo, por isso, imprescindíveis para a identificação histórica, cultural e civilizacional de um povo, nem os feriados escaparam à onda economicista da produtividade e da competitividade. Suprimiram-se dois feriados religiosos (Dia de Corpo de Deus e Dia de Todos os Santos) e dois feriados alusivos a datas político-históricas do maior significado para Portugal: o 5 de outubro, data da implantação da República, e o 1 de dezembro, dia em que, no ano de 1640, foi reconquistada a independência portuguesa perdida em 1580[49].

Ainda neste contexto de aumento do tempo de trabalho, deve ser mencionada a extinção do descanso compensatório por trabalho prestado em dia útil, em dia de descanso semanal complementar e em dia de feriado, descanso remunerado esse que era reconhecido até à sua revogação pela L. n.° 23/2012, de 25 de junho.

O uso temporalmente mais flexível da força da força de trabalho tem sido acolhido ao longo dos tempos no ordenamento

---

a produtividade dos trabalhadores na Alemanha era de 126,6 ao passo que a dos trabalhadores em Portugal era de 65,3.

[46] Cfr. art. 213.°, n.os 1 e 3 do CT antes da vigência do regime atual.

[47] Cfr. art.. 173.°, n.° 1, do revogado Regime do Contrato de Trabalho em Funções Públicas (L. n.° 59/2008, de 11 de setembro).

[48] Cfr. o art. 238.°, n.° 1 do CT, na redação dada pela L. n.° 23/2012, de 25 de junho, e o art. 126.°, n.° 2, da Lei Geral do Trabalho em Funções Públicas (L. n.° 35/2014, de 20 de junho).

[49] Supressão feita pela L. 23/2012, de 25 de junho, ao art. 234.° do CT.

laboral português. Nomeadamente, vem-se permitindo o regime de adaptabilidade do período normal de trabalho, definindo este em termos médios, o que possibilita, dentro de certos limites, um aumento do limite máximo do período normal de trabalho. Esta adaptabilidade pode ser feita por instrumentos de regulamentação coletiva ou por acordo individual entre trabalhador e empregador.

Ainda antes do período de austeridade propriamente dito, com o Código de Trabalho de 2009, intensificou-se a flexibilidade do tempo de trabalho. Nomeadamente, foi legalmente acolhida a figura do "banco de horas"[50]. Através dela, o empregador pode aumentar o período normal de trabalho diário. No período a que nos estamos referindo, liberalizou-se ainda mais este regime, permitindo a sua instituição através de acordo entre o empregador e o trabalhador, ou seja, não condicionando, como no passado, a sua existência a previsão em instrumento de regulamentação coletiva[51], ou permitindo a esta a fixação do chamado "banco de horas grupal"[52].

3.4. *Maior tolerância com o despedimento*

Outra área que sofreu alterações foi a da chamada flexibilidade laboral externa, ou seja, a das regras da cessação do contrato de trabalho por iniciativa do empregador. A maior facilidade de despedir, com vulneração para na senda a estabilidade

[50] Cfr. o art. 208.° do CT. Acerca do banco de horas e do trabalho suplementar, cfr. Joana Nunes Vicente, "O novo regime do tempo de trabalho", in *O Memorando da "Troika" e as Empresas,* Almedina, 2012, p. 125 e ss.

[51] Cfr. o art. 208.°-A do CT, introduzido pela L. n.° 25/2012, de 25 de junho.

[52] Nos termos do art. 208.°-B do CT, introduzido pela L. n.° 25/2012 de 25 de junho.

no emprego, foi também um dos objetivos visados nas alterações legislativas desencadeadas a pretexto da crise. Não levou ao aparecimento de novas formas de cessação do contrato, nem à alteração do quadro constitucional, que exige uma justa causa ou um motivo sério para a rutura lícita do contrato de trabalho.

A alteração da noção constitucional de justa causa, tantas vezes anunciada e tão ardentemente desejada por alguns setores da sociedade portuguesa, ainda não foi desta vez levada a cabo. O que porventura se explica por, nas circunstâncias atuais, importarem principalmente as regras sobre os despedimentos por razões económicas ou, na linguagem preferida por alguns, os despedimentos por causa objetiva. E, a este respeito, o regime do despedimento coletivo é bastante permissivo, não faltando jurisprudência e doutrina que vão ao ponto de entender que os motivos deste despedimento, desde que verídicos, são insindicáveis. Deste modo, não se justificava nenhuma alteração nesta forma de despedimento. Mas já o mesmo não entendeu o legislador em relação ao despedimento por extinção do posto de trabalho e ao despedimento por inadaptação[53]. Entendeu-se que estas formas ainda eram demasiado restritivas.

Quanto ao despedimento por extinção do posto de trabalho, sustentou-se que a lei não deve proteger os trabalhadores em postos de trabalho mais antigos, devendo ser antes o empregador a fixar "os critérios "relevantes e não discriminatórios face aos objetivos subjacentes à extinção do posto de trabalho". E desde que o empregador cumprisse os critérios por ele próprio definidos, entendia-se que ficaria demonstrada a impossibilidade prática de manutenção da relação laboral, nos termos do disposto no art. 368.°, n.° 2 e n.° 4 do CT, de acordo com a

[53] Acerca do regime destas modalidades de despedimento, cfr. Leal Amado, *Contrato de Trabalho*, cit., pp. 391-399.

redação dada pela L. n.º 23/2012, de 25 de junho. Atendendo a que estas normas abriam «... a porta a despedimentos arbitrários ou judicialmente incontroláveis» e a que a regra da impossibilidade prática de manutenção da relação laboral deveria continuar a ser aferida pela indisponibilidade de outro posto de trabalho para o trabalhador, o Tribunal Constitucional considerou-as inconstitucionais, «por violação da proibição de despedimento sem justa causa consagrada no artigo 53.º da Constituição»[54].

Em relação ao despedimento por inadaptação, estenderam-se os motivos justificativos desta causa de cessação. Esta modalidade de despedimento surgiu para responder àquelas situações em que o trabalhador não se adaptava ao posto de trabalho por este ter sofrido alterações. É certo que, desde o início, também se abriu a porta, para os "cargos de complexidade técnica e de direção", à possibilidade da inadaptação se verificar em caso de incumprimento de "objetivos previamente fixados e formalmente aceites"[55]. Mas o que essencialmente justifica esta modalidade de despedimento é a impossibilidade prática de manutenção da relação laboral em consequência da introdução de modificações no posto de trabalho. Assim não entendeu o *Memorando de Entendimento* de 2011, para o qual o despedimento por inadaptação deveria ser legitimado «... mesmo sem a introdução de novas tecnologias ou outras alterações no local de trabalho» e não deveria estar condicionado «à obrigação da tentativa de transferência do trabalhador para outro posto de trabalho disponível ou uma função mais apropriada». Contudo, logo de seguida, mesmo entendendo que esta obrigação é supérflua,

---

[54] Ac. n.º 602/2013, de 20 de setembro (alíneas f) e g) da Decisão).

[55] Art. 2.º, n.º 2, do Decreto-Lei n.º 400/91, de 16 de outubro. Foi este diploma que, dando cumprimento ao Acordo Económico e Social de 1991, introduziu a figura do despedimento por inadaptação no sistema jurídico português.

o *Memorando*, "benévolo", fazendo marcha atrás, concedeu que «Em regra, se existirem postos de trabalho disponíveis, compatíveis com as qualificações dos trabalhadores, devem ser evitados despedimentos»[56].

Dando seguimento a estes propósitos, o legislador de 2012 veio ampliar a figura da inadaptação ás situações em que ocorra "uma modificação substancial da prestação realizada pelo trabalhador", desde que tal modificação se afigure como definitiva[57]. O modo como se executa a prestação é algo que se relaciona com o trabalhador, sendo, nesta medida, uma caraterística subjetiva, ou seja, o despedimento por inadaptação, ao lado de causas objetivas, passou a admitir causas subjetivas, ainda que não culposas. Causas que eram tradicionalmente enquadradas na figura da inaptidão, passaram agora a ser incluídas na inadaptação. Para o Tribunal Constitucional o regime legal situa-se ainda nos quadros da justa causa constitucionalmente admissível. Mas o certo é que, deste modo, se facilitou o despedimento.

No que respeita à maior facilitação do despedimento por razões não inerentes ao trabalhador, não podem ser olvidadas as alterações, já aludidas, ao regime da compensação. Na verdade, para tornar o regime deste despedimento mais permissivo, não é necessário que aumentem as suas causas legítimas ou que se flexibilizem as causas e requisitos existentes. Basta que se torne a compensação mais barata. E o regime português, pelo menos tendo como referência o regime anterior, tornou a compensação bem mais barata. Custa agora pouco liquidar o emprego a um trabalhador, o que do ponto de vista constitucional não deixa de ser controverso.

---

[56] Cfr. o ponto 4.5., al. i) do *Memorando de Entendimento*. de 2011.

[57] Cfr. o art. 375.°, n.° 2, do CT, na redação dada pela L. 23/2012.

3.5. *Direito coletivo do trabalho*

No campo do direito coletivo as alterações não foram muitas, embora tenham sido bastante significativas[58].

Convém principiar por recordar que, imediatamente antes do período de aplicação do Programa de Assistência Económica e Financeira, pela primeira vez se permitiu a adesão individual de um trabalhador a uma convenção coletiva. Na verdade, nos termos do art. 497.° do CT de 2009, caso exista mais do que uma convenção coletiva aplicável na empresa, os trabalhadores não filiados em associações sindicais podem escolher a convenção coletiva que lhe será aplicável. Não se trata apenas de consagrar uma forma de extensão individual do conteúdo da convenção coletiva à revelia dos sujeitos laborais coletivos outorgantes da convenção coletiva em causa, mas, inclusive, de favorecer trabalhadores não sindicalizados em relação aos filiados em sindicatos. Mesmo para quem entenda que a Constituição portuguesa suporta um regime deste tipo, tem de reconhecer que, num ordenamento constitucional em que a liberdade sindical goza do regime privilegiado dos direitos, liberdades e garantias fundamentais[59], se trata de um regime heterodoxo[60].

Também convém relembrar que, com o Código de Trabalho de 2003, a convenção coletiva pode, excetuando algumas maté-

[58] Para maiores desenvolvimentos, João Reis, "Troika e alterações no direito laboral coletivo", in *O Memorando da "Troika e as Empresas"*, cit., p. 133 e ss.

[59] A liberdade sindical está consagrada no art. 55.° da CRP e é-lhe aplicável o regime previsto nos arts. 17.° e 18.° da CRP.

[60] Sobre este regime, cfr. Júlio Gomes, "Nótula sobre o artigo 497.° do Código de Trabalho de 2009", *Questões Laborais*, n.° 44, p. 5 e ss. Com razões convincentes, Maria R. P. Ramalho entende que este regime atenta contra a Constituição portuguesa, cfr. *Tratado de Direito do Trabalho, Parte III – Situações Laborais Coletivas*, Almedina, 2012, pp. 305-308.

rias, estabelecer piores condições do que as previstas na lei[61], o que possibilita, objetivamente, um exercício mais adaptado às necessidades empresariais. Se este regime representa ou não a morte do princípio do tratamento mais favorável e se este princípio tem ou não assento constitucional, é, sem dúvida, uma importante questão, a nosso ver bastante controversa, mas que não cabe desenvolver no âmbito desta reflexão[62].

A referência a estas duas alterações ajudam-nos a compreender o sentido que se pretende reservar para a negociação coletiva no futuro e a enquadrar as modificações operadas recentemente.

Com efeito, a atribuição aos trabalhadores não filiados em sindicatos da faculdade de escolherem – uma espécie de fato à medida - a convenção coletiva aplicável, traduz uma inequívoca desvalorização do papel das associações sindicais. Tratou-se de uma medida para estender o conteúdo das convenções coletivas? Talvez sim; talvez seja uma curiosa e "original" via para atingir este desiderato. Mas uma coisa é certa: ela conduz a um enfraquecimento sindical.

E a possibilidade de a convenção coletiva disciplinar *in pejus* as condições de trabalho remete-nos para temática das funções da convenção coletiva. Pretende-se transmitir a mensagem de que longe vão os tempos em que a convenção era essencialmente um instrumento de progresso laboral e social, isto é, de melhoria das condições de trabalho e de vida de quem põe o seu labor ao serviço de outrem. Mais, pretende-se inculcar a ideia

---

[61] O CT de 2003 rompeu com a conceção tradicional do princípio do tratamento mais favorável (art. 4.° na versão original) e o CT de 2009, no art. 3.°, n.° 3, para as matérias nele previstas, parece tê-la recuperado.

[62] Para maiores desenvolvimentos, cfr. João Reis, "Princípio do tratamento mais favorável e da norma mínima", in *Para Jorge Leite, Escritos Jurídicos-Laborais,* I, Coordenadores João Reis, Leal Amado, Liberal Fernandes e Regina Redinha, Coimbra Editora, 2014, p. 855 e ss.

de que nos tempos correntes é inevitável baixar as condições de trabalho e de vida. De que "vivemos acima das nossas possibilidades". O que para a convenção coletiva significa uma diretriz bem clara: os salários não devem subir; o salário real deve baixar. Tudo em nome da promoção da concorrência e competitividade empresarial no mercado nacional e mundial.

3.5.1. *Anulação de regimes convencionais*

Com o propósito já aludido de embaratecimento da força de trabalho, a lei desferiu um dos ataques mais significativos à convenção coletiva de trabalho. Com efeito, anulou todas as disposições de instrumentos de regulamentação coletiva vigentes que consagrassem montantes de compensação superiores aos estabelecidos pela lei em caso de cessação do contrato. Eliminou as cláusulas da convenção coletiva que reconheciam descanso compensatório em caso de trabalho suplementar prestado em dia útil, em dia de descanso semanal complementar ou em feriado. Suprimiu a majoração do período legal de férias fixada nas convenções coletivas fixadas celebradas depois de 1 de dezembro de 2003. Suspendeu os acréscimos retributivos pagos pelo trabalho suplementar, se fossem superiores aos previstos na lei, pelo prazo de dois anos e, passado este período, determinou a baixa destes montantes para metade, desde que não fiquem abaixo do limite previsto na lei[63]. Apesar de em todas estas situações estar em causa o desrespeito pelo exercício da autonomia coletiva levado a cabo durante anos, e o respeito que a lei deve ter por uma fonte de direito do trabalho ligada ao exercício de um direito fundamental, o Tribunal Constitucional, ainda assim,

[63] Cfr. o art. 7.° da L. n.° 23/2012, de 25 de junho. Para uma apreciação geral deste diploma, Júlio Gomes, "Algumas reflexões sobre as alterações introduzidas no código do trabalho pela L. n.° 23/2012, de 25 de Junho", *Revista da Ordem dos Advogados,* Ano 72, Abr./Set. 2012, p. 575 e ss.

considerou constitucional a supressão das normas desrespeitadoras das cláusulas da convenção coletiva sobre a compensação em caso de cessação do contrato, bem como a suspensão daquelas que se reportavam aos acréscimos retributivos por prestação de trabalho suplementar[64].

No emprego público, um dos exemplos do pouco crédito do legislador pela convenção coletiva, durante o período de intervenção da Troika, foi o do regime da duração do trabalho. O período diário e semanal aumentou, respetivamente, de 7 para 8 e de 35 para 40 horas. E o legislador veio afirmar expressamente que o novo regime era imperativo e prevalecia sobre instrumentos de regulamentação coletiva de trabalho. Havia convenções coletivas vigentes estabelecendo um período laboral menos longo? Havia, mas isso pouco ou nada importou para o legislador de 2013[65]. E esta atitude também não mereceu censura constitucional[66]

3.5.2. *Os critérios para a adoção de portaria de extensão*

Com idêntico intuito de desvalorização, já antes, o *Memorando de* Entendimento, no que respeita à política salarial, entre outras medidas[67], tinha proposto a alteração dos critérios para a emissão de portarias de extensão de molde a tornar mais difícil a extensão do conteúdo das convenções coletivas, o que permite, nomeadamente, obstar à extensão das cláusulas de conteúdo pecuniário.

---

[64] Cfr. o Ac.do TC n.° 602/2013, de 20 de setembro.

[65] Cfr. os arts. 2.° e 10.° da L. 68/2013, de 29 de agosto.

[66] Com se deduz do juízo de conformidade constitucional do Ac. do TC n.° 794/2013, de 21 de novembro.

[67] Entre as outras medidas de política salarial previstas destacam-se a proibição do aumento do salário mínimo sem revisão prévia do programa acordado com a Troika e a descentralização da negociação coletiva.

Dado o universo de destinatários abrangidos diretamente pela convenção coletiva ser restrito, devido à regra da eficácia relativa, e a razões ligadas com o princípio da igualdade e de melhoria das condições de trabalho, o recurso à portaria de extensão no ordenamento português tem sido significativo. Por esta via, tem aumentado substancialmente o âmbito de abrangência subjetiva das convenções coletivas. Sendo a portaria de extensão da autoria de membros do Governo, ela representa uma administrativização de um domínio laboral onde, à partida, seria desejável que imperasse a autonomia coletiva dos sujeitos laborais. Não se contesta a existência desta via administrativa; o que se critica é o seu uso excessivo.

Segundo o art. 514.°, n.° 2, do Código do Trabalho, pode adotar-se uma portaria de extensão quando as circunstâncias sociais e económicas caraterizadoras do setor de atividade ou profissional para onde se pretende estender o instrumento de regulamentação coletiva justificarem a aplicação do regime que se estende. O critério legal atende, pois, às caraterísticas do setor regulado e do setor a regular, à identidade ou semelhança entre eles existente do ponto de vista económico e social. É, sem dúvida, um citério pouco concretizado.

Ora, invocando pouca clareza nos critérios existentes quanto à extensão da convenção coletiva e a falta de critérios quanto à representatividade dos sujeitos celebrantes da convenção coletiva, o *Memorando de Entendimento* veio propor, respetivamente, maior densificação dos critérios de extensão e critérios quantitativos e qualitativos para medir a representatividade dos chamados "parceiros sociais"[68].

---

[68] Na segunda atualização do *Memorando* (dezembro de 2011), deixou de se fazer referência aos critérios qualitativos e ao papel do Instituto Nacional de Estatística na aferição da representatividade.

Esta proposta, como já antes defendemos[69], foi razoável. Sobretudo ao apelar para a fixação de critérios de representatividade, o *Memorando* fazia notar um dos grandes vícios legais do sistema de relações coletivas português, a ausência no setor privado de critérios legais para aferir da representatividade das associações sindicais e das associações de empregadores[70]. A justificação destes critérios num regime de pluralismo sindical impõe-se por si só.

Porém, a razoabilidade esvai-se caso se pretenda aproveitar deficiências do regime jurídico em vigor para o substituir por outro onde se atende preferencialmente às consequências da extensão da convenção coletiva para a competitividade das empresas não filiadas abrangidas e a critérios demasiado restritivos Foi manifestamente o que sucedeu. Recorrendo a um procedimento que suscita dúvidas quanto à sua legalidade e até à sua constitucionalidade[71], o Governo exige para a emissão de uma portaria de extensão que haja nesse sentido uma pedido conjunto da associação sindical e associação de empregadores outorgantes da convenção coletiva a estender, assim excluindo da possibilidade de extensão os acordos de empresa e os acordos coletivos de trabalho, o que, no mínimo, é difícil de compreender. Por outro lado, exige-se que a parte representativa dos empre-

---

[69] Cfr. "Troika e alterações no direito laboral coletivo", cit., pp. 139--144.

[70] No emprego público, no que respeita à legitimidade para a negociação coletiva, o art. 349.º da Lei Geral do Trabalho em Funções Públicas consagra critérios de representatividade.

[71] O instrumento normativo usado pelo Governo para regular esta matéria foi a resolução do Conselho de Ministros. Ora, esta regulamentação veio não só completar como verdadeiramente alterar a disciplina fixada na lei – mais propriamente no Código do Trabalho –, e, por outro lado, veio regular dimensões do direito à contratação coletiva, que é um direito com assento constitucional. Temos dúvidas de que a regulamentação adotada possa assumir a forma de resolução.

gadores que subscreveu a convenção coletiva tenha ao seu serviço, no mínimo, 50% dos trabalhadores no âmbito de aplicação pretendido, e dela faça parte associados que representem 30% das micro, pequenas e médias empresas, requisito este apenas prescindível caso não se pretenda estender a convenção coletiva para este tipo de empresas[72].

Não é preciso ter "dons adivinhatórios" para prever que com este regime vai diminuir substancialmente o número de trabalhadores e empregadores abrangidos por convenções coletivas.

3.5.3. *Sobrevigência da convenção coletiva*

Com respeito à eficácia temporal da convenção coletiva, deve também ser mencionada, de acordo com a orientação do *Memorando*, a redução legal do período de sobrevigência de 18 para 12 meses[73]. O mesmo é dizer que com esta alteração legal se apressa o caminho para uma eventual caducidade da convenção coletiva.

3.5.4. *Nível da negociação coletiva*

Na esteira do Acordo Tripartido de Março de 2011, o Governo português assumiu o compromisso no *Memorando* de promover uma "descentralização organizada" da convenção coletiva, isto é, de promover a negociação coletiva a nível da empresa[74] e de envolver nesta negociação estruturas representativas dos trabalhadores que não sejam sindicais, nomeadamente,

[72] Cfr. a Resolução do Conselho de Ministros n.° 90/2012, de 31 de outubro, alterada pela Resolução n.° 43/2014, de 27 de junho.

[73] Cfr. o art. 501.°, n.° 3 do CT antes e depois da L. n.° 55/2014, de 25 de agosto.

[74] O incremento da negociação coletiva a nível de empresa tem sido impulsionado noutros países, como Itália e Espanha. () Neste sentido, A. Baylos, N. Castelli, F. Trillo, *Negociar en Crisis ...*, cit., p. 73 e ss.

a comissão de trabalhadores, uma organização de representação unitária dos trabalhadores da empresa. Estas estruturas deveriam poder negociar condições de mobilidade funcional e geográfica, bem como o regime do tempo de trabalho em empresas que empregassem até 250 trabalhadores. Este desiderato não foi, porém, transposto para a lei nestes precisos termos. Permite-se antes que as associações sindicais possam conferir poderes às estruturas representativas dos trabalhadores na empresa, incluindo a comissão de trabalhadores, para negociar só em relação aos seus associados, em empresas até 150 trabalhadores[75].

3.5.5. *Suspensão da convenção coletiva*

Refira-se, por último, uma significativa e sintomática alteração legal no regime da convenção coletiva não imposta pelo *Memorando*, mas querida pelo legislador português de 2014. Trata- da admissibilidade da suspensão, total ou parcial, da convenção coletiva.

A possibilidade de suspensão da convenção coletiva não é um regime desconhecido do ordenamento português. Pelo contrário, ela existe, desde a década de setenta do século passado, para as empresas em situação económica difícil. Mas, à luz deste regime mais antigo, para se considerar uma empresa em situação económica difícil é necessário, nas empresas privadas, um «... acordo da maioria dos respectivos trabalhadores, expresso por voto secreto», um processo formal de averiguação e uma decisão do Conselho de Ministros[76]. Só depois deste procedimento a empresa pode ser declarada em situação económica difícil e só

---

[75] Cfr. o art. 491.°, n.° 3, do CT, na redação dada pela L. n.° 23/2012, de 25 de junho.

[76] Nos termos dos arts. 1.°, n.° 2, al. d), 3.° e 4.° do DL n.° 353-H/77, de 29 de agosto.

após esta declaração, como uma das medidas possíveis, pode ser suspensa a convenção coletiva. O regime é cuidadoso.

Para o legislador de 2014, em situações de crise empresarial, os subscritores de uma convenção coletiva podem suspendê-la, desde que tal seja necessário para "assegurar a viabilidade da empresa e a manutenção dos postos de trabalho"[77]. Não se está contra o mérito ou demérito deste regime. Mas surpreende e causa receio a facilidade com que se admite um ato com consequências laborais tão sérias como a suspensão da convenção coletiva. Basta um acordo escrito, onde expressamente se fundamente a suspensão e o seu prazo de vigência. Nem sequer um procedimento sumário é exigido.

3.5.6. *Subsídio de desemprego*

Só mais um exemplo, para acabar, de um conjunto de medidas de desvalorização do mercado de trabalho, ou, numa linguagem menos economicista e mais expressiva, de agravamento das condições de vida de quem perdeu o emprego. Situa-se ele na sensível e dolorosa área do desemprego. Dando seguimento ao estabelecido no *Memorando de Entendimento*, a duração máxima do subsídio de desemprego passou de 30 para 18 meses[78] e o limite máximo do subsídio de desemprego passou a corresponder a 2,5 vezes o Indexante dos Apoios Sociais[79]. Mas nem tudo foi mau: o período contributivo necessário para aceder ao subsídio de desemprego foi reduzido de 450 para 360

[77] Nos termos do art. 502.°, n.° 2, do CT, na redação dada pela L. n.° 55/ /2014, de 25 de agosto.

[78] Cfr. o art. 37.° do DL n.° 220/2006, de 3 de novembro, na redação dada pelo DL. n.° 64/2012, de 15 de março.

[79] Cfr. o art. 29.° do DL n.° 220/2006, de 3 de novembro na redação dada pelo DL. n.° 64/2012, de 15 de março.

dias[80] e o Memorando propôs que os trabalhadores autónomos economicamente dependentes passassem a ter acesso a subsídio de desemprego.

4. As alterações e o direito laboral: um direito diferente?

Os novos regimes laborais introduziram decerto novos traços e caraterísticas no direito do trabalho. Importa, contudo, mais do que apreender os novos conteúdos normativos, surpreender o sentido e significado desses novos conteúdos.

De um modo genérico, talvez se possa dizer que as mudanças no direito laboral português se orientaram em quatro direções distintas mas complementares: enfraquecimento da função protetora do direito do trabalho em nome de exigências do mercado, ofuscação do conflito laboral básico, desvalorização da vertente coletiva e menorização do trabalho.

4.1. *Menos proteção para a pessoa e mais para o empregador*

A função de proteção do direito laboral é, como sabemos, uma das notas mais salientadas para caraterizar este ramo de direito e para explicar a sua "libertação" do direito civil, donde é originário. Invoca-se que em vez de regular relações entre iguais assume as diferenças de poder inerentes à relação laboral e se apoia numa racionalidade tendente a tutelar o contraente mais débil. Mesmo quem entenda que esta dimensão do direito do trabalho tem sido exagerada, pois tem servido para ocultar uma

80 Art. 22.°, n.° 1 do do DL n.° 220/2006, de 3 de novembro, na redação dada pelo DL. n.° 64/2012, de 15 de março.

outra de sentido contrário, já que o direito de trabalho desempenha igualmente o papel de legitimação e racionalização do poder de um privado sobre outro, imprescindível ao funcionamento do atual modo de produção, tem de reconhecer o saldo histórico que ela representou e a vantagem que ela ainda assume na atualidade. O progresso sócio-laboral, material e espiritual, deve muito à função tutelar do direito do trabalho.

A proteção do contraente mais débil vem, há já alguns anos, como a luz da vela que vai esmorecendo, perdendo intensidade. A hipossuficiência do trabalhador ou teria, segundo uns, desaparecido, ou, segundo outros, diminuído fortemente. O que conta agora, acima de tudo, são as exigências do mercado. Este, explicam-nos alguns economistas e diretores de recursos humanos, fica muito nervoso quando não lhe fazem a vontade. E isso é perigoso porque o nervosismo do mercado não é como o dos trabalhadores - que se pode desprezar -, pois pode levar ... ao desastre social!

Esta lógica foi levada ao extremo pelos responsáveis, nacionais e estrangeiros, das "reformas laborais" durante o período mais agudo da crise. É ela que explica as súbitas e radicais medidas de embaratecimento de mão-de-obra, da continuação e reforço de um regime de despedimento por razões económicas bastante permissivo, da subjugação das razões pessoais e familiares dos trabalhadores aos interesses da empresa no regime do tempo de trabalho, da polivalência funcional, da mobilidade geográfica do local de trabalho, etc.

E, neste trilho, o risco do direito do trabalho se transformar num direito da empresa pode não ser pura ilusão. Até porque é propagandeado um receituário ideológico, na aparência coerente e lógico, de tendência universalizante, tentando justificar a via prosseguida não só como a melhor mas também como a única.

Argui-se que o interesse da empresa (ou será do empresário?) coincide com o interesse nacional, o que seria patente, desde logo, na dramática questão do desemprego e na redução das despesas públicas. Se o Estado quer combater a praga do desemprego, só através das empresas privadas, diz-se, o pode conseguir. Estas empresas é que – assevera-se-, sem custos públicos, podem promover o emprego. E assim o Estado necessita de menos impostos para custear empresas públicas e, além disso, expulsa-se o Estado da economia, uma vez que, argumenta-se, ele não foi feito para produzir[81]. Tudo a bem do interesse nacional! Este – asseguram alguns briosos defensores do orgulho pátrio - só por via de uma acesa e genuína concorrência entre empresas pode ser alcançado.

Mas podem as empresas funcionar sem capital? Claro que não! Então há que atrair quem possua capital, pouco importando que seja nacional ou estrangeiro, pois o capital não tem rosto. Mas há um problema, os capitalistas só investem se em Portugal lhes forem oferecidas melhores condições que noutros países; se não deslocalizam-se para outras paragens. Há que evitar isto. É preciso induzi-los a usar a sua sacrossanta liberdade de circulação para se fixarem em Portugal. E entre os trunfos principais de aliciamento encontra-se a possibilidade, claro está, de eles acederem, usarem e afastarem a força de trabalho de acordo com a sua vontade. E, nesta perspetiva, o melhor seria não haver regras e remeter a regulação da relação de trabalho para a autonomia da vontade, mas como isto poderia levar a resultados lesivos da nossa consciência ético-jurídica e, por outro lado, como o uso racional e eficaz da força de trabalho justifica a existência de uma disciplina jurídica, o melhor é haver regras laborais, desde

[81] Como nos recorda José Manuel Pureza, um dos "dogmas da crise-como-política", é precisamente divulgar a «... visão do Estado como monstro que engorda sem cessar e face ao qual a única tarefa nobre é emagrecê-lo até ficar esquálido" (*Linhas Vermelhas – crítica da crise-como-política*, cit., p. 100).

que, bem entendido, não sejam muitas e, sobretudo, resistentes ao exercício da liberdade empresarial.

E nesta senda, não há outro caminho – "there is no alternative" –, que desregulamentar, flexibilizar e desvitalizar o direito do trabalho, tornando-o um *soft law*, e numa mercadoria que está no mercado mundial como qualquer outro bem[82]. Os ordenamentos laborais devem disputar entre si, "no mercado dos produtos legislativos", o investimento do capital nacional e internacional. Devem promover o *dumping social* e disponibilizarem-se para uma *race to the bottom* [83]. E assim teremos o mercado acima do direito, como a *Grundnorm,* pelos vistos não só acima do direito do trabalho como acima do direito em geral[84].

Para a criação desta envolvência ideológica, têm contribuído enormemente certas organizações internacionais como o Banco Mundial, a OCDE e agências de *rating*. As próprias organizações internacionais outorgantes no *Memorando* subscrito pelo Governo português é na ideologia do mercado que,

[82] Para uma perspetiva crítica, do "Direito do Trabalho como mercadoria", António Casimiro Ferreira, *Sociedade da Austeridade e direito do trabalho de exceção,* cit., pp. 109-115, e Alain Supiot, *L'ésprit de Philadelphie – La justice sociale face au marché total,* Éditions du Seuil, 2010. Do ponto de vista político, "em nome de um estado de exceção", um dos mais importantes dogmas em voga consiste em substituir «... o primado da soberania popular como fundamento insubstituível da condição democrática pelo primado da confiança do mercado ...» (*Linhas Vermelhas, crítica da crise-como-política,* cit., 102).

[83] Entre outros, sobre esta competição mundial de normas, Alain Supiot, "O direito do trabalho ao desbarato no mercado das normas", *Questões Laborais,* n.° 26, 2005; Leal Amado, *Contrato de Trabalho, 4ª Edição,* Coimbra Editora, 2014, pp. 29-30.

[84] Do ponto de vista político, "em nome de um estado de exceção", um dos mais importantes dogmas em voga consiste em substituir «... o primado da soberania popular como fundamento insubstituível da condição democrática pelo primado da confiança do mercado ...» (*Linhas Vermelhas, crítica da crise-como-política,* cit., 102).

em primeiro lugar, se revêm. Também elas subscrevem a ideia de que mercado e direitos laborais não são propriamente os melhores amigos. Como observa Casimiro Ferreira, o "pedido de ajuda financeira endereçado à troika por Portugal (à semelhança do sucedido na Grécia e na Irlanda) patenteia esta lógica troca mercantil entre as necessidades do sistema financeiro e bom funcionamento de mercados e a erosão dos direitos laborais. Com grande clareza se assume que os mercados funcionam melhor com direitos *market friendly,* e que, nessa medida, o sentido da justiça buscada pelo direito não é compatível com o mercado"[85].

Numa reflexão em que se pretende dar a conhecer as alterações provocadas pela última crise económico-financeira no sistema jurídico-laboral português, não tem sentido avaliar aprofundadamente o argumentário acabado de expor. Nem é nossa intenção pôr em causa o papel das empresas no combate ao desemprego e do mercado nos modos de produção atuais. O que se pretende realçar agora é a hábil tentativa do discurso neoliberal para criar a convicção em largos setores populacionais, mesmo de trabalhadores, de que os regimes laborais introduzidos não são justos nem injustos mas tecnicamente necessários, fundados em estudos científicos inatacáveis. E se um direito é inevitável, julga-se, pensando erradamente, que o direito é apenas uma ciência do ser ou uma ciência exata, que não tem de se discutir se é justo ou injusto. Para os destinatários das normas laborais, um discurso deste tipo pode até confundir e levar alguns a aceitá-lo[86], mas para um jurista ele é aberrante: o direito

---

[85] *Sociedade da Austeridade e direito do trabalho de exceção,* cit., p. 113.

[86] Com razão já se disse que a «... hegemonia neoliberal passa precisamente por aqui: pelo modo como consegue o consentimento perante a injustiça, pela forma como constrói significados dentro da cabeça das pessoas. Neste processo, o senso comum mantém uma relação de intenso concu-

pressupõe necessariamente a procura do justo, não se reduzindo a uma disciplina técnica; pressupõe sempre uma fundamentação e pretensão de validade, juízos de valor que não se compadecem com juízos explicativos de factos inevitáveis.

Do que não há dúvida é de que a dimensão protetora do direito do trabalho saiu enfraquecida na era da austeridade. E não só por causa dos conteúdos normativos que foram introduzidos. Também por causa de algumas características já conhecidas no passado que entretanto se acentuaram. Foi o que aconteceu, por exemplo, com a chamada inefetividade das normas laborais, que se traduz na maior desregulamentação e flexibilização laboral, ou numa verdadeira subversão do direito do trabalho[87]. Esta característica, com maior ou menor intensidade, sempre andou ligada à aplicabilidade dos regimes laborais. Mas no período de austeridade tende a aumentar. Desde logo, porque as vítimas desta inefetividade reivindicam menos a aplicação das normas, com receio de perda do emprego ou de outra sanção menor. E com isto é a função simbólica do direito do trabalho, enquanto direito tutelar que deveria oferecer certeza e segurança aos seus

---

binato com as ideologias dominantes» (José Soeiro, Miguel Cardina e Nuno Serra, in *Não acredite em tudo o que pensa. Mitos do senso comum na era da austeridade,* Lisboa, Tinta-da-china, 2013, p. ii).

[87] Para alguns autores, como, por exemplo, A. Casimiro Ferreira, a inefetividade associa-se a uma fase ou período de desenvolvimento do direito do trabalho, situada entre a fase inicial do fordismo e a atual fase do direito de trabalho da exceção. O autor designa por "subversão do direito do trabalho" o fenómeno em que «... o processo de aplicação do direito por parte dos empregadores assentar numa mobilização não-democrática e num uso alternativo do mesmo orientado pelos valores do mercado, de que resulta a inefetividade dos princípios protetores do direito do trabalho por relação aos trabalhadores» (*Sociedade da Austeridade e direito do trabalho de exceção,* cit., p. 96). O direito subversivo, na linguagem deste sociólogo, corresponde «... à trivialização do trabalho indigno e à naturalização da inefetividade dos direitos laborais ...» e transformou-se "em direito instituído" (mesma obra, pp. 96-97 e 98).

destinatários, que se desvirtua[88]. Na verdade, ao facilitar a instabilidade e precariedade da relação do trabalho, abre-se mais facilmente a porta para abusos das vulnerabilidades inerentes da situação laboral.

4.2. *Maior ocultação do conflito básico*

Outra mudança a registar é a tendência para desvalorizar e esconder o conflito laboral e enfatizar, em contrapartida, o consenso social e a concertação laboral.

O período de austeridade foi um período de greves, de grandes manifestações de rua, de duros choques sociais e laborais, enfim, traduziu-se numa exasperação da conflitualidade. E, por isso, compreende-se que tenha havido apelo ao consenso social por parte do poder e de quem o apoiou. E ao nível da teoria jurídica também não admira que este valor seja sobrevalorizado. Os juristas parecem ter um especial gosto ou até veneração pela harmonia jurídica. Mas Já surpreende que, numa evidente ficção ideológica, se venha insinuar ou afirmar expressamente que os conflitos de interesses entre capital e trabalho são coisa do passado e que na atualidade os adversários de classe de ontem se transformaram hoje em amistosos parceiros unidos por interesses comuns[89].

---

[88] Acerca da função simbólica do direito do trabalho, *idem, ibidem*, pp. 104-108.

[89] O direito de exceção do trabalho, o direito de trabalho da austeridade, apresenta-se, nas palavras de A. Casimiro Ferreira, «... em rutura paradigmática com os pressupostos do direito do trabalho, eliminando o conflito enquanto dinâmico das relações laborais e a proteção do trabalhador enquanto condição de liberdade» (*A Sociedade de Austeridade e o direito do trabalho de exceção*, cit., 76).

Parece-nos evidente que podem existir interesses comuns entre empregadores e trabalhadores e que a concertação entre grupos sociais não tem de significar uma "traição de classe". Contudo, isto não significa que o direito do trabalho tenha deixado de regular uma relação entre trabalho e capital e que esta relação tenha deixado de ser assimétrica e caraterizada por interesses divergentes. O direito só desempenhará cabalmente a sua missão se conhecer a realidade a que vai referido. O que significa que o direito do trabalho, para desempenhar bem a sua tarefa, deverá ter consciência de que, ainda hoje, o seu núcleo jurídico típico e estruturante é constituído pela relação (ou, como preferem outros, a situação) de trabalho assalariado. Claro que o trabalho assalariado de hoje vai conhecendo transformações e metamorfoses. Dizer que a relação de trabalho da atualidade não é igual à que foi originada nas revoluções industriais ou que sofreu e continuará a sofrer alterações, é hoje uma banalidade de base que não vale a pena repetir. É hodiernamente uma relação muito mais diversificada e coloca novos problemas ao direito do trabalho que, por seu turno, se transmudam em outros tantos focos de tensão. Porém, o dinamismo e o caráter inovador da relação laboral não legitima duas coisas: nem que se esqueça o passado, nem que se confunda o principal com o acessório. As inovações que incessantemente se vêm verificando ao longo dos tempos não alteraram a estrutura e natureza básica assumida pela relação laboral desde o início. As novas tensões laborais, as zonas de problematicidade laboral mais recentes, como as que rodam à volta das diferenças entre os *insiders e outsiders* no mercado de trabalho, os empregados e os desempregados, os estáveis e os precários, os homens e as mulheres, os jovens e os idosos, os nacionais e os estrangeiros, etc., são dogmaticamente deveras importantes e suscitam respostas normativas adequadas. Mas elas não podem ser invocadas para obnubilar o facto de que a relação de trabalho marcante é ainda hoje a relação conflitual existente entre o empregador e o trabalhador. O objeto do direito do trabalho diversificou-se, mas a natureza da sua relação nuclear continua a ser conflitual. E daí, objetivamente, o direito do trabalho também ser essencialmente um direito do conflito laboral. A importância crescente da concertação social, cuja institucionalização em Portugal é reconhecida pelo art. 92.° da Constituição portuguesa e na União Europeia pelos arts. 152.°, 154.° e 155.° do Tratado de Funcionamento da União Europeia, não significa a negação do caráter conflitual da relação de trabalho, nem da conflitualidade entre os interesses dos grupos e classes sociais. Diversamente, é justamente por reconhecer tal conflitualidade que a concertação e os mecanismos do diálogo social existem.

Todavia, deve registar-se a tendência para associar os "parceiros sociais" às "reformas laborais" realizadas. Em Portugal, todas as mudanças laborais mais significativas dos últimos tempos foram da iniciativa ou obtiveram o apoio da Comissão Permanente de Concertação Social, um órgão tripartido, que funciona junto do Conselho Económico e Social, composto por representantes do Governo, das associações sindicais e das associações de empregadores de topo. Com exceção de uma central sindical, a CGTP-IN, quase todas as medidas laborais levadas a cabo no período de resgate financeiro obtiveram a aprovação dos outros membros do CPCS, o que constituiu, sobretudo do ponto de vista social e político, um forte suporte legitimador para a medidas tomadas e para os responsáveis por elas.

Em correspondência com estas práticas, deve ser realçado que o mecanismo da concertação social se vem revelando como uma fonte de facto do direito do trabalho, a qual, embora não conste entre as fontes formais, tem vindo a assumir uma importância crescente. Neste quadro, pode dizer-se que o direito do trabalho é cada vez mais um direito do diálogo e da concertação social, ou, talvez mais rigorosamente, feito em diálogo e concertação.

4.3. *Maior debilitação da dimensão coletiva*

As alterações laborais promovidas durante o período de intervenção apontam claramente para um enfraquecimento do direito coletivo. Desde logo, para uma perda de influência das associações sindicais. A pertença ao sindicato para se poder aplicar uma convenção coletiva ao trabalhador, era uma condição primária que vigorou incontestadamente no ordenamento laboral português. Ela não era respeitada só quando se justificava a emissão de um instrumento de regulamentação coletiva de origem administrativa. Mas este desvio à regra da filiação sindical, como requisito para a aplicabilidade da convenção coletiva, justificava-se sempre por razões que abrangiam um conjunto de trabalhadores, de empregadores ou de um empregador. Isto é, a extensão do conteúdo da convenção operava ainda no plano coletivo. Agora não. Permite-se que uma convenção coletiva abranja um trabalhador sem que este tenha de se filiar no sindicato celebrante.

Admite-se ainda ao trabalhador não sindicalizado a escolha de uma convenção coletiva, o que é interdito ao sindicalizado. Quer dizer, com o regime previsto no art. 497.° do CT transferiu-se para o plano individual um regime que deveria ser tratado no plano coletivo.

Os critérios para alargar o âmbito subjetivo de uma convenção coletiva por portaria de extensão, previstos em resoluções do Conselho de Ministros, tornaram-se mais exigentes, o que vai diminuir a taxa de cobertura das convenções coletiva[90]. Vale por

---

[90] Tendo em conta a extensão do conteúdo da convenção coletiva por portaria de extensão, tradicionalmente, a taxa de cobertura das convenções coletivas em Portugal era alta, situando-se, em 2008, entre os 71 e os 80%. Cfr. *Livro Verde das Relações Laborais*, ed. do Ministério do Trabalho e da Solidariedade Social, 2008, p. 86.

dizer que, previsivelmente, será mais difícil melhorar as condições laborais de muitos trabalhadores.

A anulação pelo legislador de regimes convencionais vigentes durante longos anos, sem que as partes (ou alguma delas) tenham sequer manifestado a intenção da sua cessação, revela uma atitude afrontosa com a autonomia comum dos sujeitos coletivos e uma insensibilidade gritante pela democracia laboral, a qual exige o respeito pelas normas elaboradas, em conformidade com a constituição, pelos representantes daqueles a quem elas se aplicam.

A tendência para a contratualização, isto é, para permitir por acordo das partes a disciplina de matérias que só deveriam ser reguladas por instrumentos de regulação coletiva, mormente por convenção coletiva, esteve igualmente presente no período em consideração. Sucedeu, por exemplo, com o regime do banco de horas individual (L. 23/2012, de 25 de junho). Na mesma senda, num atávico regresso ao dogma da autonomia da vontade individual, o regime português vem facultando o afastamento de regime legais por acordo individual entre empregador e trabalhador. Fixa regimes para o exercício da mobilidade geográfica e funcional, mas concede às partes que estabeleçam regimes diferentes (arts. 194.°, n.° 2, e 120.°, n.° 2, do CT), fixa regimes prevendo a renovação e a transformação dos contratos a prazo em contratos por tempo indeterminado, mas concede às partes o estabelecimento de uma cláusula de não renovação (art. 149.°, n.° 1, do CT).

Em todas estas situações, o legislador português não deveria ter esquecido o sábio ensinamento de Lacordaire: "Entre o rico e o pobre, entre o forte e o fraco, é a lei que liberta e a liberdade que oprime". Todavia, a homenagem ao dogma da vontade não é absoluta, já que nalgumas situações, à revelia de princípios civilísticos, o silêncio do trabalhador vale como aceitação da proposta do empregador (arts. 205.°, n.° 4, e 208.°-A, do CT), ou a sua vontade é totalmente irrelevante para a aplicação de novos regimes (arts. 206.°, n.° 2, e 208.°-B, n.° 2, do CT).

4.4. *Maior desvalorização do trabalhador*

Os regimes de que temos vindo noticiando, carregam ainda uma inquietante desvalorização do trabalho e uma "desconsideração da pessoa do trabalhador"[91] que não só exorbitam da diretriz de que o direito deve estar ao serviço da dignidade da pessoa humana, acolhida na constituição e em vários instrumentos internacionais, como não estão em linha com a ideia, tão frequentemente divulgada, de que o humanismo ocupa o lugar central na civilização europeia e ocidental.

Não são apenas regimes de razoabilidade ético-jurídica duvidosa. Choca o que está subjacente a esta desconsideração pessoal. Nas certeiras palavras de Jorge Leite, trata-se de uma «desconsideração que promove, subliminarmente, a identificação do trabalhador com os descartáveis (fungíveis), os de magros recursos, os de reduzido património social, os de baixa escolaridade, os que não sabem falar, os que não têm voz, os de carácter corroído pelas sucessivas amarguras da vida, afinal os descendentes do antigo servo, herdeiro, por sua vez, do escravo, o precário, talvez mesmo o ZÉ que NINGUÉM quer ser, de que

[91] Expressão retirada de Jorge Leite, "A reforma laboral em Portugal", in *Revista General de Derecho del Trabajo y de la Seguridad Social*, n.° 34, 2013, p. 21. Nesta mesma página, afirma este juslaborista que são «medidas que surpreendem até pelo desconcerto que introduzem no discurso oficial dos estados democráticos ocidentais e de organizações internacionais, de âmbito regional ou universal, um discurso frequentemente engalanado de nobres invocações, designadamente aos direitos fundamentais e à sua matriz referencial da dignidade do ser humano, especialmente relevante nas situações de maior vulnerabilidade».

falava Wilhelm Reich»[92]. Parece, na verdade, que para o legislador da época da austeridade, o trabalho mais do que uma qualidade intrínseca dos humanos, que cria a riqueza e produz a vida, é uma mercadoria que apenas interessa conservar enquanto for útil para a empresa.

4.5. *A ambivalência do direito do trabalho continua*

Em face das mudanças acabadas de mencionar e de outras de que não se deu notícia, podemos concluir que a economia da austeridade provocou alterações importantes nos regimes laborais vigentes. Terão elas sido tão extensas e qualitativamente tão profundas que legitimem a afirmação de que estamos perante um novo direito do trabalho? Esta é uma questão de largo alcance que merece uma análise mais aprofundada e exigente que não cabe realizar agora. Trata-se de uma questão de fundo que tem estado em debate na doutrina laboral nos quatro cantos do mundo e que, certamente, vai continuar a estar.

Mas o que se foi reportando, talvez seja suficiente para evitar duas conclusões de sinal contrário. Por um lado, não devemos negligenciar as modificações operadas no direito laboral. Nomeadamente, a sua demasiada abertura às exigências empresariais em detrimento das exigências da pessoa que trabalha denota um distanciamento da fundamentação ética e de validade, que é imprescindível para que o direito se possa afirmar enquanto tal. Por outro, não devemos exagerar afirmando que o direito do trabalho perdeu as suas características e racionalidade próprias, deixando de ser um direito da desigualdade para regressar ao regaço do direito civil. Claro que alguns regimes se "civiliza-

[92] *Idem*, p. 21.

ram", mas é precipitado afirmar que, em geral, a lógica civilista vale para o direito do trabalho.

Talvez, no essencial, a sua função e sentido básicos continuem de pé. A característica da ambivalência e a da busca de equilíbrios entre forças e interesses contraditórios, com o intuito de procurar harmonizar, por um lado, a necessidade de racionalizar o processo produtivo e legitimar o sistema económico e social com, por outro lado, certo nível de proteção do trabalhador, são ainda os propósitos de fundo do direito do trabalho. O que convém recordar é que o equilíbrio de que se fala não é estático. Vai-se deslocando para um dos lados. Atualmente, deslocou-se para o lado da empresa e do empregador ou, o que é o mesmo, acentuou-se o desequilíbrio de poder já existente na relação de trabalho a favor do empregador[93]. As caraterísticas a que se foi aludindo não surgiram no período de austeridade. Já vinham de trás. Apenas se acentuaram. Embora, nalguns aspetos, se tenham acentuado demasiado.

5. Implicações económico-sociais das alterações laborais

Depois de ter atentado sobre as consequências laborais provocadas pela intervenção da Troika em Portugal e pela economia da austeridade, convém agora, muito sumariamente, dedicar

---

[93] Acompanhamos, assim, a observação de Palomeque-Lopez,, feita a propósito da reforma espanhola levada a cabo pelo RDL. 3/2012, de 10 de fevereiro, sobre a função do direito do trabalho, quando afirma que este ramo do direito «... cumpre a sua função fisiológica de facilitação das relações de produção, ao mesmo tempo que, de modo imprescindível e mediante o equilíbrio buscado do conjunto, de legitimação política e social do sistema económico de referência, através de um ordenamento de compensação parcial das desigualdades instaladas nas relações económicas» ("El desplazamiento del equilíbrio del modelo (consideraciones sobre la reforma laboral de 2012", *El Cronista del Estado Social y Democrático de Derecho*, de marzo de 2012).

umas linhas aos reflexos das modificações laborais na sociedade portuguesa, mormente ao nível económico e social. Terão as graves dificuldades invocadas para justificar a intervenção da Troika sido superadas? Dada a delicadeza política em jogo, em geral, com algumas exceções, as respostas têm variado em função da posição político-ideológica ou partidária de quem as emite.

Os responsáveis pelas medidas adotadas, grosso modo, destacam duas notas positivas. Por um lado, dizem que "as dificuldades foram superadas" porque Portugal está em condições de se financiar nos mercados financeiros. As medidas, todas elas, incluindo as laborais, terão contribuído para que os mercados financeiros e os credores internacionais tenham voltado a ganhar confiança na economia portuguesa[94]. Por outro lado, destacam a nova situação da balança corrente. Alegam um aumento histórico das exportações portuguesas e uma redução do défice externo[95].

Reconhecem, no entanto, que a situação económico-financeira continua extremamente débil e com perigo de agravamento. Na verdade, os indicadores são alarmantes. Eis uma síntese traçada por Ricardo Mamede: «Entre 2008 e 2014 o PIB caiu 12 mil milhões de euros (-6%), regressando aos níveis de 2003. O volume de emprego atingiu o valor mais baixo desde 1995,

---

[94] Entre as medidas positivas invocadas pelo Governo destaca-se a redução do défice orçamental para 4% em 2014. Contudo, esta "vitória" é desvalorizada por alguns economistas, como, por exemplo, Eugénio Rosa, para quem "sem medidas extraordinárias .... O défice orçamental seria em 2014 de 8,4 ..." ("O que a direita quer comemorar em 7-5-2014 ... www.eugeniorosa.com).

[95] Embora os dados sejam positivos neste domínio, alguns estudos económicos duvidam da solidez desta "conquista". Ana Costa e José Castro Caldas, por exemplo, alertam que «O défice externo contrai-se, mais em resultado da redução das importações, fruto das quebras súbitas do investimento e do consumo, do que de um crescimento das exportações, induzido pela compressão dos custos salariais» ("A União Europeia e Portugal entre os resgates bancários e a austeridade: um mapa das políticas e das medidas", cit., p. 125).

passando de 5,1 milhões em 2008 para 4,5 milhões em 2014. O investimento caiu 35%, atingindo níveis que não se registavam desde finais dos anos oitenta. Cerca de 85 mil pessoas emigraram em média por ano ... O desemprego chegou a afectar 855 mil pessoas, um valor nunca visto em Portugal (e que só não é maior porque centenas de milhares de pessoas deixaram de contar para as estatísticas por terem emigrado ou desistido de procurar emprego) ... Portugal voltou a assistir ao alastramento da pobreza». Em face de um quadro tão desgraçado, conclui este economista que «... Portugal passou, desde 2008, por um processo de devastação económica e social de um nível sem precedentes na história recente do país, que ainda está longe de ser invertido»[96].

Segundo Eugénio Rosa, entre 2010 e 2014, «... a riqueza criada diminuiu 4,5% ... enquanto o valor das remunerações baixou em 10% ... Como consequência a parcela de riqueza criada no país que reverte para os trabalhadores diminuiu de 53,6% para 50,5%». Com base nestes e noutros números, observa este economista «... que foram principalmente os trabalhadores os mais sacrificados com a crise e a política de austeridade ... já que o capital até viu aumentar a parcela da riqueza criada no país que reverte para ele. Este agravamento da desigualdade ... teve outra consequência, esta de natureza económica. Reduziu o mercado interno (procura agregada), já que a parte da população com maior propensão ao consumo, viu diminuir o seu quinhão na riqueza global distribuída, o que contribuiu para agravar a crise e a falência de milhares de empresas»[97].

Os dados do Banco de Portugal, analisados por Eugénio Rosa, «... mostram que a dívida tanto pública como do País ao exterior tem aumentado de uma forma contínua mesmo em 2014

---

[96] *O que fazer com este país*, cit., pp. 64-65.

[97] Retirado de www.eugeniorosa.com, p. 1, em Agosto de 2015.

.... Entre Dez.2010 e Mar.2014 ... a dívida pública, na ótica de Maastricht ... passou de 94% para 132,4% ... e a dívida de Portugal ao estrangeiro (Ativo-Passivo) ... subiu de 107,2% para 121,4%»[98].

As alterações legislativas a que fizemos alusão acarretaram uma transferência significativa de rendimentos do trabalho para o capital. Só as alterações da Lei n.° 23/2012 redundaram «... em vantagens concedidas às empresas que podem ser estimadas num acréscimo do excedente bruto de exploração das empresas entre os 1,5 e os 2,2, mil milhões de euros[99]. Por outro lado, aumentaram as desigualdades salariais[100] e de género[101].

Os números falam por si. Não vale a pena tecer grandes comentários. Contudo, não podemos deixar de referir uma última nota. Se a flexibilização e a desregulamentação do direito do trabalho, bem como o embaratecimento dos custos salariais, fossem o remédio miraculoso para os dramáticos problemas dos portugueses[102], nomeadamente para acabar ou reduzir o desem-

---

[98] Retirado de www.eugeniorosa.com, p. 1, em Agosto de 2015. Em finais de 2014, a dívida portuguesa deveria ter ficado em 127,2%, mas ficou em 128,7/% (Diário de Notícias de 24 de fevereiro).

[99] Jorge Leite, Hermes Augusto Costa, Manuel Carvalho da Silva e João Ramos de Almeida, "Austeridade, reformas laborais e desvalorização do trabalho", cit., p. 185.

[100] Num relatório divulgado em março de 2015, o gabinete de estatísticas europeias, entre 2008 e 2013, assinalou um aumento das disparidades salariais em noves países da UE, ocupando Portugal o lugar da frente.

[101] De acordo com a Comissão para a Igualdade no Trabalho e no Emprego, tutelada pelo Ministério da Solidariedade, Emprego e Segurança Social, as mulheres auferem menos 17,9 por cento de retribuição média mensal base do que os homens, diferença que aumenta para 20,8%, caso se considere a retribuição média mensal de ganho (comunicado divulgado em 5 de março de 2015).

[102] Portugal está hoje mais empobrecido, admitindo-se que mais de 800 mil portugueses vivem abaixo do limiar da pobreza. Uma em cada dez crianças vive em privação material severa e cerca de treze mil tomam uma única

prego[103], então, tendo em conta o que já se percorreu neste sentido, eles já estariam resolvidos. Mas o que se verificou foi exatamente o inverso. Quanto mais a lei liberalizou as condições de trabalho e facilitou a cessação do contrato, mais o emprego perdeu qualidade e se precarizou[104] e mais o desemprego foi subindo.

O apoio ao desemprego, mais urgente em tempos de especial carência, tem vindo a diminuir substancialmente. Em meados de 2015, o subsídio de desemprego abrangia 279563 pessoas, muito inferior aos 419360 beneficiários contabilizados em

---

refeição quente na escola. Segundo um estudo de economistas ligados ao Partido Socialista, 10% das pessoas empregadas (440 mil pessoas) estão abaixo do limiar da pobreza (Diário de Notícias, de 21 de abril de 2015).

[103] Segundo algumas fontes, reveladas na última discussão parlamentar sobre o estado da nação, hoje o desemprego real terá atingido um milhão e duzentos mil portugueses, devendo ter-se em conta que mais de 500 mil portugueses foram empurrados para emigração. Fontes ministeriais atiram com a criação de 175 mil novos postos de trabalho desde 2013 até julho de 2015, mas fontes ligadas à oposição falam em efabulação e invenção de números sem qualquer credibilidade.

Segundo os dados da CGTP-intersindical, entre os primeiros trimestres de 2011 e de 2015, trezentos mil postos de trabalho foram destruídos e quatrocentos mil trabalhadores emigraram. Segundo o INE, existem 713 mil desempregados (13,7%). Mas para esta central sindical o desemprego real é bastante superior, pois, ao número acabado de referir, haverá que somar 532 mil "subempregados, desencorajados e inativos indisponíveis", e ainda 70 mil desempregados ocupados ao abrigo de contratos emprego-inserção ou em estágios, que para as estatísticas contam como empregados. A ser assim, a taxa real de desemprego e de subocupação será de 24,1%, abrangendo um milhão e trezentas e quinze mil pessoas.

[104] O INE contabiliza 773 mil trabalhadores com contrato não permanente, mais 42 mil em maio de 2015 do que há um ano atrás, mas a CGTP-IN considera que o número não abrange todos os que se encontram numa situação de precariedade. Enfim, descontando esta conhecida mas deplorável disputa dos números, a verdade é que, vários indícios apontam para uma elevada taxa de precariedade no emprego.

fevereiro de 2013. Há cada vez menos desempregados a gozar de subsídio de desemprego[105]. O valor deste, devido aos baixos salários e ao desconto de 10% operado a partir da concessão de seis meses de prestação, também tem diminuído significativamente. Em Maio de 2015, em média, o subsídio rondava os 448 euros mensais, sendo necessário recuar a 2006 para encontrar um montante tão baixo[106].

Enfim, como concluiu a OIT num relatório sobre Portugal, «o mercado de trabalho não registou qualquer melhoria desde o lançamento do programa de assistência financeira»[107]. É por isso estranho e até incompreensível que, nos dias de hoje, sejam feitas propostas no sentido de continuar o rumo prosseguido na época do resgate financeiro. Teima-se em não aprender nada com a experiência[108].

---

105 Em finais de 20114, entre cerca de um milhão e duzentos mil desempregados, unicamente 23% deles beneficiavam de subsídio de desemprego.

106 Segundo algumas fontes, durante os últimos quatro anos, reduziram-se os beneficiários de várias prestações sociais. Houve um corte do abono de família a mais de 56 mil crianças, do complemento solidário para idosos a mais de 63 mil idosos e do rendimento social de inserção a 120 mil pessoas.

107 *Enfrentar a crise do emprego em Portugal,* OIT, 2013, p. 2.

108 Por exemplo, em 2015, foram reveladas propostas do Banco de Portugal para o mercado de trabalho, onde se insistia na redução de indemnizações em cados de despedimento sem justa causa, no encurtamento do período de atribuição do subsídio de desemprego, e que a convenção coletiva e as portarias de extensão deveriam ceder em prol duma aposta na revalorização do contrato individual de trabalho. Ou seja, é mais do mesmo, o que neste caso significa menos para quem já tem pouco.

IMPEDIMENTO PARA TRABALHAR E DIREITO A FÉRIAS: CRÓNICA SOBRE A JURISPRUDÊNCIA DO TRIBUNAL DE JUSTIÇA DA UNIÃO EUROPEIA

FRANCISCO LIBERAL FERNANDES
(FDUP/CIJE)

SUMÁRIO:

1. O direito a férias anuais remuneradas como direito social fundamental da ordem jurídica comunitária. 2. Transposição do art. 7.°, n.° 1, da Directiva n.° 2003/88 pelos Estados-Membros. 3. Correlação entre o direito a férias e a incapacidade para trabalhar. 4. Cumulação do direito a férias. 5. Cumulação das férias e duração do período de reporte: 5.1. Aplicação da Convenção n.° 132 da OIT; 5.2. Fixação do prazo de reporte pelos Estados-Membros 6. Remuneração compensatória cumulada pelas férias não gozadas. 7. Aspectos de não conformidade do regime das férias com a Directiva n.° 2003/88: 7.1. Perda do direito a férias; 7.2. Substituição das férias por remuneração; 7.3. Período de reporte das férias; 7.4. Não cumulação do direito a férias e da respectiva retribuição. 8. Conclusões. 9. 9. Jurisprudência comunitária citada no texto.

RESUMO:

Análise da jurisprudência comunitária sobre o direito a férias consagrado pela Directiva n.° 2003/88 e respectivo confronto com a legislação nacional (CT e LGTFP).

PALAVRAS-CHAVE: Direito a férias, Directiva n.° 2003/88, Convenção n.° 132 da OIT

1. O direito a férias anuais remuneradas como direito social fundamental da ordem jurídica comunitária

De acordo com a jurisprudência do Tribunal de Justiça da União Europeia, o direito a um período mínimo de férias anuais remuneradas é considerado um direito social fundamental tanto pelo direito comunitário[1], como pelo direito internacional[2].

---

[1] Decorre do art. 153.° do Tratado sobre o Funcionamento da União Europeia – que constitui a base jurídica da Directiva n.° 2003/88, de 4-11, do Parlamento Europeu e do Conselho, relativa a determinados aspectos da organização do tempo de trabalho –, dos primeiro, quarto, sétimo e oitavo considerandos e ainda do art. 1.°, n.° 1, da mesma Directiva, que o ordenamento comunitário tem em vista estabelecer prescrições mínimas destinadas a promover a melhoria das condições de vida, saúde e segurança no trabalho através de uma harmonização das disposições nacionais relativas a períodos mínimos de descanso (diário, semanal e anual), a períodos de pausa adequados e à duração máxima do trabalho semanal (acórdão *BECTU*). Enquadrado neste objectivo, o direito a férias anuais remuneradas está consagrado no art. 7.° da Directiva n.° 2003/88, bem como no art. 31.°, n.° 2, da Carta dos Direitos Fundamentais da União Europeia (na génese do qual esteve o art. 2.°, n.° 3, da Carta Social do Conselho da Europa) –"todos os trabalhadores têm direito a uma limitação da duração máxima do trabalho e a períodos de descanso diário e semanal, bem como a um período anual de férias pagas" –, à qual o art. 6.°, n.° 1, do Tratado da União Europeia reconheceu o mesmo valor jurídico dos Tratados.

[2] No plano internacional, o direito a férias anuais remuneradas consta do art. 24.° da Declaração Universal dos Direitos do Homem – que concede a toda a pessoa o «direito ao repouso e aos lazeres e, especialmente, a uma limitação razoável da duração do trabalho e a férias periódicas pagas» –, do art. 7.°, alínea *d)*, do Pacto Internacional sobre os Direitos Económicos, Sociais e Culturais, bem como do art. 2.°, n.° 3, da Carta Social do Conselho da Europa. A nível da Organização Internacional do Trabalho (OIT), o mesmo direito foi até à data objecto de duas convenções, sendo que a Convenção n.° 132 (1970), em vigor desde 30 de Junho de 1973 (ratificada pelo Decreto n.° 52/80, de 29-7), substituiu a Convenção n.° 47, de 1936. Todos os diplomas anteriormente referidos contêm disposições imperativas para os Estados contratantes a respeito da concretização do direito a férias anuais.

Segundo o Tribunal de Justiça, o direito a férias anuais remuneradas enquanto princípio do direito social só pode ser regulado pelas autoridades nacionais competentes dentro dos limites expressamente previstos na Directiva n.° 2003/88[3], além de que o seu conteúdo ou âmbito não pode ser interpretado de forma restritiva[4]. Salienta ainda aquele órgão, que o direito a férias possui no quadro comunitário uma dupla função – permitir aos trabalhadores um período de descanso e possibilitar-lhes um tempo de descontracção e de lazer – e que estes objectivos diferem da finalidade do direito a licença por doença ou acidente, cuja atribuição visa possibilitar ao trabalhador restabelecer-se de uma situação de incapacidade para o trabalho[5].

Ainda segundo o Tribunal de Justiça, o art. 7.°, n.° 1, da Directiva n.° 2003/88[6] impõe uma obrigação de resultado, na medida em que é uma norma precisa e incondicional[7]. Daí que os Estados-Membros não possam sujeitar a qualquer condição o reconhecimento e eficácia do direito a férias, tal como é conferido por aquele preceito a todos trabalhadores[8]. Além disso, da referida finalidade e eficácia resulta que o trabalhador, impossibilitado de gozar as férias no respectivo período de referência (definido pelo direito nacional) por se encontrar de licença por

---

[3] Acórdãos *KHS, Merino Gomez, BECTU.*

[4] Acórdãos *ANGED* e *Zentralbetriebsrat der Landeskrankenhäuser Tirols.*

[5] Acórdão *Vicente Pereda.*

[6] "Os Estados-membros tomarão as medidas necessárias para que todos os trabalhadores beneficiem de férias anuais remuneradas de pelo menos quatro semanas, de acordo com as condições de obtenção e de concessão previstas nas legislações e/ou práticas nacionais".

[7] Acórdão *Maribel Dominguez.*

[8] Aliás, é importante salientar que aquele art. 7.° é uma disposição relativamente à qual a Directiva não admite qualquer derrogação.

doença, tem direito a usufruí-las em período diferente daquele que coincide com a duração do impedimento[9].

Por outro lado, o Tribunal entende que, relativamente ao período de referência das férias, a Directiva n.° 2003/88 não faz qualquer distinção entre os trabalhadores ausentes do trabalho por se encontrarem de baixa por doença, de curta ou de longa duração, e os que efectivamente trabalharam durante esse período. Assim, é desprovido de pertinência o facto de o trabalhador se encontrar em situação de incapacidade para o trabalho antes ou durante o período fixado para as férias, porquanto, nesse caso, o trabalhador tem sempre o direito de as gozar em data posterior[10].

Por esse motivo, um Estado-Membro não pode fazer depender a formação e o exercício do direito a férias anuais remuneradas conferido pela Directiva da circunstância de os trabalhadores terem cumprido um determinado mínimo de actividade durante o período de referência instituído para aquele efeito[11].

Tendo em vista alcançar os objectivos da Directiva, o Tribunal de Justiça tem afirmado que o efeito positivo das férias anuais sobre a segurança e a saúde do trabalhador faz-se sentir plenamente quando as mesmas são gozadas no ano do respectivo vencimento; contudo, o tempo de repouso (e de lazer) a que estão associadas não perde a sua utilidade se forem exercidas num período posterior.

Neste sentido, uma disposição nacional que preveja um período de reporte para as férias anuais não gozadas durante o período de referência normal ou geral prossegue a finalidade do direito previsto na Directiva[12]. Aliás, a fixação de seme-

[9] Acórdão *Vicente Pereda*.

[10] Acórdão *ANGED*.

[11] Acórdão *BECTU*.

[12] Acórdão *Vicente Pereda*.

lhante reporte constitui não apenas uma competência, mas uma obrigação positiva dos Estados-Membros, na medida em que tem directamente a ver com a garantia da eficácia do direito a férias[13].

O Tribunal de Justiça considera ainda que a Directiva n.º 2003/88 trata o direito a férias anuais e o direito a um pagamento baseado nessas férias como dois componentes de um direito único. Neste sentido, a exigência de retribuição das férias tem por objectivo colocar o trabalhador, no momento do respectivo gozo, numa situação comparável ao tempo de trabalho[14].

2. Transposição do art. 7.º, n.º 1, da Directiva n.º 2003/88 pelos Estados-Membros

Relativamente à partilha das competências legislativas entre a Comunidade e os Estados-Membros no que respeita à regulação do direito a férias anuais remuneradas é de referir que as autoridades nacionais dispõem de uma certa margem de configuração quanto à escolha dos meios e formas de transposição (art. 288.º, n.º 3, do Tratado sobre o Funcionamento da União Europeia); porém, esta mesma norma do Tratado impõe determinados limites, na medida em que obriga os Estados-Membros a tomarem em consideração os objectivos e as prescrições mínimas fixadas pelo direito comunitário (art. 153.º, n.º 2, alínea *b)*, daquele Tratado)[15].

---

[13] Acórdãos *Vakbeweging* e *Schultz-Hoff*.

[14] Acórdão *Robinson-Steele*.

[15] Segundo o Tribunal de Justiça, o conceito de «prescrições mínimas» não limita a intervenção comunitária ao mínimo denominador comum, nem mesmo ao nível de protecção mais baixo estabelecido pelos diferentes Estados-Membros. Pelo contrário, este conceito deve ser entendido no sentido de

Neste sentido, o legislador nacional deve, no cumprimento do dever de transposição previsto no art. 7.°, n.° 1, da Directiva n.° 2003/88, fixar as medidas necessárias à concretização do direito a férias anuais[16]. Assim, compete-lhe definir um quadro normativo que regule:

i) As condições de obtenção e de concessão do direito a férias;

ii) Os aspectos relacionados com o respectivo gozo, designadamente:

- A definição do período de férias, a eventual obrigação para o trabalhador de comunicar antecipadamente à entidade patronal o período de férias que pretende gozar;
- A imposição de um período mínimo de trabalho antes de poder gozar férias;
- A fixação dos critérios para o cálculo proporcional do direito a férias anuais quando a duração da relação de trabalho é inferior a um ano, etc.[17].

Por outro lado, do princípio da lealdade comunitária estabelecido no art. 4.°, n.° 3, do Tratado da União Europeia decorre que, na transposição do art. 7.°, n.° 1, da Directiva, os Estados-Membros devem abster-se de adoptar qualquer medida que possa constituir um obstáculo à realização do objectivo daquele preceito[18].

que os Estados são livres de conceder uma protecção reforçada relativamente à protecção, eventualmente já de si elevada, que resulte do direito comunitário, cf. o acórdão *Reino Unido/Conselho*.

[16] Acórdão *Robinson-Steele*.

[17] Acórdão *BECTU*.

[18] Segundo jurisprudência constante do Tribunal de Justiça, resulta do artigo 4.° do Tratado da União Europeia a obrigação dos Estados-Membros

Assim, tendo em vista a garantia do efeito útil daquela norma, o Tribunal de Justiça declarou que uma regulamentação nacional que estabelece uma condição para a concessão do direito a férias, susceptível de impedir que certos trabalhadores o possam adquirir, não é compatível com o referido art. 7.°, n.° 1, na medida em que tal facto não só pode esvaziar a existência ou o conteúdo do direito, como contraria o objectivo da Directiva[19]. Aliás, o alcance daquela norma seria igualmente posto em causa se os Estados-Membros dispusessem da faculdade de estabelecer em que circunstâncias o trabalhador perdia o direito a férias.

Por isso, interpretar aquela disposição no sentido de que, após o decurso de um determinado prazo, as férias anuais caducam, embora o trabalhador não tenha podido gozá-las pelo facto de estar incapacitado para o trabalho por motivo de doença, conduz a excluir certos trabalhadores da possibilidade de beneficiarem deste direito, restringindo-se assim o respectivo âmbito pessoal da Directiva n.° 2003/88.

Ora, a determinação do âmbito pessoal do direito a férias é da competência da União Europeia e não dos Estados-Membros; aliás, se assim fosse, seria praticamente impossível assegurar um nível de protecção comparável em toda a Comunidade e, deste modo, o pretendido objectivo da harmonização.

Por esta razão, a caducidade do direito a férias pelo decurso do tempo não está sujeita ao poder regulamentar dos Estados-Membros.

---

de transpor uma directiva de modo a que a sua aplicação plena possa ser efectivamente assegurada; cf. os acórdãos *Marks & Spencer*; *Comissão/Grécia*; *Comissão/Alemanha*. Por conseguinte, o legislador nacional deve modificar, revogar ou completar o direito nacional de modo a que as disposições do direito comunitário possam produzir plenamente os seus efeitos práticos (acórdão *Comissão/Itália*).

[19] Acórdão *BECTU*.

3. Correlação entre o direito a férias e a incapacidade para trabalhar

Pode o legislador nacional, no âmbito da sua competência interna, prever que o direito a férias anuais remuneradas fique sujeito a um período mínimo de trabalho efectivo prestado durante o período de formação do direito? Pode a Directiva ser interpretada no sentido de que a efectivação daquele direito está relacionada com a capacidade do trabalhador para trabalhar?

Embora sejam os Estados-Membros a definir as condições de exercício e execução do direito a férias anuais remuneradas, o Tribunal de Justiça salienta que, relativamente a este direito, o art. 7.° da Directiva n.° 2003/88 não faz qualquer distinção entre os trabalhadores ausentes do trabalho por se encontrarem de baixa por doença durante o período de referência e os que efectivamente trabalharam nesse período[20], motivo pelo qual não permite aos Estados-Membros sujeitarem a sua constituição a qualquer condição, designadamente à existência de um período de trabalho[21], nem adoptar qualquer medida que interfira com

[20] Acórdãos *Schultz-Hoff*, *Maribel Dominguez*.

Esta afirmação do Tribunal de Justiça de que o direito a férias não depende da capacidade do trabalhador para trabalhar tem igualmente apoio no art. 5.°, n.° 4, da Convenção n.° 132 da OIT, segundo o qual «as faltas ao trabalho por motivos independentes da vontade da pessoa empregada interessada, tais como as faltas por motivo de doença, de acidente ou de licença de maternidade, serão contadas no período de serviço».

Por outro lado, o art. 6.°, n.° 2, da mesma Convenção dispõe expressamente que «os períodos de incapacidade de trabalho resultantes de doenças ou de acidentes não podem ser contados nas férias anuais pagas no mínimo previstas». Nos termos na Convenção n.° 132 da OIT, o direito a férias não está dependente de prestações do trabalhador, nem as férias são devidas como contrapartida da actividade.

[21] Acórdãos *BECTU* e *Schultz-Hoff*.

a efectividade do direito e possa comprometer a realização dos objectivos de ordem social que lhe estão associados[22]. Assim, relativamente aos trabalhadores que se encontrem de baixa por doença durante o período de formação do direito, instituído pelo direito nacional, um Estado-Membro não pode fazer depender a concessão do direito a férias da obrigação de terem trabalhado durante um determinado período[23].

Segundo o Tribunal de Justiça, decorre da interpretação teleológica do art. 7.°, n.° 1, da Directiva n.° 2003/88 e dos princípios subjacentes ao art. 5.°, n.° 4, da Convenção n.° 132 da OIT que os períodos de impedimento para o trabalho, designadamente por doença, devem ser equiparados ao tempo de serviço, uma vez que estão em causa ausências justificadas por motivos independentes da vontade do trabalhador. Assim, durante o período de incapacidade, mantém-se o direito a férias anuais remuneradas, o qual pode ser gozado quando o trabalhador tenha recuperado a capacidade para o trabalho ou ser substituído pelo pagamento de uma remuneração compensatória em caso de cessação da relação de trabalho sem que o trabalhador tenha tido a possibilidade efectiva de as gozar.

Admitir que os Estados-membros podem determinar a extinção do direito a férias anuais garantido pelo art. 7.°, n.° 1, da Directiva n.° 2003/88 nos casos em que o trabalhador esteve de baixa por doença durante todo o período de referência e de reporte previsto pelo direito nacional, sem que aquele tenha tido efectivamente a possibilidade de exercer o direito, significaria que as disposições nacionais adoptadas não só estavam a violar o direito social directamente conferido pelo direito comunitário,

---

[22] Acórdão *BECTU*.

[23] Acórdão *Schultz-Hoff*.

como se revelavam manifestamente incompatíveis com o objectivo da Directiva n.º 2003/88[24].

Assim, o art. 7.º, n.º 1, desta Directiva deve ser interpretado no sentido de que o direito a férias anuais remuneradas não pode ser posto em causa pelas disposições nacionais que prevêem a extinção do direito no caso de um trabalhador se encontrar de baixa por doença durante todo o período de referência e a sua incapacidade para o trabalho se mantenha até à cessação da sua relação de trabalho, razão pela qual não pôde exercer o seu direito a férias anuais remuneradas[25].

4. Cumulação do direito a férias

Tal como o trabalhador não pode ser culpado pela doença que lhe provocou a ausência do local de trabalho, também a doença não pode servir de pretexto para lhe retirar o direito a férias que é conferido pelo direito da União. Neste sentido, seria lógico considerar que um estado de doença prolongada do trabalhador não representa um motivo legítimo para recusar a cumulação ilimitada do direito a férias e do direito à remuneração por férias. Com efeito, a ausência em causa visa exclusivamente o

---

[24] Acórdãos *Schultz-Hoff* e *ANGED*. Com efeito, segundo o Tribunal de Justiça, o objectivo de protecção social presente na Directiva 2003/88 seria subvertido se o trabalhador não pudesse concretizar o seu direito a férias anuais em período diferente do estabelecido para o respectivo exercício (o período de referência) durante o qual esteve impedido de as gozar, designadamente em caso de doença certificada. A perda do direito a férias constituiria nesse caso uma sanção imposta ao trabalhador sem qualquer justificação objectiva.

[25] Acórdão *Schultz-Hoff*.

restabelecimento, pelo que, durante esse período, o trabalhador permanece incapacitado para exercer o seu direito a férias[26].

Embora reconheça que os efeitos positivos das férias se produzirem plenamente se as mesmas forem gozadas no ano previsto para o efeito pelo direito nacional, o Tribunal de Justiça é também da opinião de que esse tempo de descanso não perde o seu interesse se for gozado posteriormente[27].

Contudo, reconhece que o art. 7.°, n.° 1, da Directiva n.° 2003/88 não se opõe a que o legislador nacional admita a perda do direito a férias anuais remuneradas no final do período de referência ou do período de reporte, desde que sujeite essa perda à condição de o trabalhador ter tido efectivamente a possibilidade de o exercer[28].

Esta última condição deve, porém, ser matizada em circunstâncias específicas, sob pena de um trabalhador incapacitado para o trabalho durante vários períodos de referência consecutivos poder acumular, ilimitadamente, todos os direitos a férias anuais remuneradas adquiridos durante esse período[29]. Na verdade, essa cumulação ilimitada deixaria de corresponder à dupla finalidade do direito: *i)* permitir aos trabalhadores descansar da execução das tarefas e *ii)* possibilitar-lhes um período de descontracção e de lazer[30].

Com efeito, o direito a férias anuais adquirido por um trabalhador incapacitado para o trabalho durante vários períodos de referência consecutivos só pode responder às duas vertentes da sua finalidade se existir uma certa proximidade temporal entre o período de referência e o exercício efectivo das férias, ou

---

[26] Acórdão *Schultz-Hoff.*

[27] Acórdãos *Federatie Nederlandse Vakbeweging* e *Schultz-Hoff.*

[28] Acórdão *KHS.*

[29] Acórdão *KHS.*

[30] Acórdãos *KHS* e *Schultz-Hoff.*

seja, desde que o respectivo período de reporte não ultrapasse um certo limite temporal. Para lá desse limite, as férias anuais perdem o seu efeito positivo enquanto tempo de descanso, mantendo apenas a sua qualidade de período de descontracção e de lazer.

Daí que o art. 7.°, n,.° 1, não se oponha a que o direito nacional estabeleça um limite à cumulação do direito a férias dos trabalhadores incapacitados para o trabalho durante vários períodos de referência consecutivos e determine a extinção do direito findo esse prazo[31].

5. Cumulação das férias e duração do período de reporte

As considerações que antecedem levantam o problema da determinação do período de reporte, após o qual é admissível estipular a extinção do direito a férias. No entender do Tribunal de Justiça, é da competência dos Estados-Membros determinar o período adicional ou de reporte durante o qual pode ser gozado o direito cumulado a férias anuais dos trabalhadores impedidos de as exercer nos respectivos períodos de referência[32]. Apesar dessa competência, o Tribunal considera que o período de reporte deve garantir aos trabalhadores a possibilidade de disporem, caso o necessitem, de períodos de descanso susceptíveis de ser escalonados e que os mesmos possam efectivar-se durante um prazo mais longo do que o período de referência. Por isso, qualquer período de reporte deve ultrapassar substancialmente a duração daquele[33].

---

[31] Acórdão *Schultz-Hoff*.

[32] Acórdão *Schultz-Hoff*.

[33] Acórdão *KHS*.

Porém, a fixação do período de reporte deve igualmente ter em conta os interesses económicos do empregador contra um risco de uma cumulação significativa ou excessiva de direitos a férias e contra as dificuldades que o respectivo gozo poderia implicar para a organização do trabalho[34].

5.1. *Aplicação da Convenção n.° 132 da OIT*

Dado que a Directiva não fixa qualquer período de reporte, o Tribunal de Justiça tem recorrido à Convenção n.° 132 da OIT[35] para determinar a duração do período de cumulação das férias[36]. Justifica esse recurso com o facto de a Convenção adoptar igualmente o princípio de que o direito a férias não deve ser condicionado ou afectado pela capacidade para trabalhar, tal como decorre dos seus arts. 5.°, n.° 4, e 6.°, n.° 2[37].

---

[34] Acórdão *KHS*.

[35] Veja-se o sexto considerando da Directiva n.° 2003/88.

[36] Todos os Estados-Membros da União Europeia são membros da OIT. Apesar de a União o não ser, de acordo com a troca de cartas entre a Comissão Europeia e o Director-Geral da OIT de 14 de Maio de 2001, ambas as organizações partilham de um empenho comum em prol do progresso social e económico, da melhoria das condições de vida e de trabalho e do fomento do emprego (*JO* C 165, p. 23). Desde a assinatura do primeiro acordo entre a OIT e as Comunidades, em 1958, as duas organizações foram desenvolvendo a cooperação bilateral na perspectiva da consecução destes objectivos. A nível institucional, a Comissão Europeia possui o estatuto de observador e participa na coordenação da posição dos Estados-Membros dentro da OIT, de modo a assegurar a coerência entre as normas das duas instituições e, assim, facilitar a ratificação das normas da OIT pelos Estados-Membros.

[37] O art. 5.°, n.° 4, encontra-se reproduzido na nota 20. O art. 6.°, n.° 2, determina que «os períodos de incapacidade de trabalho resultantes de doenças ou acidentes não podem ser contados nas férias pagas anuais mínimas».

À luz dos objectivos da Convenção n.° 132, estas disposições devem ser interpretadas no sentido de que um período anterior de baixa por motivo

Uma vez que, no essencial, as normas da Convenção n.° 132 da OIT e da Directiva n.° 2003/88 são coincidentes no seu teor jurídico, os Estados-Membros estão obrigados a interpretar os respectivos preceitos e a configurar as respectivas ordens jurídicas nacionais de modo a que as faltas ao trabalho por motivo de doença não afectem o direito a um período mínimo de férias anuais remuneradas[38]. Contudo, para o caso de estas não serem gozadas no respectivo período de referência, o art. 9.°, n.° 1, da Convenção n.° 132 da OIT[39] prevê um período de reporte de dezoito meses para serem exercidas, a contar do fim do período de referência. Esta regra pode ser entendida no sentido de que se baseia na consideração de que a finalidade do direito a férias já não poderá ser integralmente alcançada vencido aquele prazo[40].

Dado que o art. 7.°, n.° 1, da Directiva n.° 2003/88 não institui expressamente o princípio da concessão de um direito a férias ilimitado, o direito da União não se opõe à respectiva limitação temporal, à semelhança do que prescreve o art. 9.°, n.° 1, da Convenção n.° 132. A favor da aceitação desse limite está o sexto considerando da Directiva, segundo o qual devem ser tidos em conta os princípios da OIT em matéria de organização do tempo de trabalho.

---

de doença não pode afectar o direito a um período mínimo de férias anuais remuneradas, ficando, por isso, os Estados signatários obrigados a considerar como tempo de serviço aquele tipo de faltas ao trabalho.

[38] Acórdão *KHS*.

[39] «A parte interrupta das férias pagas anuais mencionadas no parágrafo 2 do artigo 8.° da presente Convenção deverá ser concedida e gozada no prazo de um ano, o máximo, e o resto das férias pagas anuais, num prazo de dezoito meses, o máximo, a contar do fim do ano que conferir o direito às férias».

[40] Acórdão *KHS*.

Esta omissão da Directiva poderia ser suprida através da aplicação por analogia do art. 9.°, n.° 1, da Convenção n.° 132 da OIT[41]. Um prazo como este, após o qual os direitos a férias do trabalhador se extinguiriam, respeitaria, em todo o caso, o objectivo do art. 7.°, n.° 1, da Directiva n.° 2003/88, uma vez que o trabalhador disporia até dois anos e meio (um ano do período de referência e os dezoito meses do período de reporte) para gozar o seu direito a férias referente a um determinado ano. De um ponto de vista objectivo, este prazo afigurar-se-ia suficientemente longo para possibilitar o exercício efectivo das férias.

Acresce que uma limitação a dezoito meses do período de reporte dos direitos a férias também corresponderia aos interesses do empregador e contribuiria, em definitivo, para garantir um equilíbrio adequado entre as duas partes. Com efeito, enquanto o trabalhador teria a garantia de beneficiar, em qualquer caso, de um período de repouso apropriado, o empregador teria a segurança de não ser confrontado com uma cumulação ilimitada dos direitos a férias nem com as dificuldades daí resultantes para a organização do trabalho. O mesmo se aplicaria aos encargos financeiros resultantes do direito à remuneração compensatória acumulada durante longos períodos de incapacidade para o trabalho.

Assim, um período de reporte de dezoito meses afigurar-se suficientemente longo e adequado para permitir ao trabalhador o exercício efectivo do direito a férias anuais, podendo constituir eventualmente um prazo de referência para os Estados-Membros tal como deriva do sexto considerando da Directiva n.° 2003/88,

[41] Acórdão *Schultz-Hoff*. Aliás, neste acórdão, o Tribunal de Justiça destaca a relevância geral da Convenção n.° 132 para a interpretação da Directiva n.° 2003/88.

já referido, além de que contribuiria para uma harmonização parcial das disposições e das práticas nacionais[42].

5.2. *Fixação do prazo de reporte pelos Estados-Membros*

Embora o direito da União em matéria de organização do tempo trabalho não se oponha a que os Estados-membros fixem uma limitação temporal para o direito a férias anuais, já poderão surgir dúvidas sobre se o prazo de dezoito meses do art. 9.°, n.° 1, da Convenção n.° 132 se impõe aos Estados-membros.

À adopção deste único prazo opõe-se o próprio teor do sexto considerando da Directiva n.° 2003/88, que, em relação à organização do tempo de trabalho, obriga a «ter [...] em conta os princípios da OIT». Esta formulação permite pensar que não foi intenção do legislador da União aceitar todas as regras adoptadas pelo direito internacional do direito do trabalho, independentemente de cumprirem ou não as especificidades da ordem jurídica comunitária[43].

A alusão aos princípios da OIT parece conferir do ponto de vista semântico uma certa margem de apreciação na transposição daquele art. 9.° pelos Estados-Membros. Com efeito, do ponto de vista metodológico, os princípios caracterizam-se pelo facto de poderem ser observados em diferentes graus ou medidas, de acordo com as possibilidades práticas e jurídicas de cada Estado-membro.

---

[42] Acórdão *Schultz-Hoff*.

[43] É importante salientar que o art. 9.°, n.° 1, da Convenção n.° 132 não regula especificamente a hipótese de cumulação do direito a férias em caso de impedimento prolongado do trabalhador. Daí que o prazo que consagra não se imponha ao legislador nacional, mas tão só a observância do princípio geral que dele decorre no que respeita ao período de reporte.

Por isso, a remissão para os princípios consagrados na Convenção n.° 132 não significa que o legislador da União tenha pretendido adoptar como prazo máximo (ou mínimo) de reporte o período de dezoito meses previsto no art. 9.°, n.° 1, daquela Convenção[44]. Aliás, se considerarmos que o art. 1.°, n.° 1, da Directiva n.° 2003/88 fixa apenas «prescrições mínimas de segurança e de saúde em matéria de organização do tempo de trabalho» e que o seu art. 15.° permite «os Estados-Membros de aplicarem ou introduzirem disposições legislativas, regulamentares ou administrativas mais favoráveis à protecção da segurança e da saúde dos trabalhadores»», conclui-se que aquela Directiva possibilita adopção de disposições internas que prevejam eventualmente prazos mais favoráveis para os trabalhadores[45].

---

[44] Aliás, do regime de prazos previsto no art. 9.° da Convenção n.° 132 da OIT também não decorre a perda de direitos pelo trabalhador, uma vez que o mesmo não estabelece quaisquer consequências jurídicas para o caso de as férias não serem concedidas ou gozadas antes do decurso do prazo indicado. Pelo contrário, resulta claramente do art. 12.° da mesma Convenção que o direito a um período mínimo de férias anuais remuneradas não é disponível, de modo que qualquer acordo que envolva o não exercício do direito ou renúncia ao mesmo deve, dependendo das condições nacionais, ser considerado nulo. Aliás, resulta do art. 12.° daquela Convenção que o direito a férias é inalienável.

[45] Em todo o caso, os Estados-Membros não podem recusar a adopção de prazos mais favoráveis invocando para tal o limite máximo previsto no art. 9.°, n.° 1, da Convenção n.° 132, porquanto este fixa apenas padrões mínimos. Esta conclusão retira-se do art. 19.°, n.° 8, da Constituição da OIT, segundo a qual «em nenhum caso [pode] a adopção de uma convenção ou de uma recomendação pela qual a conferência ou a ratificação de uma convenção por um membro seja interpretado de tal forma, que qualquer uma lei, decisão judicial, uso ou contrato seja afectado, que aos trabalhadores afectados garante condições mais favoráveis do que estão previstas na Convenção ou na recomendação são previstas». Os membros da OIT não são, assim, impedidos de manter ou adoptar *standards* mais elevados, como, por outro

Na falta de regulamentação para toda a União do art. 7.° da Directiva n.° 2003/88, o prazo de reporte deve ser considerado como fazendo parte das modalidades de aplicação daquela disposição pelos Estados-membros; contudo, as regras e/ou práticas nacionais adoptadas devam ser adequadas para garantir a realização dos objectivos da Directiva, o que significa que devem prever um prazo substancialmente mais alargado do que o período de referência[46].

6. Remuneração compensatória cumulada pelas férias não gozadas

O art. 7.°, n.° 2, da Directiva n.° 2003/88 consagra o princípio da proibição de substituição das férias anuais por uma retribuição financeira[47]. Essa proibição visa assegurar que o trabalhador beneficie de descanso efectivo a fim de garantir-lhe uma protecção eficaz da sua segurança e saúde[48], e impedir a «compra» abusiva das férias pela entidade patronal ou a renúncia do trabalhador a esse direito motivada por interesses meramente financeiros[49].

---

lado, podem reduzir ao nível de protecção da OIT regulamentações nacionais mais favoráveis.

46 Acórdão *KHS*.

47 "O período mínimo de férias anuais remuneradas não pode ser substituído por retribuição financeira, excepto nos casos de cessação da relação de trabalho".

48 Acórdãos *BECTU, Merino Gómez, Robinson-Steele*.

49 No acórdão *Federatie Nederlandse Vakbeweging*, o Tribunal de Justiça declarou que a possibilidade de substituir as férias anuais mínimas por uma compensação financeira constituiria um estímulo, incompatível com os objectivos da directiva, para prescindir de períodos de descanso ou incitar os trabalhadores a fazê-lo.

A única excepção a essa proibição diz respeito aos casos em que férias deixem de poder ser concedidas em consequência da cessação da relação de trabalho. Como nestas situações deixa de ser possível o gozo efectivo das férias anuais remuneradas, dispõe o art. 7.°, n.° 2, da Directiva que o trabalhador tem direito a uma compensação financeira, evitando assim que os trabalhadores fiquem excluídos daquele direito sob a forma pecuniária.

Segundo o Tribunal de Justiça, a Directiva n.° 2003/88 trata o direito ao gozo de férias anuais e o direito à retribuição por férias como dois componentes de um único direito. Por isso, o trabalhador que, por razões independentes da sua vontade, não teve possibilidade de gozar as férias anuais remuneradas antes da cessação da sua relação de trabalho, deve ter direito a uma compensação financeira. O pagamento desta, efectuado no momento da cessação da relação de trabalho, visa colocar o trabalhador numa situação comparável àquela em que estaria se tivesse exercido o referido direito durante a vigência da relação de trabalho e, principalmente, evita que fique privado desse direito[50], garantindo-lhe assim possibilidades económicas de as gozar de forma efectiva. A identidade de objectivos entre o direito ao salário por férias e o direito a uma remuneração compensatória justifica assim que esta última seja igualmente tratada como uma parte inseparável do direito a férias anuais remuneradas.

Ora, se a extinção automática do direito a férias anuais remuneradas findo um determinado prazo é contrária à finalidade da Directiva n.° 2003/88, o mesmo é aplicável ao direito à remuneração compensatória pelas férias não gozadas, enquanto direito secundário do direito a férias. Semelhante retribuição financeira visa permitir ao trabalhador gozar um período de férias remuneradas após o termo da relação laboral e antes de iniciar uma nova, pelo que a respectiva supressão obstaria a que

---

[50] Acórdão *Robinson-Steele*.

fosse alcançado o objectivo de proporcionar um repouso ao trabalhador, prosseguido pela Directiva n.º 2003/88.

Por seu turno, a Convenção n.º 132 da OIT permite chegar a uma conclusão idêntica, isto é, que uma incapacidade para o trabalho por motivo de doença não pode prejudicar o direito à remuneração compensatória pelas férias não gozadas. Por um lado, estipula o seu art. 5.º, n.º 4, que as faltas ao trabalho por motivos independentes da vontade do trabalhador são contadas como período de serviço, por outro lado, o art. 11.º consagra o direito dos trabalhadores a uma indemnização compensatória proporcional à duração do período de serviço relativamente ao qual não se verificou o gozo de férias. Ou seja, também aquela Convenção consagra uma associação entre um direito primário – direito a férias anuais remuneradas – e um direito secundário – o direito a uma remuneração compensatória pelas férias não gozadas.

Nestas condições, o art. 7.º, n.º 2, da Directiva n.º 2003/88 deve ser interpretado no sentido de que o trabalhador tem direito a beneficiar, em caso de cessação da relação de trabalho, de uma retribuição financeira em substituição das férias anuais não gozadas durante um ou mais períodos de referência e/ou de reporte. A determinação do montante desta compensação rege-se pelas regras aplicáveis à cumulação do direito a férias[51].

7. Aspectos de não conformidade do regime das férias com a Directiva n.º 2003/88

Perante a jurisprudência comunitária anteriormente referida[52], as dúvidas quanto à conformidade do regime das férias

---

[51] Acórdão *Schultz-Hoff*.

[52] Relembre-se que os acórdãos do Tribunal de Justiça proferidos no âmbito dos processos de reenvio prejudicial não se substituem à competência

do Código do Trabalho e da Lei Geral do Trabalho em Funções Públicas com a Directiva n.º 2003/88[53] parecem assim colocar-se em quatro grupos de situações[54]. Basicamente, essa desconformidade reside, por um lado, no facto de o nosso legislador admitir que o período de ausência prolongada por motivo de doença exclua o direito a férias – o que implica estabelecer uma confusão entre tempo de descanso e ausência ao trabalho por incapacidade para o trabalho e considerar esta última como um tempo de descanso susceptível de englobar os períodos de

---

decisória dos juízes nacionais relativamente à aplicação do direito da União no litígio em causa. Com efeito, aqueles processos situam-se num quadro de cooperação entre o Tribunal de Justiça e os tribunais nacionais, em que cabe ao primeiro fornecer aos segundos os elementos de interpretação do direito comunitário que lhes possam ser úteis para interpretar e aplicar *in casu* a disposição nacional pertinente à luz do direito comunitário.

[53] Dispõe o art. 1.º, n.º 3, desta Directiva que a mesma «é aplicável a todos os sectores de actividade, privados e públicos, na acepção do artigo 2.º da Directiva 89/391/CEE, sem prejuízo do disposto nos artigos 14.º, 17.º, 18.º e 19.º da presente directiva». É a seguinte a redacção do art. 2.º (âmbito de aplicação) da Directiva n.º 89/391/CEE: «1. A presente directiva aplica-se a todos os sectores de actividade, privados ou públicos (actividades industriais, agrícolas, comerciais, administrativas, de serviços, educativas, culturais, de ocupação de tempos livres, etc.). 2. A presente directiva não é aplicável sempre que se lhe oponham de forma vinculativa determinadas particularidades inerentes a certas actividades específicas da função pública, nomeadamente das forças armadas ou da polícia, ou a outras actividades específicas dos serviços de protecção civil. Neste caso, há que zelar por que sejam asseguradas, na medida do possível, a segurança e a saúde dos trabalhadores, tendo em conta os objectivos da presente directiva».

[54] Dado que os acórdãos do Tribunal de Justiça que serviram de base a esta crónica abordam a questão dos efeitos sobre o direito a férias nos casos em que o trabalhador esteve impedido de trabalhar por motivo de doença, a apreciação que se faz das normas do Código do Trabalho e da Lei Geral do Trabalho em Funções Públicas tem por base o mesmo fundamento.

férias, não obstante os trabalhadores em causa não beneficiarem de condições de saúde adequadas à prossecução dos objectivos associados às férias, nem das condições remuneratórias destinadas a garantir que as mesmas constituam um tempo efectivo de descanso e de lazer – e, por outro, na previsão de períodos de reporte para o exercício do direito muito inferiores aos decorrentes dos princípios do direito comunitário.

7.1. *Perda do direito a férias*

Relativamente aos trabalhadores que, de acordo com a legislação nacional, adquiriram na sua plenitude o direito a férias anuais remuneradas, o art. 239.°, n.° 6, do Código do Trabalho determina a caducidade do direito que se venceria no dia um de Janeiro do ano seguinte, se, na sequência de um impedimento prolongado por doença, o trabalhador não estiver ao serviço no último dia útil do ano civil correspondente, começando, após o seu regresso ao trabalho, a formar-se um novo direito, como se tivesse sido contrato nesse ano.

Ou seja, a formação e o vencimento do direito a férias anuais relativa ao ano em que se verifica o impedimento para trabalhar está dependente de uma condição: que, no limite, o trabalhador esteja ao serviço no último dia útil desse ano e no primeiro dia útil do ano seguinte, ou que a ausência ao trabalho nesses dias não derive de um impedimento prolongado que o legislador não concretiza (embora se afigure viável recorrer ao princípio consagrado no art. 296.°, n.° 1, do Código para suprir essa omissão).

Como se viu, a Directiva não admite que os Estados-membros consagrem qualquer condição de que façam depender a aquisição ou constituição do direito a férias anuais remuneradas, em particular quando o acontecimento considerado seja a ausência ao trabalho por motivo de doença certificada[55]. Nesse sentido, a finalidade do art. 7.° da Directiva n.° 2003/88 opõe-se a que o art. 295.°, n.° 1, do Código do Trabalho possa ser interpretado no sentido de que, para efeitos do reconhecimento do direito a férias, o período de suspensão do contrato de trabalho por impedimento prolongado do trabalhador por motivo de doença ou acidente não seja considerado como tempo de efectiva prestação de trabalho[56].

Por sua vez, no caso de violação do direito a férias (art. 246.° do Código do Trabalho), o legislador admite, caso não seja gozado até ao dia 30 de Abril do ano subsequente, a possibilidade de perda do direito a férias por motivo imputável ao empregador (imputabilidade que pode igualmente compreender a não criação de condições que permitam ao trabalhador gozar o direito durante o período de reporte, tanto mais que não se prevê para esta última situação qualquer regime sancionatório nem um período suplementar de reporte). Trata-se de um regime que contraria frontalmente natureza e finalidade do direito a férias consagrado no art. 7.°, n.° 1, da Directiva, além de que permite na prática a substituição das férias por remuneração num quadro não compreendido no art. 7.°, n.° 2, da Directiva.

[55] Temos igualmente dúvidas sobre se a admissão da perda de dias de férias enquanto sanção disciplinar (art. 328.°, n.° 1, do Código do Trabalho) não contraria o princípio geral da duração mínima do direito a férias consagrado no art. 7.°, n.° 1, da Directiva n.° 2003/88, designadamente quando a respectiva aplicação origine um período de férias anuais remuneradas inferior a quatro semanas.

[56] Aliás, o art. 237.°, n.° 2, do Código do Trabalho consagra o princípio de que o direito a férias "não está condicionado à assiduidade ou efectividade de serviço". Porém, esta regra é afastada pelos arts. 239.°, n.° 6, e 245.°, n.° 4, do mesmo diploma.

7.2. *Substituição das férias por remuneração*

Os arts. 238.°, n.° 5, 244.°, n.° 3, e 257.°, n.° 1, alínea *a)*, do Código do Trabalho admitem (ainda que relativamente a situações diferentes) que o não gozo de dias de férias possa ser compensado por retribuição. Por sua vez, o art. 129.°, n.° 1, da Lei Geral do Trabalho em Funções Públicas impõe essa mesma compensação no caso de as férias não poderem ser gozadas, total ou parcialmente, no período de referência por motivo de suspensão do contrato, não admitindo, como se prevê para o contrato de trabalho, a possibilidade de as mesmas serem gozadas no ano seguinte.

Dado que o art. 7.°, n.° 2, da Directiva proíbe a substituição das férias por remuneração, apenas a admitindo na hipótese de cessação do contrato de trabalho, conclui-se que aqueles preceitos contrariam o disposto no direito comunitário[57].

7.3. *Período de reporte das férias*

Se atendermos à jurisprudência do Tribunal de Justiça, a duração prevista para o período de reporte (quatro meses) para o exercício do direito a férias nas situações reguladas nos arts. 244.°, n.° 3, e 246.°, n.° 1, segunda parte, do Código do Trabalho e no art. 129.°, n.° 3, da Lei Geral do Trabalho em Fun-

[57] Os regimes de substituição das férias por remuneração previstos nos arts. 238.°, n.° 5, 244.°, n.° 3, e 257.°, n.° 1, alínea *a)*, do Código do Trabalho têm implícita a renúncia do direito a férias Ora, a admissão pelo legislador nacional de uma tal faculdade é contrária ao direito comunitário; com efeito, no entendimento do Tribunal de Justiça, aquele direito constitui um princípio de direito social, razão pela qual não pode ser objecto de "compra" pelo empregador ou de renúncia pelo trabalhador. Veja-se os acórdãos *BECTU*, *Merino Gómez* e *Federatie Nederlandse Vakbeweging*.

ções Públicas – findo o qual o trabalhador perde o direito – não respeita o princípio da ordem jurídica comunitária decorrente da Convenção n.° 132 da OIT, nos termos do qual período de reporte das férias deve ser substancialmente superior ao respectivo período de referência[58].

7.4. *Não cumulação do direito a férias e da respectiva retribuição*

Para além da situação anteriormente referida n.° § 7.1 (em que a lei afasta também o direito à cumulação das férias), o disposto no art. 245.°, n.° 4, do Código do Trabalho e no art. 129.°, n.° 4, da Lei Geral do Trabalho em Funções Públicas exclui igualmente a cumulação do direito a férias e da respectiva retribuição (determinado assim a sua perda) no caso de o contrato de trabalho cessar após impedimento prolongado respeitante ao trabalhador, qualquer que seja a sua duração da ausência[59]. Apesar da margem de liberdade de regulação de que o legislador nacional usufrui neste campo, a Directiva impõe aos Estados-membros a obrigação de não impedir a cumulação do direito a férias naquela situação, embora lhes permita limitar o respectivo âmbito; além disso, o período de reporte para exercer cada um dos direitos a férias (incluindo a correspondente retribuição) formados durante o período de baixa por doença deverá ter como

[58] Embora se trate de situação diversa da prevista no art. 244.°, n.° 3, o período de reporte consagrado no art. 246.° do Código do Trabalho parece-nos claramente inferior ao que decorre dos princípios do direito comunitário, tanto mais que se trata de um caso de impedimento do gozo das férias não imputável ao trabalhador.

[59] O art. 245.°, n.° 4, do Código do Trabalho compreende indistintamente as hipóteses de o impedimento durar mais de um ano ou de o seu início ocorrer no ano anterior ao da extinção do contrato.

referência o prazo de dezoito meses previsto pela Convenção n.º 132 da OIT.

8. Conclusões

São quatro as situações em que se afigura duvidosa a conformidade do regime das férias com a Directiva n.º 2003/88:

i) Na extinção direito a férias formado ao longo da execução do contrato em caso de ausência prolongada por motivo de doença que impeça o trabalhar de estar ao serviço no último dia útil do ano civil (art. 239.º, n.º 6, do CT);
ii) Na admissão, fora do contexto de extinção do contrato, da compensação das férias por retribuição (arts. 238.º, n.º 5, 244.º, n.º 3, e 257.º, n.º 1, alínea *a)*, do CT, e art. 129.º, n.º 1, da LGTFP);
iii) Na previsão de um período de reporte das férias substancialmente inferior ao respectivo período de referência (arts. 244.º, n.º 3, e 246.º, n.º n.º 1, segunda parte, do CT e art. 129.º, n.º 3, da LGTFP);
iv) Na exclusão absoluta do direito à cumulação das férias e da respectiva retribuição vencidas durante o período de impedimento prolongado para o trabalho por motivo de doença do trabalhador, no caso de o contrato de trabalho cessar após esse impedimento (art. 245.º, n.º 4, do CT e art. 129.º, n.º 4, da LGTFP).

9. Jurisprudência comunitária citada no texto

ANGED, de 21-6-2012 (proc. C-78/11)
BECTU, de 26-6-2001 (proc. C-173/99)

Comissão/Itália, de 8-2-1973 (proc. n.° 30/72)
Comissão/Alemanha, de 9-9-1999 (proc. C-217/97)
Comissão/Grécia, de 16-11-2000 (proc. C-214/98)
Federatie Nederlandse Vakbeweging, de 6-4-2006 (proc. C-124/05)
KHS, de 22-11-2011 (proc. C-214/10)
Marks & Spencer, de 11-7-2002 (proc. C-62/00)
Maribel Dominguez, de 24-1-2012 (proc. C-282/10)
Merino Gómez, de 24-3-2004 (proc. C-342/01)
Robinson-Steele, de 16-3-2006 (proc. apensos C-131/04 e C-257/04)
Schulz-Hoff, de 20-1-2009 (procs. apensos C-350/06 e C-520/06)
Vicente Pereda, de 10-9-2009 (proc. C-277/08)
Zentralbetriebsrat der Landeskrankenhäuser Tirols, de 22-4-2010 (proc. C-486/08)

Porto, Setembro de 2017.

A REPERCUSSÃO DA DOENÇA DO TRABALHADOR SOBRE O SEU DIREITO A FÉRIAS – ALGUMAS NOTAS COM BASE NO DIREITO EUROPEU E NO DIREITO PORTUGUÊS*

MILENA SILVA ROUXINOL

* Este texto foi publicado em *Revista Científica da ABRAT (Associação Brasileira de Advogados Trabalhistas)*, n.º 3, págs. 1 a 22.

RESUMO:

Partindo do problema de saber se em que medida a doença do trabalhador pode afetar a formação, vencimento e gozo do seu direito a férias, este artigo analisa a jurisprudência europeia nessa matéria, refletindo sobre a sua repercussão na leitura do ordenamento jurídico português.

PALAVRAS-CHAVE: férias, doença, jurisprudência do TJUE

SUMÁRIO:

Introdução: enunciado do(s) problema(s). I. O direito a férias no âmbito do ordenamento europeu: 1. Direito a férias como expressão do direito a condições de segurança e saúde no trabalho; 2. Doença e férias do trabalhador na jurisprudência TJUE. II. *Sequitur*: breves reflexões sobre a regulação portuguesa do efeito da doença do trabalhador sobre o seu direito a férias, em conexão com a jurisprudência do TJUE. Considerações conclusivas.

Introdução: enunciado do(s) problema(s)

O direito a férias diz-se, usualmente, um direito de formação sucessiva e com uma dinâmica complexa: formando-se gradualmente ao longo da execução do contrato, vence-se ao cabo do período temporal legalmente assinalado como período de formação, para, ulteriormente, ser gozado. No caso do ordenamento jurídico português, vencendo-se, em regra, a cada dia 1 de janeiro (artigo 238.°, n.° 1, do Código do Trabalho [CT]) e reportando-se, então, o *quid* vencido à execução contratual ocorrida ao longo do ano civil anterior (n.° 2), há de ser gozado, em princípio, no ano civil correspondente ao do vencimento (artigo 240.°, n.° 1, do CT)[1].

Ditando a doença do trabalhador, frequentemente, um impedimento para a prestação de trabalho – na verdade, apenas as doenças com tal consequência são aqui tidas em conta – e trazendo, pois, à execução contratual vicissitudes capazes de a perturbar com elementos estranhos à *normalidade* com que decorre, facilmente se identifica o primeiro núcleo problemático a que nos referiremos: *quid juris*, no tocante às férias em formação no momento em que, por força de doença, o trabalhador se vê impedido de trabalhar, interrompendo-se, por força dessa circunstância, a ordinária execução contratual? Formar-se-ão nos mesmos moldes, vindo a vencer-se no momento próprio para tal, indiferentemente à *patologia* que afetou o cumprimento do contrato?

---

[1] Assinalando esta complexidade e analisando-a em quatro momentos: aquisição; formação; vencimento; gozo, veja-se Jorge Leite, *Direito do Trabalho*, Serviços de Acção Social da Universidade de Coimbra – Serviço de Textos, Coimbra, 2004, volume II, pág. 146 e ss.

Identificando, a respeito desta dinâmica, o princípio da anualidade, José Andrade Mesquita, "O direito a férias", *Estudos do Instituto de Direito do Trabalho*, Almedina, Coimbra, 2002, pág. 65 a 153 [83 e ss.], e Paulo Almeida, *Duração, vencimento e marcação de férias*, Universidade Católica Editora, Lisboa, 2013, pág. 25.

Pode ver-se ainda Milena Silva Rouxinol, *O direito a férias do trabalhador (comentário aos artigos 237.° a 247.° e 264.° do Código do Trabalho, aprovado pela Lei n.° 7/2009)*, Cadernos do IDET (n.° 8), Almedina, Coimbra, 2014, pág. 13 e ss.

A questão ora enunciada não esgota, porém, os problemas associados à articulação entre a doença do trabalhador e o respetivo direito a férias. Com efeito, pode perguntar-se se estas permanecerão incólumes à circunstância de o trabalhador adoecer em momento total ou parcialmente coincidente com o seu gozo, quer já se tenha iniciado, quer já esteja agendado embora ainda não tenha tido início. Desta questão deriva uma outra, *rectius*, uma interrogação que traduz um particular circunstancialismo desse mesmo problema: *quid juris* se a doença do trabalhador se prolongar em termos tais que, entretanto, se esgote o período em que, normalmente, deveria ter lugar o gozo das férias afetadas? Transferir-se-á o seu gozo para momento ulterior? Com que limites (ou sem limites) temporais? Haverá lugar somente ao pagamento dos créditos correspondentes ao direito a férias, mas já não ao respetivo gozo? Observe-se, primeiramente – e em vista da clara distinção entre este núcleo de questões e as formuladas no parágrafo precedente – que o período de férias aqui em causa é distinto do implicado na questão anterior: agora, está em causa a repercussão de uma situação de doença sobre as férias *já vencidas* e não sobre as ainda em processo de formação. Registe-se, em segundo lugar, que as interrogações agora apresentadas apenas surgem se e na medida em que deva entender-se que a doença constitui impedimento ao gozo das férias. Com efeito, da circunstância de ela constituir impedimento para o trabalho não resulta, necessariamente, que também o é para o gozo do período de repouso em que, essencialmente, as férias se traduzem. Se, porém, se perscrutar o fundamento deste direito, bem poderá concluir-se que ele se vê posto em causa se, durante o período projetado para o gozo do repouso anual, o trabalhador for afetado por uma doença; poderá, pois, haver razões para postergar que o período de letargia contratual devido à doença do trabalhador e destinado a permitir a sua recuperação e o período de férias, concebido em vista do repouso e do acesso a lazeres por parte do trabalhador – o que, mediatamente, como melhor se verá, também se projeta na promoção da sua saúde –, se intersetem mutuamente.

Assim sucede na ordem jurídica portuguesa: segundo o artigo 244.° do CT, "o gozo das férias não se inicia ou suspende-se quando o trabalhador esteja temporariamente impedido por doença (...)" (n.° 1). O gozo em falta ocorrerá, então, após termo do impedimento (n.° 2), sendo que "em caso de impossibilidade total ou parcial do gozo de férias por motivo de impedimento do trabalhador, este tem direito à retribuição correspondente ao período de férias não gozado ou ao gozo do mesmo até 30 de abril do ano seguinte e, em qualquer caso, ao respetivo subsídio" (n.° 3).

I. O direito a férias no âmbito do ordenamento europeu

1. *Direito a férias como expressão do direito a condições de segurança e saúde no trabalho*

No plano europeu, o direito a férias encontra-se reconhecido, atualmente, no artigo 7.° da Diretiva 2003/88/CE, do Parlamento Europeu e do Conselho, de 4 de novembro de 2003, relativa a determinados aspetos da organização do tempo de trabalho. Sob a epígrafe *Férias anuais*, aquele preceito dispõe o seguinte:

> "Os Estados-Membros tomarão as medidas necessárias para que todos os trabalhadores beneficiem de férias anuais remuneradas de pelo menos quatro semanas, de acordo com as condições de obtenção e de concessão previstas nas legislações e/ou práticas nacionais (n.° 1)
>
> O período mínimo de férias anuais remuneradas não pode ser substituído por retribuição financeira, excepto nos casos de cessação da relação de trabalho" (n.° 2).

Reconhecer-se-á, ante o laconismo desta formulação, que não resulta da referida Diretiva, propriamente, um *regime jurídico* do direito a férias. Trata-se, dir-se-ia, da mera consagração de um direito, restando aos Estados-Membros a sua regulação. A verdade, porém, é que esta afirmação também não é rigorosa, verificando-se que a margem de liberdade dos Estados-Membros quanto a tal regulação se apresenta fortemente condicionada por um conjunto de vetores que influenciam decisivamente a indagação do alcance daquele artigo 7.°. Referimo-nos, por um lado, à interpretação que do mesmo tem sido feita pelo Tribunal de Justiça da união Europeia (TJUE), cuja jurisprudência na matéria aqui em análise explicitaremos *infra*[2]. Mas queremos igualmente aludir a um importante elemento de enquadramento – e, por conseguinte, um referente interpretativo – do mencionado artigo 7.°: a perspetivação do direito a férias, como dos demais períodos de repouso do trabalhador e, bem assim, da regulação dos limites e ordenação do tempo de trabalho, como expressão do direito do trabalhador a condições de segurança e saúde em contexto laboral. Resulta, com efeito, dos considerandos (2) (3) e (4) da Diretiva que os objetivos da União Europeia (UE) em matéria de segurança e saúde no trabalho estão subjacentes às normas constantes da mesma, que, aliás, se assumem, explicitamente, no artigo 1.°, como "prescrições mínimas de segurança e de saúde em matéria de organização do tempo de trabalho". De resto, já assim sucedia com a Diretiva antecedente, a Diretiva 93/104/CE, do Conselho, de 23 de novembro de 1993, relativa a

[2] Independentemente, porém, do conteúdo dos Acórdãos a analisar no respeitante à concreta matéria sobre que nos debruçamos, importa notar, antes de mais, a afirmação do direito a férias como um *princípio de Direito Social Europeu*, como se afirmou no Acórdão *Schultz-Hoff*, de 20 de janeiro de 2009 (processos C-350/06 e C-520/06) ou, mais recentemente, no Acórdão *Williams*, de 15 de setembro de 2011 (processo C-155/10).

determinados aspetos da organização do tempo de trabalho[3]. Por outro lado, esta mesma perspetiva tem sido afirmada, de forma

---

[3] Na verdade, essa interação entre a regulação do tempo de trabalho e a segurança e saúde laborais já foi afirmada, explícita e peremptoriamente, pelo TJUE., no Acórdão de 12 de novembro de 1996 (Reino Unido da Grã-Bretanha e da Irlanda do Norte vs. Conselho da União Europeia; processo C-84/94). Neste Acórdão, deixou-se claro que os aspetos relativos à limitação e organização do tempo de trabalho se incluíam no âmbito do artigo 118.°-A do Tratado da União Europeia, introduzido Ato Único Europeu (com este preceito, inscreveu-se *a melhoria do ambiente de trabalho, em ordem à protecção da saúde e segurança dos trabalhadores* no quadro de objetivos da Comunidade). Para BRUNO CARUSO ("L'Europa, il diritto alla salute e l'ambiente di lavoro", *Giornale di Diritto del Lavoro e di Relazione Industriali*, anno XIX, 1997, n.° 75, 3, pág. 435 a 476 [442]), esta pronúncia, consonante, de resto, com a proposta interpretativa sugerida por vários Autores, operou como alavanca para alargar os limites das competências institucionais em matéria de direitos e interesses dos trabalhadores, embora, verdadeiramente, como nota ALAN C. NEAL ("Regulating health and safety at work: developing European Union policy for the millennium", *The International Journal of Comparative Labour Law and Industrial Relations*, 1998, vol. 14, pág. 217 a 246 [229 e 230]), ela não surpreenda, tendo em conta a extensão da acção, não só, mas também, de natureza normativa, empreendida pelas instâncias comunitárias desde o final da década de oitenta, fruto das modificações trazidas pelo Ato Único Europeu e animada pela proclamação da Carta Comunitária dos Direitos Sociais Fundamentais dos Trabalhadores (1989). De resto, em face das dúvidas que, desde o início, se manifestaram quanto ao alcance da acção a desenvolver com base naquela norma, a Comissão do Emprego e dos Assuntos Sociais do Parlamento Europeu afirmou, num relatório de 1988 (sobre o ambiente de trabalho e o objetivo do art. 118.°-A do Tratado da União, relatório n.° A 2-226/88, de 21 de outubro de 1988), que a mesma abrangia, desde logo, as condições de trabalho e, em geral, todas as matérias compreendidas na expressão *ambiente de trabalho*. Cfr., sobre o ponto, MASSIMO ROCCELLA e TIZIANO TREU, *Diritto del Lavoro della Comunità Europea*, CEDAM, Milano, 2002, 3.ª edição, pág. 271.

Refira-se, a título de curiosidade, que o Decreto de 14 de abril de 1891, que, em Portugal, costuma assinalar-se como a primeira lei social, estabelecia regras várias em matéria de segurança e saúde, sendo que, de entre as mesmas, algumas respeitavam, justamente, ao tempo de trabalho.

evidente, em vários arestos do TJUE. Dela resulta, desde logo, que o direito a férias há de ser concebido em termos tais que o seu exercício seja apto, efetivamente, a favorecer a saúde física e psíquica do trabalhador. Julga-se, porém, que, além disso, o princípio subjacente à mesma não pode ser alheio à busca da resposta para a questão de saber se e em que medida as vicissitudes contratuais associadas à doença e tendentes, portanto, à tutela da saúde do trabalhador podem, de algum modo, *consumir*, no todo ou em parte, o seu direito a férias, que, igualmente, se associa, conforme já referido, àquele desiderato de promoção da saúde.

2. *Doença e férias do trabalhador na jurisprudência TJUE*

Por já diversas vezes o TJUE teve ocasião de se pronunciar sobre as questões anteriormente apresentadas. Porventura não sem margem para algumas incertezas e hesitações, pode dizer-se, na verdade, que existe uma jurisprudência tendencialmente estável nesta matéria.

O primeiro aresto a que importa fazer referência é o caso *Maribel Dominguez*[4]. Sucedeu que a senhora Maribel Dominguez esteve em situação de baixa médica de novembro de 2005 a janeiro de 2007, na sequência de acidente *in itinere*. Invocou, findo esse período de inatividade, que o mesmo devia ser equiparado a tempo de trabalho para efeitos de férias, nos termos do artigo L223-4 do Código do Trabalho francês, que lhe era aplicável, norma que dispunha o seguinte:

> "(...) Os períodos de férias remuneradas, os descansos compensatórios (...), os períodos de licença por maternidade (...), os dias de descanso ao abrigo da redução do tempo de trabalho e os

[4] Acórdão de 24 de janeiro de 2012; processo C-282/10.

períodos limitados a uma duração ininterrupta de um ano durante os quais a execução do contrato de trabalho está suspensa devido a acidente de trabalho ou doença profissional são considerados períodos de trabalho efetivo (...)".

O preceito teria de conjugar-se com o artigo L223-2, em cujos termos:

> "O trabalhador que, durante o ano de referência, comprove que trabalhou para o mesmo empregador durante um período equivalente, no mínimo, a um mês de trabalho efetivo, tem direito a férias cuja duração é determinada à razão de dois dias e meio úteis por cada mês de trabalho, não podendo a duração total do período de férias exceder trinta dias úteis".

Teria ainda de conjugar-se com o artigo XIV do regulamento-tipo em anexo à convenção coletiva aplicável, que dispunha:

> "O direito a férias anuais não pode ser gozado num ano que é caracterizado por ausências por doença ou por doença prolongada que tenham dado origem a uma interrupção de trabalho igual ou superior a doze meses consecutivos (...). Esse direito pode ser gozado novamente a partir da data em que se retome o trabalho, sendo a duração das férias fixada de modo proporcional ao tempo de trabalho efetivo que ainda não tenha dado lugar à atribuição de férias anuais".

Tendo o seu pedido sido julgado improcedente, a senhora Maribel Dominguez recorreu para o Tribunal da Cassação, que suspendeu a instância e remeteu ao TJUE, a título de processo de reenvio prejudicial, entre outras, a questão de saber se o artigo 7.°, n.° 1, da Diretiva deveria ser interpretado no sentido de se opor a disposições ou práticas nacionais que fazem depender o direito a férias anuais remuneradas de um período de trabalho efetivo mínimo durante o período de referência. O TJUE respondeu o seguinte:

> "(...) dado que a Diretiva 2003/88 não faz qualquer distinção entre os trabalhadores ausentes do trabalho por se encontrarem de baixa por doença durante o período de referência e os que efetivamente trabalharam nesse período (...), daí resulta que, quanto a trabalhadores que se encontrem de baixa por doença devidamente certificada, um Estado-Membro não pode fazer depender o direito a férias anuais remuneradas conferido por esta diretiva a todos os trabalhadores da obrigação de terem trabalhado efetivamente durante o período de referência instituído por esse Estado (...) (§20).
>
> "Decorre do exposto que o artigo 7.°, n.°1, da Diretiva 2003/88 deve ser interpretado no sentido de que se opõe a disposições ou práticas nacionais que preveem que o direito a férias anuais remuneradas está sujeito a um período de trabalho efetivo mínimo de dez dias ou de um mês durante o período de referência" (§21)[5].

Merece ainda especial referência o Acórdão relativo ao caso *Schultz-Hoff*[6], que cuida, em síntese, das questões seguintes: saber se um trabalhador ausente por baixa por doença pode gozar férias anuais remuneradas durante a baixa, e ainda, sendo esse o caso, em que medida um trabalhador ausente devido a baixa por doença durante todo ou parte do período de referência

---

[5] Sobre o Acórdão, o seu impacto no ordenamento francês e a desconformidade do mesmo (ainda) face ao Direito Europeu, veja-se, entre outros, MICHEL MINÉ/DANIEL MARCHAND, *Le Droit du Travail en practique*, Eyrolles, Paris, 2014, 26.ª edição, pág. 430 e ss.

[6] Acórdão de 20 de janeiro de 2009; processos apensos C-350/06 e C-520/06.

e/ou de um período de reporte tem direito a uma compensação financeira de férias anuais remuneradas no momento da cessação da relação de trabalho. Assim, estava em causa já não saber se uma situação de baixa por doença deveria ou não ser equiparada a tempo de trabalho para efeitos de férias, mas, diversamente, quais as consequências de o gozo de determinado período de férias, já vencido, se ver perturbado por uma situação de baixa médica devida a doença.

As situações fácticas que originaram o recurso para o TJUE foram as seguintes: *(i)* um trabalhador, encontrando-se de baixa médica por tempo indeterminado, solicitou à entidade empregadora o gozo de alguns dias de férias nos dois meses subsequentes a esse mesmo pedido; *(ii)* um grupo de trabalhadores encontrava-se igualmente em situação de baixa médica; estes vieram a ser despedidos sem terem gozado o período de férias a que, normalmente, deveria ter havido lugar no respetivo período de referência, o único em que poderiam ter sido gozadas, segundo o ordenamento britânico; pediram, pois, uma indemnização por não terem chegado a gozá-las[7]; *(iii)* G. Schultz-Hoff, reconhecido como gravemente deficiente, vinha alternando, desde 1995, períodos de incapacidade por doença com períodos de aptidão para o trabalho. Em 2004, esteve fisicamente apto para o trabalho até ao princípio de setembro. Seguidamente, ficou de baixa por doença sem interrupção até 30 de setembro de 2005, data da cessação da sua relação de trabalho. Tendo solicitado à entidade empregadora o gozo das férias relativas a 2004 a partir de junho de 2005, o pedido foi rejeitado com o fundamento de que o serviço médico competente devia declarar previamente que o interessado estava apto para o trabalho. O trabalhador veio a ser declarado incapaz para o trabalho e foi-lhe concedida pela enti-

---

[7] Trabalhadores de uma entidade britânica, implicados no processo C-520/06.

dade administrativa competente uma pensão por tempo indeterminado, com esse fundamento e com efeitos retroativos a 1 de março de 2005. Schultz-Hoff reclamou compensação pelo não gozo das férias relativas aos períodos de 2004 e 2005, argumentando, por seu turno, a entidade empregadora que, segundo a lei alemã, o direito a férias extinguia-se caso não fosse gozado dentro do período aí previsto, que acrescia ao período de referência (período de reporte)[8].

Respondendo às questões formuladas no âmbito dos processos mencionados, o TJUE afirmou o seguinte:

> "O artigo 7.°, n.° 1, da Directiva 2003/88/CE (...), deve ser interpretado no sentido de que não se opõe a disposições ou práticas nacionais segundo as quais um trabalhador que se encontre de baixa por doença não pode gozar férias anuais remuneradas num período que coincide com uma baixa por doença (conclusão 1).
>
> O artigo 7.°, n.°1, da Directiva 2003/88 deve ser interpretado no sentido de que se opõe a disposições ou práticas nacionais segundo as quais o direito às férias anuais remuneradas se extingue no termo do período de referência e/ou de um período de reporte previsto no direito nacional, mesmo quando o trabalhador tenha estado de baixa por doença durante todo ou parte do período de referência e a sua incapacidade para o trabalho se tenha mantido até à cessação da sua relação de trabalho, razão pela qual não pôde exercer o seu direito a férias anuais remuneradas (conclusão 2).
>
> O artigo 7.°, n.° 2, da Directiva 2003/88 deve ser interpretado no sentido de que se opõe a disposições ou práticas nacionais segundo as quais, no momento da cessação da relação de trabalho, nenhuma compensação financeira é paga por férias anuais remuneradas não gozadas a um trabalhador que tenha estado de

[8] Trabalhador de uma entidade alemã, implicado no processo C-350/06.

baixa por doença durante todo ou parte do período de referência e/ou de um período de reporte, razão pela qual não pôde exercer o seu direito a férias anuais remuneradas (...)" (conclusão 3).

Em conclusão, segundo o TJUE, a Diretiva é compatível quer com sistemas que permitem o gozo das férias durante um período de baixa por doença, sem prejuízo, porém, de o trabalhador poder exercer o direito ulteriormente, quer com ordenamentos que prevejam o gozo das férias findo o período de baixa; com efeito, sublinha o tribunal, o efeito das férias em matéria de segurança e saúde do trabalhador não se frustra – pelo contrário, mantém-se – se as mesmas vierem a ser gozadas fora do período em que, ordinariamente, esse gozo deveria ter lugar[9]. O que, porém, não é admissível é a extinção do período de férias pelo mero decurso do período de referência e/ou reporte que resulte do ordenamento nacional; assim, caso o gozo não tenha tido lugar até à extinção do contrato, não pode o trabalhador deixar de ser compensado. Na verdade, nada impede que os Estados-Membros fixem um período de referência e/ou reporte para o gozo das férias, desde que garantam que os trabalhadores podem, efetivamente e em qualquer caso, vir a gozá-las (§43), o que não se verifica se a incapacidade se prolongar para lá desse período de referência/reporte.

Relativamente próximo é o caso *Vicente Pereda*[10]. O trabalhador, condutor da *Madrid Movilidad, S.A.*, iria, previsivelmente, gozar férias no período compreendido entre 16 de julho e 14 de agosto de 2007, o que fora determinado de acordo com a

---

[9] O que já tinha sido expressivamente afirmado no Acórdão de 6 de abril de 2006, referente ao processo C-124/05 (caso *Federatie Nederlandse Vakbeweging*). Sobre este aresto, MARIA JOSÉ DILLA CATALÀ,"Vacaciones: disfrute en años posteriores y compensación económica", *Actualidad Laboral*, n.º 13, 2006, pág. 1602 a 1606.

[10] Acórdão de 10 de setembro de 2009; processo C-277/08.

convenção coletiva aplicável e em consonância com a lei espanhola. Porém, na sequência de um acidente de trabalho ocorrido a 3 de julho, o trabalhador ficou incapacitado até ao dia 13 de agosto. Regressado ao trabalho, solicitou à entidade empregadora nova marcação de férias, para o período compreendido entre 15 de novembro e 15 de dezembro do mesmo ano, o qual substituiria o período em que a doença inviabilizara o gozo efetivo de férias. Tendo a *Madrid Movilidad* rejeitado este pedido, o trabalhador intentou ação judicial, na sequência da qual o tribunal nacional apresentou ao TJUE a seguinte questão: deveria o artigo 7.°, n.° 1, da Diretiva ser interpretado no sentido de exigir que, caso o período de férias fixado no mapa da empresa coincidisse temporalmente com uma incapacidade temporária resultante de acidente de trabalho, o trabalhador tivesse direito a gozar as mesmas férias em datas distintas das inicialmente estabelecidas, independentemente de já ter terminado ou não o ano civil pertinente?

O TJUE decidiu que, efetivamente, a Diretiva se opunha a disposições ou práticas nacionais prevendo que um trabalhador que se encontre em licença por doença durante o período de férias anuais fixado no mapa de férias da empresa na qual trabalha não tem o direito, após a alta médica, de gozar as suas férias anuais num período diferente do fixado inicialmente, eventualmente fora do período de referência correspondente[11-12].

---

[11] Idêntica decisão já havia sido tomada anteriormente, respeitando também ao ordenamento espanhol, no tocante à interação entre o período de férias e o de licença de maternidade. Referimo-nos ao caso *Merino Gomez* (Acórdão de 18 de março de 2004; processo C-342/01). O TJUE decidiu que a Diretiva se opunha a que a entidade empregadora se opusesse ao gozo das férias em momento ulterior ao termo da licença, porquanto a finalidade desta e a das férias não deveriam confundir-se.

[12] Sobre o impacto dos Acórdãos *Merino Gomez* e *Vicente Pereda*, veja-se Fernando Fita Ortega, "Las consecuencias de la superposición de la situación de incapacidade temporal sobre el período acordado para el dis-

Na verdade, o TJUE teve ocasião de reiterar o entendimento vertido nos Acórdãos ora referidos a propósito de vários outros litígios. Assim sucedeu no caso *ANGED*[13] e ainda no caso *Maestre García*[14]. Concluir-se-ia, assim, que as disposições e práticas dos Estados-Membros deveriam respeitar os seguintes imperativos[15]: *(i)* o período de afastamento do trabalhador devido a doença devidamente certificada não deve repercutir-se negativamente sobre a formação e vencimento do direito a férias, antes devendo contar, para tais efeitos, como tempo de trabalho; *(ii)* o gozo de férias inviabilizado pela circunstância de o trabalhador se encontrar em situação de baixa por doença em momento total ou parcialmente coincidente com o período em que aquele gozo deveria ter lugar, deve transferir-se para momento ulterior, mesmo que já ocorra fora do período de referência; podem estabelecer-se limites temporais a esse gozo, desde que se garanta ao trabalhador a possibilidade efetiva de exercer o seu direito; o direito a férias não se extingue e, caso o contrato cesse sem ter sido gozado, deve haver lugar ao pagamento do valor pecuniário correspondente.

---

frute de las vacaciones anuales", *Actualidad Laboral*, 2010, n.° 13, pág. 1505 a 1527 [1510 e ss.], e ainda Maria Teresa Velasco Portero, "El derecho a vacaciones y las bajas por incapacidad laboral del trabajador", *Actualidad Laboral*, 2010, n.° 1, pág. 15 a 28 [24 e 25].

[13] Acórdão de 21 de junho de 2012; processo C-78/11.

[14] Acórdão de 21 de fevereiro de 2013; processo C-194/12.

[15] O que significaria, desde logo, que haveria que interpretar as normas internas em consonância com os mesmos. Quando os limites decorrentes dos expedientes hermenêuticos o não permitissem, haveria, então, que equacionar a desaplicação do preceito interno e, porventura, a chamada à colação de um eventual efeito direto do artigo 7.° da Diretiva (cfr. Acórdão *Maribel Dominguez*). Sobre a questão, veja-se, em particular, Sofia de Oliveira Pais, "Algumas reflexões sobre o princípio da interpretação conforme no contexto da 'transposição judicial' das directivas", *Revista da Faculdade de Direito da Universidade do Porto*, ano VII, 2010 (especial), pág. 489 a 517.

Cristalino, no essencial, e condizente, sem dúvida, com a dignidade dos bens jurídicos subjacentes ao direito a férias, este entendimento abre, porém, o flanco a uma legítima perplexidade, em especial quando referido a trabalhadores cuja doença se prolongue por vários anos. Neste caso, acumulariam sucessivos direitos de férias, os quais não deixariam de se formar e vencer não obstante a situação de impedimento para a prestação de trabalho; uma vez, porém, que os não poderiam gozar ou, em sistemas que permitissem o gozo durante o período de doença, caso não pretendessem gozá-los nesse contexto, eles permaneceriam, latentes, na esfera jurídica do trabalhador até ao final do impedimento, momento em que, então, ele poderia reclamar o respetivo gozo, ou, desde logo se o contrato viesse a cessar entretanto, os montantes pecuniários correspondentes – tudo culminando numa espiral que, em casos limite, levaria a perguntar se, bem vistas as coisas, o direito a férias se não descaracterizaria[16]...

Talvez possa afirmar-se que esta mesma preocupação teve eco no TJUE, que, na verdade, parece ter matizado a jurisprudência que vinha seguindo a este respeito. Referimo-nos ao Acórdão atinente ao caso *Schulte*[17], uma decisão que, apresentando a inequívoca virtualidade de temperar os eventuais excessos a que o entendimento referido poderia levar, traz, igualmente, alguma

[16] Assinalando este ponto, na sequência do Acórdão referente ao caso *Schultz-Hoff*, Alexander Benra, "Folgen der EuGH Urlaubsentscheidung – Urlaubsansprüche verfallen bei Krankheit nicht mehr", e, do mesmo autor, "Verfall von Urlaubsansprüch und Vertrauensschutz des Arbeitgebers", ambos em www.suite101.de (consulta a 1 de junho de 2015).

Sobre a história do entendimento jurisprudencial do direito a férias, na Alemanha, veja-se Veja-se Bruno Mestre, "Suspensão do contrato de trabalho e direito a férias: sobre a incompatibilidade dos artigos 239.°, n.° 6, e 245.°, n.° 4, do Código do Trabalho com o direito comunitário", *Estudos em homenagem ao Professor Doutor Henrich Ewald Hörster*, Almedina, Coimbra, 2012, pág. 815 a 835 [821 e ss.].

[17] Acórdão de 22 de novembro de 2011; processo C-214/10.

incerteza quanto à resposta a dar às questões anteriormente formuladas, *rectius*, às implicações que, afinal, devem extrair-se do artigo 7.° da Diretiva, segundo a interpretação do TJUE, com vista à solução de tais problemas. Apesar do que acabamos de afirmar, não se pense que este aresto representou uma reversão do entendimento anteriormente sustentado pelo Tribunal. De resto, as decisões dos mencionados casos *ANGED* e *Maestre García* são posteriores à agora considerada e uma e outra confirmam que:

> "O artigo 7.°, n.° 1, da Diretiva 2003/88/CE (...), deve ser entendido no sentido de que se opõe a uma interpretação da legislação nacional segundo a qual um trabalhador que se encontra em licença por doença durante o período de férias anuais fixado unilateralmente no calendário das férias da empresa em que trabalha não tem direito, no termo da sua licença por doença, a gozar as férias anuais noutro período diferente do inicialmente fixado, eventualmente fora do período de referência correspondente, por razões ligadas à produção ou à organização da empresa"[18].

O caso *Schulte*, todavia, levou à consideração do TJUE uma situação de ausência assinalavelmente prolongada do trabalhador, o que, então, pôs a nu o efeito excessivo, porventura perverso, da aplicação a hipóteses desse tipo do entendimento exposto.

O senhor W. Schulte mantinha um contrato de trabalho com a *KHS-AG* (e, depois, com a entidade que a sucedeu na exploração da empresa) desde abril de 1964. Em janeiro de 2002 sofreu

[18] Conclusão afirmada em ambos os Acórdãos. No referente a Maestre García, acrescenta-se ainda (conclusão 2) que "o artigo 7.° (...) deve ser interpretado no sentido de que se opõe a uma interpretação da legislação nacional que permite que, mantendo-se o contrato de trabalho, o período de férias anuais que o trabalhador não pôde gozar devido a uma incapacidade de trabalho seja substituído por uma retribuição financeira".

um problema cardíaco, na sequência do qual ficou gravemente incapacitado e foi declarado inapto para o trabalho, sendo que, a partir de outubro de 2003 passou a receber uma pensão por invalidez total, situação que se manteve até agosto de 2008, altura em que a relação laboral cessou. Desde 2002 até 2008, portanto, o contrato de trabalho esteve em vigor, porém suspenso. O trabalhador intentou ação judicial solicitando o pagamento de compensação correspondente às férias não gozadas referentes aos anos civis de 2006, 2007 e 2008, pedido a que o tribunal nacional respondeu favoravelmente. A entidade empregadora interpôs, porém, recurso, sustentando que os direitos relativos a 2006 e 2007 se haviam extinguido, por se ter esgotado o período de reporte previsto nas normas internas. O tribunal de recurso sustentou que apenas o direito a férias de 2006 poderia encontrar-se extinto e considerou a hipótese de as normas de que decorria tal extinção poderem não ser conformes ao Direito Europeu. Segundo a lei alemã, as férias deveriam ser gozadas durante o ano civil próprio, podendo, contudo, esse gozo ter lugar nos três primeiros meses do ano civil subsequente em caso de se justificar por motivos imperiosos da conveniência do serviço ou do trabalhador. Por seu turno, da convenção coletiva de trabalho aplicável ao contrato em causa resultava que o direito a férias se extinguiria três meses após o decurso do ano civil, a menos que tivesse sido reclamado sem êxito ou que o gozo não tivesse ocorrido por motivos de serviço, sucedendo ainda que, caso não tivesse tido lugar por razão de doença, o direito a férias se extinguiria somente doze meses após o decurso daquele período de três meses subsequentes ao ano de referência.

O dissídio acabou por reclamar a intervenção do TJUE, ao qual o tribunal de recurso remeteu a seguinte questão[19]: se

[19] Foi formulada uma segunda questão, cuja resposta ficou precludida em virtude do sentido da resposta à primeira.

o artigo 7.° da Diretiva deveria ser interpretado no sentido de se opor a disposições ou práticas nacionais segundo as quais o direito a férias se extingue após o decurso do período de referência e/ou reporte mesmo no caso de o trabalhador visado sofrer de incapacidade prolongada, o que redundaria na consequência de o mesmo acumular vários períodos de férias, se essa cumulação não fosse bloqueada pela limitação temporal do período de exigibilidade do direito a férias.

Vale a pena atentar nos termos em que o TJUE respondeu a esta interrogação. Depois de recordar que, não se opondo à fixação, pelos Estados-Membros, de um período de referência e/ou reporte para o gozo das férias, considera, porém, que deve ser respeitada a condição de que tal gozo seja, efetivamente, possível para o trabalhador, o tribunal sublinha, a respeito do concreto caso *sub judice*, que, nessas particulares circunstâncias, embora se verifique que o trabalhador fica privado do exercício dos direitos a férias cujos períodos de referência/reporte, segundo o ordenamento nacional, já se esgotaram, essa privação não fere o artigo 7.° da Diretiva. O TJUE reconheceu que a conclusão firmada a respeito de casos anteriores (*Schultz-Hoff*, *Vicente Pereda*) e, acrescentamos, reiterada posteriormente, não pode deixar de ser matizada em casos com as características daquele a que ora nos referimos. Assim se lê no Acórdão:

> "(...) É verdade que o Tribunal de Justiça sublinhou que, embora o efeito positivo das férias anuais remuneradas para a segurança e a saúde do trabalhador se produza plenamente se as férias forem gozadas no ano previsto para o efeito, isto é, o ano em curso, esse tempo de descanso não perde o seu interesse se for gozado num período posterior (...) (§32).
>
> No entanto, há que reconhecer que o direito a férias anuais remuneradas adquirido por um trabalhador incapacitado para o trabalho durante vários períodos de referência consecutivos só pode responder às duas vertentes da sua finalidade (...) na

medida em que o reporte não ultrapasse um certo limite temporal. Na verdade, para lá desse limite, as férias anuais perdem o seu efeito positivo para o trabalhador, enquanto tempo de descanso, mantendo apenas a sua qualidade de período de descontração e de lazer (§33).

Consequentemente, tendo em conta a própria finalidade do direito a férias anuais remuneradas, diretamente conferido pelo direito da União a cada trabalhador, um trabalhador incapacitado para o trabalho durante vários anos consecutivos, impedido pelo direito nacional de gozar as suas férias anuais remuneradas durante o referido período, não pode ter o direito de cumular ilimitadamente direitos a férias anuais remuneradas, adquiridos ao longo desse período" (§34).

O TJUE considerou, consequentemente, que o período de reporte perfazendo, no total, quinze meses para lá do ano de referência seria, em casos de ausência prolongada do trabalhador, conforme à Diretiva. Note-se que, apesar de se ter sublinhado tratar-se de um período de reporte longo, mesmo em termos absolutos, esse elemento, em si mesmo, não seria suficiente para garantir aquela conformidade, já que o Tribunal continua a vincar o imperativo de que, em princípio, o trabalhador possa, efetivamente, vir a gozar as férias que não tenha podido gozar anteriormente, devido a doença. Simplesmente, entendeu outrossim que tal imperativo deve ceder, por, então, se perder o próprio fundamento do direito a férias enquanto período de descanso, quando a ausência do trabalhador se prolongue em termos tais que ocupe "vários períodos de referência consecutivos". Quantos? – poderia perguntar-se... Não se encontrando no Acórdão resposta a esta questão, parece, porém, poder concluir-se que uma ausência que se estenda desde o ano em que, normalmente, as férias deveriam ser gozadas acrescido de quinze meses já legitima a extinção do direito a férias vencido à data da sua ocorrência.

II. *Sequitur*: breves reflexões sobre a regulação portuguesa do efeito da doença do trabalhador sobre o seu direito a férias, em conexão com a jurisprudência do TJUE

O CT português dedica um conjunto de preceitos ao conjunto de questões anteriormente descritas[20].

O artigo 239.°, n.° 6, cuida do regime das férias que se encontravam em formação à data da ocorrência de "impedimento prolongado iniciado em ano anterior"[21]. A norma, de cujo âmbito de aplicação estão excluídas, inequivocamente, as situações em que o impedimento se inicia e termina dentro do mesmo ano civil – casos em que se observa a regra geral, constante do artigo 237.°, n.° 2, de que o direito a férias não está condicionado à assiduidade nem à efetividade do serviço, sucedendo, pois, que tais ocorrências não operam qualquer repercussão sobre o período anual de repouso –, dispõe que, após o regresso do trabalhador, o mesmo terá direito a férias nos termos dos n.os 1 e 2 do mesmo artigo, isto é, tudo ocorrerá, em matéria de férias, como se ele fosse contratado *ex novo*: poderá gozar férias seis meses após o regresso, sendo o seu *quantum* de dois dias por cada mês de duração contratual nesse ano civil.

---

[20] Sobre a evolução recente das soluções legais a este respeito permita-se-nos remeter para Milena Silva Rouxinol, "O direito a férias no Código do Trabalho de 2009 – apontamentos", *Questões Laborais*, ano XVI, 2009, n.° 33, pág. 37 a 59 (também disponível em *Direito do Trabalho + Crise = Crise do Direito do Trabalho*, Coimbra Editora, Coimbra, 2011, pág. 49 a 73), e *O direito a férias do trabalhador*..., pág. 33 e ss. e 61 e ss.

[21] Por razões sistemáticas, cremos que a referência ao caráter prolongado do impedimento tem o significado de excluir as situações de ausência do trabalhador que não se prolonguem ou não seja expectável prolongarem-se por mais de um mês (cfr. artigo 296.°, n.° 1 e n.° 3 do CT), embora reconheçamos que tal interpretação, proporcionando um tratamento diferenciado dos casos aí não abrangidos, conduz a certa injustiça relativa. Veja-se Bruno Mestre, "Suspensão do contrato...", pág. 817.

Desconsiderando, neste contexto, as inúmeras dúvidas interpretativas que aqueles n.ºs 1 e 2 suscitam, cabe sublinhar que do preceito parece resultar uma plena desconsideração quer do tempo de trabalho ainda prestado no ano em que o impedimento teve início (antes da sua ocorrência) quer do período temporal de afastamento, devido, designadamente e para o que aqui nos importa, a doença. Na verdade, já se propôs interpretar a remissão patente, atualmente, naquele n.º 6 do artigo 239.º para o regime das férias referentes ao ano de admissão, no sentido de a mesma compreender somente o período de espera aí previsto (seis meses), mas já não os termos de apuramento do *quantum* de férias, em correlação com a duração do vínculo. Assim, regressado ao trabalho após impedimento prolongado, o trabalhador não poderia gozar férias senão seis meses depois, mas a duração das mesmas calcular-se-ia tendo em conta, também, o tempo de trabalho ainda prestado antes da ocorrência do impedimento. Tal proposta interpretativa, não correspondendo ao sentido literal (imediato) da norma, apresentaria o mérito de permitir o aproveitamento desse período de trabalho, cuja desconsideração, na verdade, se compreende com dificuldade, atendendo, sobretudo, à natureza de direito fundamental que assiste ao direito a férias[22]. Em seu apoio, invocar-se ainda o artigo 245.º, n.º 4, de cuja estatuição resulta, justamente, dever aproveitar-se aquele período, em casos em que o contrato cesse após impedimento prolongado – em nosso entender, quer o trabalhador nem chegue a regressar à empresa, quer regresse mas o contrato cesse antes de decorrido o período de seis meses que permite o gozo de férias nos termos do artigo 239.º, n.º 6. Com efeito, não se

---

[22] Assim, JORGE LEITE, *Direito do Trabalho*, pág. 154. Veja-se ainda VÍTOR MELO, "Direito a férias no Código do Trabalho", *Prontuário de Direito do Trabalho*, n.ºs 74-75, 2006, pág. 245 a 259 [258], e também JÚLIO GOMES, *Direito do Trabalho, Volume I – Relações individuais de trabalho*, Coimbra Editora, Coimbra, 2004, pág. 720.

descortina razão substancial para o referido período de trabalho ser neutralizado naquele primeiro caso mas não nestes últimos[23].

Ainda que se sustente esta leitura, vem-se tendo como certo, em todo o caso, que o regime estabelecido nesta norma implica, pelo menos, a desconsideração do período de ausência, designadamente por doença, do trabalhador. O mesmo sucede, aliás, com o artigo 245.°, n.° 4, que supõe, aparentemente, a neutralização de todo o período decorrido entre o início da suspensão contratual e a extinção do contrato. A verdade, porém, é que, se assim for, o ordenamento jurídico português colide, neste particular, com o artigo 7.° da Diretiva 2003/88/CE, de acordo com a interpretação do TJUE, nomeadamente no Acórdão referente ao caso *Maribel Dominguez*[24]. No aresto, afirmou-se que o artigo 7.° se opunha a disposições ou práticas nacionais de que resultasse a exigência de certo quantum de trabalho efetivo, no ano de referência, para que o direito a férias se constituísse. Note--se: diríamos que a incompatibilidade não reside, propriamente, em o artigo 239.°, n.° 6, estabelecer um período de espera de seis meses até que o trabalhador possa gozar férias, já que tal estatuição é compatível com o entendimento de que, mesmo que tal período não decorra, a parte do direito a férias já formada e *instalada* na esfera jurídica do trabalhador não se perde e, em caso de cessação do contrato, dá lugar ao pagamento dos créditos pertinentes. O problema resulta, antes, de o legislador português ter prescrito que, quando o afastamento do trabalhador se inicie e termine em anos civis distintos, o período de ausência (pelo menos) é desconsiderado, em vez de se tomar como período de trabalho efetivo. Resta saber se a metodologia her-

---

23 Cfr., com indicação de bibliografia em sentido distinto, MILENA SILVA ROUXINOL, *O direito a férias – comentário...*, pág. 102 e 103.

24 Questionando também a conformidade do Direito nacional ao ordenamento europeu, BRUNO MESTRE, "A suspensão do contrato...", pág. 832 e ss.

menêutica consente uma interpretação do regime português em consonância com o ordenamento europeu[25] e, caso se responda negativamente, se poderia apelar-se diretamente ao artigo 7.° da Diretiva 2003/88/CE, em ordem a garantir a efetividade do direito a férias do trabalhador que se tivesse visto afetado por uma situação de doença (ou outra circunstância não imputável).

Por seu turno, a questão de saber se e até quando pode o trabalhador gozar as férias já vencidas caso esse gozo seja inviabilizado por ocorrência de doença, ou vicissitude similar encontra resposta, no ordenamento português, no artigo 244.°. Depois de prescrever que o gozo das férias não se inicia ou suspende-se quando o trabalhador esteja impossibilitado, *v. g.*, por doença, de o concretizar, e o comunique ao empregador[26] (n.° 1), devendo esse período de descanso em falta vir a ser gozado quando o impedimento terminar (n.° 2), a norma referida estatui, no n.° 3, que

> "Em caso de impossibilidade total ou parcial[27] do gozo de férias por motivo de impedimento do trabalhador, este tem direito à retribuição correspondente ao período de férias não gozado ou ao gozo do mesmo até 30 de abril do ano seguinte e, em qualquer caso, ao respetivo subsídio".

Esta norma postula, desde logo, a seguinte questão: deve a alternativa aí patente entender-se como correspondendo a uma *escolha* (do trabalhador, diríamos) entre ainda gozar as férias,

---

[25] Poderia sustentar-se, na linha do anteriormente referido, circunscrever-se a remissão do n.° 6 do artigo 239.° para os n.ºs 1 e 2 ao período de espera de seis meses aí previsto, sendo que a formação e vencimento –a efetividade, neste sentido – do direito a férias quedariam incólumes apesar do afastamento do trabalhador por situação não imputável ao mesmo, nomeadamente doença.

[26] O empregador pode exigir certificação da doença invocada.

[27] Isto é, se o impedimento se prolongar em termos tais que inviabilize o gozo das férias no ano em que, de outro modo, teria lugar.

até ao dia 30 de abril mencionado, ou já não as gozar, beneficiando somente dos créditos correspondentes, ou, diversamente, deve ler-se a norma como prevendo que o gozo terá lugar (até ao referido dia 30 de abril) se o momento da cessação do impedimento ainda o permitir, sucedendo, na hipótese contrária (o impedimento cessa depois do dia 30 de abril seguinte ao ano em que o gozo deveria ter tido lugar), que se frustra, tendo o trabalhador direito, somente, aos montantes pecuniários a que as férias dariam lugar?

Pela nossa parte, sempre propendemos para o primeiro dos sentidos indicados. Findo o impedimento, o trabalhador optaria entre gozar, efetivamente, as férias, ou, em alternativa, abdicar desse gozo, recebendo, porém, a respetiva retribuição e subsídio[28]. Em apoio deste entendimento, invocar-se-ia o princípio da efetividade do direito a férias, de resto já amplamente sublinhado pelo TJUE, que do mesmo faz decorrer, designadamente, a ideia de que o direito a férias não deve converter-se em créditos pecuniários senão em caso de cessação do contrato. Parece-nos, na verdade, que esta conclusão resulta, inequivocamente, do afirmado nos Acórdãos *Schultz-Hoff*, *Vicente Pereda*, *ANGED* e *Maestre García*. Recorde-se: em todos estes casos, o TJUE evidenciou que a circunstância de o trabalhador não ter gozado as férias no respetivo ano de referência por motivo de doença (ou similar) não deve implicar que não possa gozá-las ulteriormente. Podendo ser fixado um período de referência e/ou de reporte para o gozo do direito a férias, essa fixação não deve traduzir-se na inibição efetiva de o trabalhador vir, ulteriormente, a gozar o período de férias em falta. Ora, a entender-se que esse gozo apenas poderia ter lugar caso a cessação do impedimento se verificasse antes do dia 30 de abril do ano sub-

[28] Milena Silva Rouxinol, *O direito a férias do trabalhador – comentário…*, pág. 86 e ss.

sequente àquele em que, normalmente, o gozo teria lugar – o que equivaleria a ler a lei portuguesa como fixando um período de reporte de quatro meses –,inexistiria possibilidade efetiva de gozo do direito a férias sempre que o trabalhador só recuperasse após esse momento.

Todavia, a jurisprudência do TJUE leva-nos ainda mais longe. É que, se se entender que a data referenciada no artigo 244.°, n.° 3, é o dia 30 de abril *subsequente ao ano de referência*, aquele em que, ordinariamente, as férias deveriam ter sido gozadas – o que, reitere-se, significa deslindar na lei portuguesa um período de referência de quatro meses, findo o qual, porém, o direito não se extinguiria mas se converteria em créditos pecuniários –, então, mesmo que se sustente caber ao trabalhador optar entre ainda as gozar ou abdicar desse gozo, a verdade é que esse direito de escolha encontra um limite temporal suficientemente estreito para, em retas contas, poder duvidar-se, em muitos casos, da sua efetividade. Sempre que o impedimento cessasse depois desse dia 30 de abril, o trabalhador perderia, inexoravelmente, o direito a gozar as férias, sendo certo, porém, que o TJUE já afirmou, reiteradamente, que a fixação de um período de referência/reporte não pode, legitimamente, ter essa consequência.

Na verdade, já sugeríramos a leitura do artigo 244.°, n.° 3, no sentido de o momento temporal aí fixado ser o dia 30 de abril *subsequente à cessação do impedimento do trabalhador*[29]. Parece-nos, pelo exposto, que a jurisprudência do TJUE é um argumento de assinalável relevo em apoio deste entendimento: só deste modo se garante o objetivo de que o trabalhador conserve a possibilidade efetiva de gozar as férias em falta.

---

[29] MILENA SILVA ROUXINOL, "O direito a férias do trabalhador – comentário...", pág. 90 e ss.

Não podemos, todavia, deixar de ter em conta a posição assumida pelo TJUE no caso *Schulte*. Com efeito, se, conforme explicitado anteriormente, se ler o artigo 239.°, n.° 6 (e o artigo 245.°, n.° 4) no sentido de ele não poder implicar a neutralização, para efeitos de férias, do período de ausência, devida a doença ou situação afim, do trabalhador, então o sistema português poderia ocasionar uma acumulação de períodos de férias excessiva e, por isso, indesejável. Acumular-se-iam as férias que se fossem formando durante o período de ausência do trabalhador. Por outro lado, não podendo ser gozadas nos respetivos períodos de referência, operaria o artigo 244.°, n.° 3, que, interpretado no sentido sugerido, permitiria ao trabalhador o gozo de todos os períodos de férias acumulados, ou, mesmo que lido no sentido de a data aí referida ser o dia 30 de abril subsequente ao ano de referência, constituiria a entidade empregadora na obrigação de pagar a retribuição e subsídio correspondentes a todos esses períodos de férias, o que, convenha-se, também poderia, legitimamente, considerar-se desproporcionado.

No entanto, conforme já assinalámos, a jurisprudência do caso *Schulte* não põe em causa, na essência, o entendimento sufragado pelo TJUE acerca do imperativo de gozo efetivo, após cessação do impedimento, do período de férias em falta. Apenas, digamos, o *tempera*, em situações caracterizadas por uma ausência que se prolongue por vários períodos de referência sucessivos. Não cremos, por isso, que o afirmado nesse acórdão legitime a leitura do artigo 244.°, n.° 3, no sentido de o mesmo fixar um período de reporte para o gozo de férias de apenas quatro meses. Reconhecemos, no entanto, que autorizaria o legislador a limitar o seu alcance sempre que da aplicação do regime indicado resultasse a acumulação de vários períodos de férias[30]. No

[30] Pensamos, *de jure condendo*, numa solução como, v. g., a que criasse uma exceção ao regime do artigo em análise em cujos termos a subsistência

plano do direito constituído, o desafio volta-se para o julgador, que deverá mover-se entre os diversos sentidos hermenêuticos atribuíveis à norma em questão[31], sem perder de vista, enquanto cânone essencial, os mencionados parâmetros da jurisprudência do TJUE.

Considerações conclusivas

Sendo embora a lei ordinária o contexto adequado para a regulação do direito a férias, é inegável que, tratando-se de uma posição subjetiva assente em pilares jurídico-valorativos de inequívoca ressonância, não pode o legislador – como não pode o julgador – deixar de apelar aos estratos superiores do sistema jurídico que, justamente por força daquela densidade axiológica, o reconhecem e conformam nas linhas essenciais.

Se, na ordem jurídica portuguesa, este apelo já se fez sentir, por diversas vezes, no que respeita à ordem jurídico-constitucional, sendo várias as ocasiões em que a regulação ordinária do

---

do direito a férias aí prescrita não operasse para lá do ponto em que o trabalhador, por força desse regime, acumulasse mais do que x dias de descanso.

A seguir-se a via de fixar um período de reporte invariável, seria, porventura, consonante com o ordenamento europeu estabelecer o seu termo não no dia 30 de abril do ano subsequente ao termo do ano de vencimento mas no do ano seguinte a este último – o que redundaria num período de reporte de dezasseis meses, semelhante ao fixado na convenção coletiva de trabalho aplicável ao trabalhador Schulte.

[31] Sendo certo que, ao nível do elemento teleológico da interpretação, não deverá descurar-se o fundamento do direito a férias nem, simultaneamente, a hipótese de, porventura, este se frustrar em caso de acumulação ilimitada; já no plano sistemático, não será despiciendo considerar a existência, no ordenamento português, de um conjunto de normas vocacionadas, precisamente, para limitar a o alongamento excessivo dos períodos de férias, *maxime* em correlação com os períodos de trabalho que os ocasionam.

direito a férias já foi objeto de controlo de constitucionalidade, cremos, contudo, que tem sido bem tímido, quer no plano do direito a constituir quer no da interpretação do direito positivo vigente, o diálogo com o ordenamento europeu, uma instância que, contudo, os Estados-Membros não podem, sob pena de incumprimento de compromissos voluntariamente assumidos, deixar de perspetivar como referência.

Bibliografia

ALMEIDA, PAULO, *Duração, vencimento e marcação de férias*, Universidade Católica Editora, Lisboa, 2013

BENRA, ALEXANDER,

_______ "Folgen der EuGH Urlaubsentscheidung – Urlaubsansprüche verfallen bei Krankheit nicht mehr", www.suite101.de (consulta a 1 de junho de 2015)

_______ "Verfall von Urlaubsansprüch und Vertrauensschutz des Arbeitgebers", www.suite101.de (consulta a 1 de junho de 2015)

CARUSO, BRUNO, "L'Europa, il diritto alla salute e l'ambiente di lavoro", *Giornale di Diritto del Lavoro e di Relazione Industriali*, anno XIX, 1997, n.° 75, 3, pág. 435 a 476

DILLA CATALÀ, MARIA JOSÉ, "Vacaciones: disfrute en años posteriores y compensación económica", *Actualidad Laboral*, n.° 13, 2006, pág. 1602 a 1606

FITA ORTEGA, FERNANDO, "Las consecuencias de la superposición de la situación de incapacidade temporal sobre el período acordado para el disfrute de las vacaciones anuales", *Actualidad Laboral*, 2010, n.° 13, pág. 1505 a 1527

GOMES, JÚLIO, *Direito do Trabalho, Volume I – Relações individuais de trabalho*, Coimbra Editora, Coimbra, 2004

LEITE, JORGE, *Direito do Trabalho*, Serviços de Acção Social da Universidade de Coimbra – Serviço de Textos, Coimbra, 2004, volume II

MELO, VÍTOR, "Direito a férias no Código do Trabalho", *Prontuário de Direito do Trabalho*, n.os 74-75, 2006, pág. 245 a 259

MESQUITA, JOSÉ ANDRADE, "O direito a férias", *Estudos do Instituto de Direito do Trabalho*, Almedina, Coimbra, 2002, pág. 65 a 153

MESTRE, BRUNO, "Suspensão do contrato de trabalho e direito a férias: sobre a incompatibilidade dos artigos 239.°, n.° 6, e 245.°, n.° 4, do Código do Trabalho com o direito comunitário", *Estudos em homenagem ao Professor Doutor Henrich Ewald Hörster*, Almedina, Coimbra, 2012, pág. 815 a 835

MINÉ, MICHEL /DANIEL MARCHAND, *Le Droit du Travail en practique*, Eyrolles, paris, 2014, 26.ª edição

NEAL, ALAN C., "Regulating health and safety at work: developing European Union policy for the millennium", *The International Journal of Comparative Labour Law and Industrial Relations*, 1998, vol. 14, pág. 217 a 246

PAIS, SOFIA DE OLIVEIRA, "Algumas reflexões sobre o princípio da interpretação conforme no contexto da «transposição judicial» das directivas", *Revista da Faculdade de Direito da Universidade do Porto*, ano VII, 2010 (especial), pág. 489 a 517

ROCCELLA, MASSIMO/TIZIANO TREU, *Diritto del Lavoro della Comunità Europea*, CEDAM, Milano, 2002, 3.ª edição

ROUXINOL, MILENA SILVA,

_______ *O direito a férias do trabalhador (comentário aos artigos 237.° a 247.° e 264.° do Código do Trabalho, aprovado pela Lei n.° 7/2009)*, Cadernos do IDET (n.° 8), Almedina, Coimbra, 2014

_______ "O direito a férias no Código do Trabalho de 2009 – apontamentos", *Questões Laborais*, ano XVI, 2009, n.° 33, pág. 37 a 59 (também disponível em *Direito do Trabalho + Crise = Crise do Direito do Trabalho*, Coimbra Editora, Coimbra, 2011, pág. 49 a 73

VELASCO PORTERO, MARIA TERESA, "El derecho a vacaciones y las bajas por incapacidad laboral del trabajador", *Actualidad Laboral*, 2010, n.° 1, pág. 15 a 28

ALGUMAS NOTAS SOBRE O DIREITO À GREVE E A SUA EVOLUÇÃO AO NÍVEL EUROPEU

JÚLIO GOMES[1]

[1] Juíz Conselheiro no Supremo Tribunal de Justiça (6.ª Secção). Professor Convidado da Escola de Direito no Porto da Universidade católica Portuguesa.

Resumo:

Embora os meios de acção colectiva, mormente o direito à greve, continuem excluídos do âmbito directo de competência da União Europeia e sejam, ainda, matéria que pertence fundamentalmente ao direito nacional de cada Estado-membro, a interferência do Direito da União é crescente, na medida em que se agudizam as possibilidades de conflito entre o exercício dos meios de acção colectiva e, por exemplo, as liberdades económicas fundamentais, havendo ainda que atender ao reconhecimento de tais meios pela própria Carta dos Direitos Fundamentais da União Europeia. Mas também fora do âmbito da União se regista, tanto um reconhecimento, ainda que modesto, do direito à greve pelo TEDH, como a atribuição de uma importância crescente à Carta Social Europeia. Evolução que torna cada vez mais delicada a tarefa do Juíz nacional.

Palavras chave: acção colectiva; direito à greve; lock-out; liberdades económicas fundamentais

Introdução

O presente estudo irá incidir sobre a recente evolução do direito à greve ao nível europeu – mais precisamente, quer ao nível da União Europeia, quer na Europa, mas fora desse contexto institucional e, designadamente, no quadro do Conselho da Europa – e sobre as possíveis repercussões que tal evolução pode ter no nosso próprio ordenamento jurídico interno. Temos plena consciência de que esta é uma área particularmente sensível do direito do trabalho – a que alguém já chamou uma "zona sísmica"[2] – e uma área em que os estudos comparativos se revelam particularmente difíceis.

1. Importará, de resto, começar por algumas advertências prévias. Em primeiro lugar, a observação de que não existem, praticamente, dois sistemas jurídicos em que a greve seja regulada de forma muito similar, para não dizer idêntica. Em cada ordenamento jurídico – e isso também é verdade nos Estados membros da União Europeia – a greve é concebida de uma maneira idiossincrática, fruto da história e dos compromissos políticos possíveis. Como é sabido, a história da greve, do ponto de vista jurídico, corresponde a uma evolução de um fenómeno não jurídico ou até antijurídico para um fenómeno reconhecido pelo direito, ora como liberdade, ora como direito subjectivo fundamental[3]. Sublinhe-se, contudo, que o reconhecimento da greve como direito nunca foi pacífico – se para alguns esse reco-

---

[2] Veneziani B., "La Corte di Giustizia e il Trauma del Cavallo di Troia", *Rivista Giuridica del Lavoro e della Previdenza Sociale 2008*, parte II, pp.295 e ss., p. 296. Para este autor, a autonomia coletiva e a greve pertencem à "zona sísmica do direito do trabalho", o âmbito em que "a norma jurídica se transforma em técnica de distribuição do poder social privado (da autonomia coletiva) e público, seja ao nível nacional, seja ao nível comunitário".

[3] Cheadle H., *Constitutionalising the Right to Strike, in Laws Against Strikes, The South African Experience in an International and Comparative Perspective*, (Milano, 2015), ed. por Bob Hepple, Rochelle le Roux e Silvana Sciarra, Franco Angeli, pp. 67 e ss., p. 69, sublinha que a história do direito à greve é a história da sua progressão de uma proibição para uma liberdade e depois para um direito e uma imunidade.

nhecimento é perigoso, porque parece chamar à colação uma série de institutos conexos com o direito subjectivo, mormente o abuso de direito[4-5], para outros o que está em jogo é a dificuldade em conceber como direito um poder que não se reduz a uma legítima defesa, mas que parece consistir antes em um poder de infligir um dano económico a outrem.

Vivemos, é certo, em um momento histórico em que a greve é consagrada como direito em muitos ordenamentos e, inclusive, em sede constitucional. Escrevendo em 2015 um autor[6] recenseava 98 países como consagrando expressamente na sua Constituição o direito à greve[7], embora acrescentasse que nesses 98 países não havia um único em que a Constituição definisse greve.

Um segundo aspecto que também convém ter presente é o de que embora a greve seja um instrumento "tão arcaico quanto necessário"[8], a greve não se confunde com os meios de acção

---

[4] Scognamiglio R., *La Dimensione Sindacale/Collettiva del Diritto del Lavoro*. (RIDL 2011), parte I, pp. 487 e ss., sustenta que "o erro de fundo consiste precisamente na sua configuração como um direito subjectivo segundo o ordenamento jurídico do Estado" (*ob. cit.*, pág. 521)

[5] Keith D: Ewing, "Myth and Reality of the Right to Strike as a Fundamental Labour Right", *The International Journal of Comparative Labour Law and Industrial Relations*, 2013, vol. 29, n.° 2, pp.145 e ss., p. 165, considera que a experiência das sociedades ocidentais industrializadas desde o século XIX mostra que ao reconhecer o fenómeno da greve e ao trazê-lo para o domínio do jurídico e da legalidade é possível, não apenas legitimar a ação colectiva, mas também controlá-la e limitá-la.

[6] Cheadle H., *ob. cit.*, p. 67.

[7] Cheadle H., *ob. cit.*, p. 67.

[8] Para alguns autores a consagração constitucional do direito à greve seria quase irrelevante. Assim, por exemplo, Edoardo A., "The Law and the Courts. Regulating Strike in Seven European Countries", in *Collective Action and Fundamental Freedoms in Europe, Striking the Balance*, dir. por Ales E. e Novitz T., Intersentia, Antwerp, Oxford, Portland, 2010, pp. 243 e ss., p. 249, afirma que o facto de que em França, Espanha e Itália o direito à

colectiva, sendo apenas um (e porventura hoje ainda o mais importante) desses meios. Os documentos internacionais a que vamos aludir, designadamente a Carta Social Europeia no seu artigo 6 n.º4 e a Carta dos Direitos Fundamentais da União Europeia no seu artigo 28, referem-se aos direitos de acção colectiva. Um autor espanhol, Antonio Baylos[9], referiu recentemente que o conceito de acção colectiva não é um conceito técnico com um significado preciso em Espanha e autores italianos, por seu turno, afirmaram que em Itália greve e acção colectiva se confundem[10]. Também em Portugal não nos parece existir ainda uma compreensão clara de que a greve não esgota e não pode esgotar os meios de acção colectiva dos trabalhadores[11].

greve é reconhecido no plano constitucional não parece proporcionar uma protecção acrescida ("does not seem to provide any added value"). Pela nossa parte discordamos do autor. Não só porque em países como a Áustria em que o direito à greve não é reconhecido no plano constitucional o seu âmbito tende a ser muito mais restrito, mas e sobretudo porque concordamos com Ugarte Cataldo, J.L., "Teoría del derecho de huelga, constitución y contenido protegido", *Trabajo y Derecho*, n.º 23, 2016, pp. 23 e ss., p.33,quando afirma que "a constitucionalização da greve (...) implica a rutura com uma estrutura monista de valores com reconhecimento jurídico fundamentalmente associados á liberdade económica e à propriedade privada, para dar lugar a um espaço constitucional pluralista e, portanto, estruturalmente contraditório".

[9] Baylos A., "Collective Action in Spain", in *Collective Action and Fundamental Freedoms in Europe, Striking the Balance*, dir. por Ales E., e Novitz T., Intersentia, Antwerp, Oxford, Portland, 2010, pp. 109 e ss., p. 109: "Under the Spanish system, the expression "collective action" has no precise meaning".

[10] Ales E., Gaeta L., Orlandini, G., "Collective action in Italy – Conceptualising the right to strike", in *Collective Action and Fundamental Freedoms in Europe, Striking the Balance*, dir. por Ales E. e Novitz T., Intersentia, Antwerp, Oxford, Portland, 2010, pp. 77 e ss., p.79: "according to a long-lasting tradition in Italian industrial relations, collective action and strike can be basically understood as synonymous from the employees' side".

[11] Cfr., contudo, Leite J., "Anotação ao artigo 28.º da Carta dos Direitos Fundamentais da União Europeia" in *Carta dos Direitos Fundamentais da*

Muito embora esse não seja o tema deste trabalho e, portanto, não o desenvolveremos aqui, importa, com efeito, ter presente, que o direito à greve é necessário, mas não é suficiente para a defesa dos interesses colectivos dos trabalhadores. Do mesmo modo que Däubler afirmou, em 2015, que a contratação colectiva está em declínio e esse declínio se afigura inexorável, e se interrogou sobre as possibilidades de os sindicatos continuarem a representar os interesses dos trabalhadores fora de um sistema de contratação colectiva[12], importa também reconhecer que o próprio direito à greve como arma tem hoje uma utilidade muito variável consoante os sectores de actividade e os trabalhadores afectados. Ao nível do direito á greve importa reconceptualizá-lo de modo a torná-lo adequado a um mundo em que as condições de trabalho são crescentemente determinadas por quem não é o empregador em termos contratuais dos trabalhadores grevistas. Não são apenas os trabalhadores temporários, mas também os trabalhadores de empresas subcontratadas ou os trabalhadores de empresas em situação de grupo que cada vez mais são vulneráveis a essa determinação por um terceiro das suas condições de trabalho. A greve terá que acompanhar essa "terceirização" sob pena de crescente irrelevância. Mas mesmo essa reconfiguração não será suficiente para dotá-la de eficácia em todos os domínios: a greve continuará a ser potencialmente eficaz em sectores como os dos transportes, continuará a ser ela própria um meio de publicitar junto dos *media* e da opinião pública as aspirações

---

União Europeia Comentada, coord. por Silveira A. e Canotilho M., (Almedina, Coimbra, 2013), pp. 340 e ss., p. 340: "À *autotutela coletiva* associa-se, com mais frequência, a greve e, em alguns sistemas nacionais, também o locaute, mas várias outras formas de ação coletiva se podem considerar suas modalidades ou formas de expressão, como a reunião, a manifestação, o abaixo-assinado, o label, o boicote, etc." (itálico no original).

[12] Däubler W., "La rappresentanza degli interessi dei lavoratori al di là della contrattazione collettiva", *Lavoro e Diritto,* 2015, pp. 93 e ss., p. 94.

e as necessidades dos trabalhadores, mas em muitos dos sectores económicos a greve continuará a ser pouco relevante. Daí a necessidade de expandir a liberdade de expressão sindical[13], bem como a de pensar em outros meios de acção colectiva. Däubler no estudo atrás referido, sublinhava que o direito do trabalho não trata normalmente de questões como a mobilização da opinião pública, mas acrescentava que a opinião pública pode ser convertida em instrumento de pressão e a sua mobilização revelar-se mais fácil e mais eficiente que as tradicionais formas de luta colectiva[14]. Para tanto seria necessário, contudo, discutir da admissibilidade de boicotes económicos, de campanhas organizadas nas redes sociais para a defesa, por exemplo, do comércio justo. Áreas em que o direito do trabalho tenderá a enfrentar – o que de resto não é novo – o direito da concorrência[15]. E refira-se

---

[13] Sobre esta e a necessidade de a conceber não como mera manifestação da liberdade de expressão em geral, mas como expressão da liberdade sindical cfr., recentemente, Jean-François Akandji-Kombé, La liberte d'expression syndicale, fille méconnue de la liberte syndicale. Plaidoyer pour des retrouvailles sous l'égide de l'article 11 de la CEDH, *Le Travail Humain au Carrefour du Droit et de la Sociologie, Hommage du Professeur Nikitas Aliprantis*, coord. por Christian Mestre, Corinne Sachs-Durand e Michel Storck, Presses Universitaires de Strasbourg, Strasbourg, 2014, pp. 549 e ss. O autor sublinha que não é neutro ou desprovido de consequências escolher um ou outro dos fundamentos para a liberdade de expressão sindical (ob. cit., p. 551) e sublinha que o TEDH, em Acórdãos recentes – mormente em Syndicat de la police de la République slovaque eta utres c. Slovaquie de 25 de setembro de 2012 – preferiu fundar a liberdade de expressão sindical no artigo 11.° da Carta como lex specialis, ainda que sem deixar de atender também na interpretação do próprio artigo 11.° ao disposto no artigo 10.°.

[14] Däubler W., *ob. cit.*, p. 101.

[15] Cfr. Junker A., *Die Gewährleistung der Tarifautonomie im europäischen Recht, ZfA* 2015, pp. 267 e ss., p.283. No caso Albany, C-67/97, reconheceu-se uma excepção para a contratação coletiva. Mas enquanto o Advogado-Geral falou do direito à contratação coletiva, o TJ sublinhou o importante papel dos parceiros sociais para o desenvolvimento das condi-

que na Alemanha, por exemplo, os tribunais – inclusive o Tribunal Constitucional – já admitiram a licitude de outras formas de acção colectiva, como é o caso do *flashmob*.

Focando, no entanto, apenas, o direito à greve enquanto um dos meios de acção colectiva ao serviço dos trabalhadores importa afirmar que, por paradoxal que pareça, a multiplicação do seu reconhecimento em tratados e declarações internacionais, mesmo atendendo só ao nível europeu, não contribui necessariamente para um reforço da sua tutela. Nas palavras de Peter Huber "seria ingénuo pensar que a multiplicação de regimes e de declarações de protecção dos direitos fundamentais incrementa

ções de trabalho, expresso na concertação social ou diálogo social europeu e considerou que a negociação coletiva e a defesa de interesses coletivos é desejável para a realização de finalidades de política social ao nível europeu. Para o autor tal excepção do domínio da concorrência não deve, contudo, existir quando as convenções coletivas se transformam sobretudo em contratos em desfavor de terceiros cujo escopo primário é na realidade eliminar concorrentes. Uma interpretação igualmente restritiva do caso Albany pode encontrar-se nas Conclusões de alguns Advogados-Gerais: assim, por exemplo, nas Conclusões apresentadas pela Advogada-Geral Trstenjak E., apresentadas a 14 de Abril de 2010, no processo C-271/08, Comissão Europeia contra República Federal da Alemanha, números de margem 54 a 62, em que a Advogada-Geral sustenta que " nos acórdãos Albany, Brentjens' e Drijvende Bokken, o Tribunal de Justiça não declarou a existência de uma excepção sectorial geral às regras de concorrência do direito primário para as convenções colectivas. Pelo contrário, estes acórdãos devem ser interpretados no sentido de que foi neles declarada a existência de um limite do artigo 81.° CE, inerente ao direito primário, relativamente a convenções colectivas com determinado conteúdo" (número de margem 62 das Conclusões). Em sentido semelhante se pronunciara já o Advogado-Geral N. Fennelly nas suas Conclusões apresentadas a 11 de maio de 2000 no Processo van der Woude, C-222/98. Sobre o caso Albany cfr., também, Guamán Hernández, A., "Negociación colectiva. Derecho de la competencia y libertades de circulación en la Unión Europea", *Revista del Ministerio del Trabajo e Inmigración*, vol. 92, pp. 143 e ss., p. 146.

o seu nível efectivo de tutela"[16]. Bem ao invés a sua existência paralela se não for correctamente circunscrita e delimitada gera insegurança jurídica.

Antes mesmo de começar a apreciar a evolução verificada ao nível da União Europeia interessa destacar a radical diversidade de regulamentações da greve no âmbito dos Estados Membros. Em alguns, mormente no Reino Unido e na Irlanda – pode duvidar-se se a greve corresponde a um direito ou não será antes uma liberdade. Mas mesmo naqueles, que são a larga maioria, em que a greve é reconhecida como um direito, o seu regime varia consideravelmente[17]. Desde logo, na sua titularidade: em alguns Estados o direito à greve é concebido como um direito das associações sindicais, enquanto noutros se trata de

---

[16] Huber P., *Auslegung und Anwendung der Charta der Grundrechte*, NJW 2011, pp. 2385 e ss., p.2385. No mesmo sentido se pronuncia Kirchof F., *Grundrechtsschutz durch europäische und nationale Gerichte*, NJW 2011, pp. 3681 e ss., p. 3682, para quem a existência paralela de declarações de direitos não cria automaticamente uma maior protecção para o cidadão, podendo até reduzir a liberdade deste, criando insegurança jurídica. Também Payandeh M., *Die EMRK als grundrechtsbeschränkendes Gesetz?*, JuS 2009, pp. 212 e ss., p.216, sublinha que a existência paralela de vários sistemas e de vários níveis de protecção dos direitos fundamentais coloca não apenas a questão de saber quem tem a última palavra, mas também a de determinar como é que tais regimes interagem entre si.

[17] Fabbrini F., "Fundamental Rights in Europe, Challenges and Transformations in Comparative Perspective", *Oxford University Press*, 2014, pp. 146 e ss., classifica os diferentes modelos segundo vários critérios: em primeiro lugar, saber se o direito à greve está consagrado constitucionalmente ou se apenas está previsto na lei ordinária ou como uma mera liberdade da common law. Em segundo lugar, se o direito a greve é um direito individual ou se é um direito coletivo a ser exercido apenas pelos sindicatos. Um terceiro factor diz respeito aos procedimentos que devem ser adoptados para exercer o direito à greve, bem como as limitações e as condições materiais ou substantivas do seu exercício. Finalmente, refere as consequências do seu exercício relativamente às relações individuais de trabalho.

um direito dos trabalhadores, ainda que se fale frequentemente em um direito individual de exercício colectivo. Depois, na própria definição do que seja uma greve, definição essa que, aliás, nem sempre é feita pela lei, mas é por vezes remetida para a jurisprudência. Uma grande heterogeneidade é também verificável quanto aos escopos da greve: em alguns Estados a greve é concebido como um mero instrumento do direito à contratação colectiva e pode apenas ser exercida no quadro da renegociação de uma convenção (é o caso da Alemanha). As convenções colectivas são em alguns Estados concebidos como determinando uma obrigação de trégua ou de paz sindical, ao menos relativa, enquanto em outros Estados (como é o caso de Portugal) não têm esse efeito na ausência de uma cláusula expressa de paz sindical. As greves de solidariedade são permitidas em muitos Estados, ao passo que as chamadas greves políticas são lícitas em um relativamente pequeno número de Estados Membros. Mas a própria amplitude das referidas greves de solidariedade varia consideravelmente, bem como os direitos dos piquetes de greve ou a possibilidade de ocupação da empresa. Do mesmo modo variam também os efeitos das greves sobre os contratos de trabalho dos grevistas e dos não grevistas e as próprias possibilidades concedidas ao empregador para se prevenir ou defender contra os efeitos económicos prejudiciais de uma greve, mormente através da substituição de grevistas ou de lock-out defensivo.

2. Pode parecer estranho dar tanta relevância à compreensão do direito à greve ao nível da União Europeia. No fim de contas, nem a contratação colectiva, nem o direito à greve cabem nas competências próprias da União Europeia, as quais não foram ampliadas pelo Tratado de Lisboa. No entanto, seria ilusório supor que estas matérias da contratação colectiva e do direito à greve poderiam ser isoladas, mais ou menos hermeticamente

do direito da União Europeia[18]. Basta atender a que também no domínio do exercício das suas competências próprias, os Estados Membros devem respeitar o direito europeu e evitar a violação do mesmo. Além disso, as próprias convenções colectivas podem ser vistas e são concebidas por muitos como cartéis pelo que é necessário decidir em que medida é que as mesmas representam desvios lícitos e consentidos aos princípios e regras do direito da concorrência. Direitos como o direito á greve podem igualmente entrar em conflito, mais ou menos directo, com as liberdades fundamentais da União Europeia[19]. Não seria tolerável na construção de um mercado comum que o direito à greve fosse esgrimido com o escopo, por exemplo, de garantir que o trabalho existente em certas empresas, em certo sector, em certa área de um Estado Membro fosse, por hipótese, reservado aos nacionais desse Estado[20]. Como também não seria aceitável que

---

[18] Como destaca, aliás, Fabbrini F., *ob. cit.*, p.188: "The decisions of the ECJ in Viking and Laval demonstrated that insulating national systems of industrial relations from the impact of EU law is no longer an option".

[19] Sublinhando que não se trata aqui, apenas, como por vezes se pretende, de uma oposição entre o social e o económico cfr. Herresthal, C., "Die Re-Individualisierung des kollektiven Arbeitsrechts" in *der europäischen Integration am Beispiel der Tarifautonomie*, EuZA 2011, pp. 3 e ss., p. 8. Como este autor destaca, as liberdades fundamentais têm face aos sistemas de relações coletivas dos Estados-Membros uma função de garantir a abertura do mercado ao nível da União ("Die Grundfreiheiten haben gerade auch gegenüber dem nationalen kollektiven Arbeitsrecht eine marktsichernde und marktöffnende Funktion"). São a expressão de um conceito que assegura a liberdade de atividade económica transfronteiriça em todo o mercado comum.

[20] Wagner C., *Der Arbeitskampf als Gegenstand des Rechts der Europäischen Union, Nomos, Baden-Baden*, 2010, p. 29, recorda as greves selvagens ocorridas em Inglaterra no setor do petróleo e da energia quando a empresa francesa TOTAL contratou a empresa italiana IREM para efetuar uma série de trabalhos em uma refinaria na Inglaterra. As greves tiveram como escopo impedir que trabalhadores temporários italianos e portugueses fossem trabalhar na referida obra (sobre o tema cfr. Barnar C., ""British Jobs

o direito à contratação colectiva fosse utilizado como um instrumento para gerar desigualdade salarial por exemplo entre géneros ou, de qualquer modo, introduzir discriminações proibidas á luz do Direito da União[21]. Em suma, pode falar-se de uma certa ordem pública da União ou de princípios e liberdades estruturantes da mesma que não podem ser postos em causa mesmo pelos meios de acção colectiva.

É nesse contexto que surgiram decisões do Tribunal de Justiça, hoje muito célebres como os Acórdãos Viking, Laval, Comissão c. Alemanha e Comissão c. Luxemburgo. Estes casos suscitaram uma reacção muito intensa e massiva por parte da doutrina ao nível europeu. Trata-se de Acórdãos que deixaram "um sabor amargo"[22] ou que representam mesmo "uma mudança na arquitectura institucional do direito do trabalho europeu"[23], não faltando, inclusive, quem fale abertamente de decisões

---

for British Workers": The Lindsey Oil Refinery Dispute and the Future" of *Local Labour Clauses in an Integrated EU Market, Indusrial Law Journal* 2009, pp. 245 e ss., que tenta, aliás, defender a compatibilidade com o direito da União das cláusulas que reservam postos de trabalho para trabalhadores nacionais).

[21] Com efeito, a convenção coletiva pode ser, ela própria, um instrumento de discriminação contra nacionais de outros Estados membros e um entrave à livre circulação: recorde-se o caso Roman Angonese c. Cassa di Risparmio di Bolzano SpA, C-281/98, de 6 de Junho de 2000, em que era a própria convenção coletiva que exigia um certificado de competência linguística que só podia ser obtido em uma certa zona geográfica e não podia ser substituído por outra prova dos conhecimentos linguísticos. Cfr., igualmente, C-35/97, de 24 de Setembro de 1998, Comissão das Comunidades Europeias c. República Francesa e C-15/96, Kalliope Schöning-Kougebetopoulou c. Freie und Hansestadt Hamburg, de 15 de Janeiro de 1998.

[22] A expressão é de Kessler F., "Le droit fondamental à la négociation collective n'existe, en Europe, que sous condition, CJCE 15 juillet 2010, aff. 271/08 *Commission européenne c. République fédérale d'Allemagne»*, *Droit Social*, 2010, pp. 1233 e ss., p.1238.

[23] ??????????????

sofísticas[24] e de um novo Cavalo de Tróia no direito do trabalho. Apesar dos rios de tinta que fizeram correr, a verdade é que, como recentemente fez notar Rodière[25], mesmo que nada mais de útil se possa acrescentar sobre eles torna-se difícil ou impossível evitá-los. Não podemos, no entanto, deixar de advertir o leitor, mesmo antes de começar a analisá-los, ainda que de modo muito perfunctório, que não partilhamos esta análise extrema e fortemente negativa dos referidos Acórdãos e mormente das decisões do TJ nos casos Viking e Laval.

No processo C-438/05, International Transport Workers' Federation, Finnish Seamen's Union contra Viking Line ABP[26], o litígio opôs duas associações sindicais a uma empresa (Viking Line ABP) e à sua filial (OÜ Viking Line Eesti) "a propósito de uma acção colectiva e da ameaça dessa acção com o intuito de mudar o pavilhão finlandês de um dos seus navios e de registar esse navio sob o pavilhão de outro Estado-membro" (n.° 2 do Acórdão). A Viking era uma sociedade de direito finlandês que operava sete navios, entre os quais o Rosella, que asseguravam a ligação marítima entre a Estónia e a Finlândia. A actividade de exploração do Rosella foi deficitária por força da concorrência com navios estónios que asseguravam os mesmos trajectos com custos salariais inferiores (n.° 9 do Acórdão) razão pela qual a Viking planeou mudar o pavilhão do Rosella registando o navio na Estónia ou na Noruega para celebrar uma nova convenção colectiva com um sindicato de um desses Estados. A Viking informou a associação sindical FSU, um sindicato finlandês em

---

[24] Bavaro V., "Lo sciopero e il diritto fra innovazione, tradizione e ragione pratica", *Lavoro e Diritto* 2015, pp.285 e ss., p. 288.

[25] Rodiere P., "Les arrêts *Viking* et *Laval*, le droit de grève et le droit de négociation collective", *RTDeur*, 2008, pp.47 e ss., p. 65, que, a propósito do caso Laval, fala de uma análise surpreendente e de carácter sofista ("caractère sofistique").

[26] Acórdão proferido a 11 de Dezembro de 2007.

que estavam filiados os membros da tripulação do Rosella, sendo que o FSU, por seu turno, estava filiado na ITE, uma federação internacional de trabalhadores do sector dos transportes com sede em Londres (n.° 7 do Acórdão). O FSU manifestou a sua oposição ao projecto. Houve negociações entre as partes e inclusive "no âmbito de um processo de conciliação a Viking assumiu o compromisso de que, num primeiro momento, a mudança de pavilhão não daria origem a quaisquer despedimentos" (n.° 19 do Acórdão). O FSU não renunciou à sua intenção de declarar uma greve e, por outro lado, pediu à ITF que transmitisse a informação a todos os sindicatos nela filiados de que conservava o direito de negociação com a Viking pelo que todos os sindicatos filiados na ITF deveriam abster-se de negociar com a Viking. A ITF dirigiu, mesmo, uma circular aos seus filiados ordenando-lhes que não encetassem negociações com a Viking alertando para o perigo de sanções no caso de violação da referida circular (n.° 12). Como entretanto a actividade do Rosella continuou a ser deficitária a Viking persistiu na sua intenção de mudança de pavilhão (n.° 21) acabando por intentar nos tribunais do Reino Unido "uma acção na qual pedia que a acção da ITF e do FSU fosse declarada contrária ao artigo 43-.° CE, que fosse ordenada a revogação da circular ITF e que o FSU fosse intimado a não colocar entraves aos direitos de que a Viking goza ao abrigo do direito comunitário" (n.° 22), tendo sido um Tribunal inglês que colocou ao TJ várias questões prejudiciais.

O caso Laval[27] foi, por seu turno, e como é sabido, um caso sobre destacamento internacional de trabalhadores. Uma empresa letã venceu um concurso na Suécia respeitante e uma subempreitada. Essa empresa letã tinha uma filial na Suécia e

---

[27] Laval un Partneri Ltd contra Svenska Byggnadsarbetareförbundet, Svenska Byggnadsarbetareförbundets avdelning 1, Byggettan, Svenska Elektrikerförbundet, C-341/05 de 18 de Dezembro de 2007.

para aí destacou trabalhadores letões. Um sindicato sueco tentou, sem sucesso, que essa empresa letã celebrasse uma convenção colectiva com determinadas tabelas salariais convenção que, sublinhe-se, não se aplicava a todos os empregadores suecos nesse sector. Acresce que o sistema sueco de relações colectivas caracterizado por elevadas taxas de filiação sindical não conhece convenções colectivas com eficácia *erga omnes* e não tinha à época salários mínimos fixados por lei. A empresa letã celebrou uma convenção colectiva com um sindicato letão, mas o direito sueco não reconhecia essa convenção estrangeira e não limitava o recurso aos meios de acção colectivos durante a vigência de convenções estrangeiras. Na sequência do insucesso da negociação colectiva o sindicato sueco decretou uma greve a qual, na Suécia, foi acompanhada – tal como a lei sueca permite – não apenas de extensas greves de solidariedade, mas de boicote económico, tendo a empresa letã sido alvo de boicote por fornecedores e empresas clientes e acabando mesmo por entrar em situação de insolvência. Sublinhe-se também que o referido sindicato sueco não tinha como filiados, como se torna quase evidente, quaisquer trabalhadores letões destacados. O caso Laval é, assim, em primeira linha, um caso de destacamento internacional de trabalhadores e colocou questões delicadas de interpretação da Directiva em matéria de destacamento. Esta Directiva – cuja renegociação, aliás, se revelou tão delicada que, em vez da sua alteração ou substituição se optou por redigir nova Directiva de execução da anterior – tentou encontrar uma delicada solução de compromisso entre os interesses dos Estados Membros de acolhimento e os interesses dos Estados Membros de que são oriundos boa parte dos trabalhadores destacados, de modo a preservar o essencial da liberdade de prestação de serviços, sem no entanto contribuir para o que vulgarmente se designa por dumping social. Depois de numerosa jurisprudência sobre o tema o entendimento do Tribunal de Justiça tem sido o de que além de um elenco imperativo de matérias em que as soluções legais dos Estados de acolhimento se impõem no regime dos trabalhadores destacados, desde que mais favoráveis, os Estados Membros de acolhimento só podem estender a esses trabalhadores destacados regimes que decorram de lei imperativa ou de convenções com eficácia *erga omnes*. O Tribunal de Justiça foi, pois, confrontado com uma situação em que um sindicato sueco pretendia impor a uma empresa através da negociação colectiva um regime, designadamente tabelas salariais, que não eram aplicáveis a todos os empresários suecos concorrentes.

As decisões do TJ nos Acórdãos Viking e Laval suscitaram uma verdadeira avalanche de críticas, algumas delas, de resto, de sinal oposto. Houve, inclusive, quem criticasse a fundamentação do reconhecimento do direito à contratação colectiva e do direito à greve como direitos fundamentais da União Europeia. Não faltou, também, quem sublinhasse que as duas situações de facto com que o tribunal se deparou não correspondiam ao paradigma normal da greve ou, pelo menos, à sua forma mais usual[28]: a abstenção colectiva e concertada de trabalho por parte de trabalhadores como modo de obterem vantagens ou contrapartidas por parte do seu próprio empregador. Com efeito, o Acórdão Laval referiu-se não apenas a greves de solidariedade, mas a bloqueios e boicotes económicos[29] e no Acórdão Viking estava em jogo

[28] Assim, por exemplo, Rebhahn, *Grundfreiheit vor Arbeitskamp – der Fall Viking*, ZESAR 2008, pp. 109 e ss., p. 113. O autor destaca que "tanto em Viking, como em Laval, tratou-se, em primeira linha ou exclusivamente de um boicote dirigido contra uma atividade económica transfronteiriça de um terceiro. Já de um ponto de vista fenomenológico é muito distinta uma greve de trabalhadores contra o seu próprio empregador para a melhoria das suas condições de trabalho".

[29] Como destaca Temming F., *Das "schwedische Modell" auf dem Prüfstein in Luxemburg – der Fall Laval*, ZESAR 2008, pp. 231 e ss., p.240, o TJ aceitou, sem se pronunciar, o conteúdo do direito de ação coletiva que

uma greve de solidariedade de cariz internacional também ela acompanhada de boicotes.

Ainda assim, é inegável que estes Acórdãos representam o reconhecimento do direito à greve como um direito fundamental da União Europeia, mesmo num momento em que não estava ainda em vigor o artigo 28.° da Carta dos Direitos Fundamentais da União Europeia[30] e, sublinhe-se também, em momento anterior ao reconhecimento pelo Tribunal Europeu dos Direitos do Homem de que o artigo 11.° da Convenção Europeia dos Direitos do Homem deve ser interpretado no sentido de consagrar tanto o direito à negociação colectiva como o próprio direito à greve. No entanto, este aspecto positivo do reconhecimento como direito fundamental do direito à greve não foi, de todo, o aspecto mais destacado pela doutrina maioritária. Muito embora o direito à greve não seja, em qualquer ordenamento, um direito absoluto, a verdade é que a doutrina se insurgiu contra as decisões do Tribunal de Justiça que afirmaram a existência de limites ao direito à greve[31].

---

era aceite na Suécia ("Bemerkenswert ist des Weiteren, dass der EuGH die Legitimität des Mittels, also diejenige des Streiks nicht prüft").

[30] Preceito que foi, no entanto, invocado nos Acórdãos Viking e Laval ainda que tenha servido, sobretudo, para fundamentar restrições ou limites ao direito à acção colectiva. A este propósito Zwanziger B., *Arbeitskampf- und Tarifrecht nach den EuGH-Entscheidungen "Laval" und "Viking"*, (Der Betrieb, 2008), pp.294 e ss., p. 296, observa criticamente que uma norma que consagra um direito foi transformada pelo Tribunal em uma norma que delimita direitos ("Aus einer grundrechtgewährenden Regelung wird eine grundrechteinschränkende gemacht"). Também Lo Faro A., "Diritti sociali e libertà economiche del mercato interno: considerazioni minime in margine ai casi Laval e Viking", *Lavoro e Diritto*, 2008, pp.65 e ss., p.93, destaca que o artigo 28 da Carta foi invocado apenas como argumento para legitimar as limitações ao direito de acção coletiva e não tanto para o afirmar.

[31] Novitz T., "The Impact of Viking and Laval, Contesting the Social Function and the Legal Regulation of the Right to Strike, in Collective Actions and Fundamental Freedoms in Europe", *Striking the Balance*, coord.

Em primeiro lugar, o Tribunal de Justiça considerou que os direitos fundamentais da contratação colectiva e da acção colectiva, mormente da greve, têm que ser exercidos no respeito pelos princípios estruturantes da União Europeia e, designadamente pelas liberdades económicas fundamentais. Esta simples afirmação de limites desencadeou uma série de críticas: houve quem considerasse que se estava assim a sujeitar o social ao económico[32] e mesmo que as ditas liberdades económicas fundamentais são apenas interesses empresariais aos quais não deveria sequer ser atribuída a mesma dignidade ou posição hierárquica que aos direitos de contratação colectiva e ao direito à greve[33]. Queremos esclarecer desde já que não compartilhamos este tipo de crítica: a constituição de um mercado comum do ponto de vista económico não se compadece com um direito à greve ou mesmo com

por Edoardo Ales e Tonia Novitz, Intersentia, Antwerp, Oxford, Portland, 2010, pp. 251 e ss., pp. 256-257, considera que o TJ partiu das seguintes premissas: 1) A ação coletiva é a manifestação da regulamentação pelo sindicato das relações de trabalho, através da contratação coletiva; 2) a ação coletiva só se justifica por referência aos interesses económicos imediatos dos trabalhadores; 3) a ação coletiva deve ser um recurso a adotar apenas quando os meios de negociação falharem, um último recurso; 4) os tribunais estão em condições de determinarem quando é que uma medida de ação coletiva, por exemplo, uma greve é proporcionada.

[32] Cfr., por todos, Velyvyte V., "The Right to Strike in the European Union after Accession to the European Convention on Human Rights: Identifying Conflict and Achieving Coherence", *Human Rights Law Review*, 2015, 15, pp. 73 e ss., p. 84, que considera que o TJ criou uma hierarquia entre valores sociais e valores económicos na União, dando primazia a estes últimos.

[33] Para Veldmann A., "The Protection of the Fundamental Right to Strike within the Context of the European Internal Market: Implications of the Forthcoming Accession of the EU to the ECHR", *Utrecht Law Review*, 2013, vol. 9, n.° 1, pp. 104 e ss., p. 116, as liberdades económicas (de empresa, de prestação de serviços) devem ser concebidas como meros interesses comerciais ou empresariais que não devem sobrepor-se aos direitos fundamentais dos sindicatos.

um direito à contratação colectiva sem quaisquer limites e que pudesse servir para escopos mais ou menos confessadamente proteccionistas[34-35]. Acresce que o conteúdo das liberdades económicas fundamentais ou, pelo menos, de algumas delas, como a livre circulação de trabalhadores não se deixa reconduzir a meros interesses empresariais e tais interesses empresariais têm também subjacentes direitos fundamentais como a propriedade privada ou a liberdade de empresa[36]. Mais delicadas e subtis são outras das críticas dirigidas contra o Tribunal: assim, acusou-se o Tribunal de, mais ou menos sub-repticiamente e apesar de formalmente colocar ao mesmo nível direitos fundamentais e liberdades, acabar por materialmente dar primazia às liberdades sobre tais direitos[37]. E isto porque o direito à contratação colectiva e o

---

[34] Como afirma Bayreuther F., "Das Verhältnis zwischen dem nationalen Streikrecht und der EU-Wirstschaftsverfassung", *EuZA* 2008, pp. 395 e ss., p. 407, os meios de ação coletiva não são, nem podem ser, um espaço "livre das liberdades fundamentais".

[35] Cfr., a este respeito, Mestre B., "The ruling Laval un Partneri: clarification and innovation", *European Law Reporter*, 2008, n.° 1, pp. 2 e ss., que observa que o TJ pretendeu evitar, no caso Laval, que os sindicatos acabassem por assumir, através da negociação coletiva, uma atitude proteccionista ("It seems to me that the ECJ was fearful that allowing trade unions to bargain wages on a case-by-case basis (...) would open door to protectionist bargains and that trade unions would demand above minimum wages to foreign competitors (as it happened in the presente case) in order to deprive them of the wage-cost advantage and close the market for those services".

[36] Wank R., *Aktuelle Probleme des Arbeitskampfrechts, Unterstützungsstreik, Streik um Tarifsozialplan, Schadensersatz und einstweilige Verfügung, Recht der Arbeit*, 2009, pp. 1 e ss., p.8, observa a propósito que as convenções coletivas e os meios de conflito coletivo podem pretender regular as consequências do exercício da liberdade empresarial, mas não impedir o seu exercício ou eliminá-lo.

[37] Marguénaud, J., Mouly J., "La jurisprudence sociale de la Cour EDH: bilan et perspectives", *Droit Social*, 2010, pp. 883 e ss., p. 891 : "Na realidade, no seu raciocínio, o Tribunal inverteu sub-repticiamente o procedimento colocando, no primeiro plano, não o direito de greve que acaba de

direito à greve foram apreendidos como restrições às liberdades fundamentais que, como restrições, careciam de especial justificação. Outra crítica muito comum foi a de que o Tribunal não tinha operado a necessária densificação dos direitos colectivos, mormente do direito à greve, o que inviabilizava uma genuína e correcta ponderação dos direitos e liberdades em conflito[38]. Mais uma vez pensamos que as críticas são excessivas ou, mesmo, injustificadas: quanto à primeira, porque o Tribunal foi confrontado com situações em que o prejuízo se verificava da banda do titular da liberdade. No caso Laval, recorde-se, a greve, acompanhada de boicote e de bloqueio, foi tão eficaz que conduziu à insolvência da filial sueca da empresa letã. Face a esse ponto de partida é natural que o Tribunal se tenha interrogado, sobretudo,

reconhecer, mas as liberdades económicas prioritariamente consagradas pela União. Estas duas categorias de liberdades não ocupam, pois, o mesmo plano. O TJUE preferiu colocar o direito de acção colectiva dos trabalhadores na categoria dos direitos fundamentais de segunda categoria, sob o ascendente das liberdades económicas a que devem submeter-se".

[38] Assim, por exemplo, Bücker A., "Die Rosella-Entscheidung des EuGH zu gewerkschaftlichen Massnahmen gegen Standortverlagerungen: Der Vorhang zu und viele Fragen offen", *NZA*, 2008, pp. 212 e ss. O TJ sublinhou que é competência dos tribunais nacionais determinar quais são nos seus respectivos ordenamentos os meios de ação coletiva lícitos (Viking, números 35,60,63,80 e 85) e qual a extensão da liberdade de associação. Para o autor esta perspetiva é incorrecta, porquanto sem uma visão própria do conteúdo desse direito não é possível contrapô-lo a uma liberdade fundamental e determinar qual a concordância prática que é necessária. Sem densificar o seu conteúdo cair-se-ia no casuísmo ("Ohne eine eigenständige und systematische Auslegung des Grundrechts auf Koalitionsfreiheit, die im vorliegenden Fall unterblieben ist, kann der EuGH nicht die Gegenstandsbereich der Niederlassungsfreiheit auf der einen Seite und der Koalitionsfreiheit auf der anderen Seite abwägen und Umfang sowie Grenzen der gewährten Freiheiten in der nötigen Allgemeinheit und Differenziertheit bestimmt. Die Aussagen des EuGH bleiben auf den Einzelfall beschränkt und es besteht die Gefahr, dass die Entscheidung zu sehr von den tatsächlichen oder vermeintlichen Besonderheiten des konkreten Einzelfalls beeinflusst wird").

sobre a justificação (ou ausência dela) dos danos produzidos na esfera jurídica dos titulares das liberdades, de prestação de serviços num caso[39] e de estabelecimento no outro, cujo próprio âmago tinha sido ameaçado pelos meios de acção colectiva. Por outro lado, a acusação de que o Tribunal não procedeu a uma densificação ou concretização dos direitos de negociação colectiva e de greve esbarra na mera constatação, já atrás referida, de uma radical diversidade quanto à configuração dos mesmos direitos pelos diferentes Estados Membros. De resto no caso Laval o Tribunal foi confrontado com uma das ordens jurídicas, a sueca, que, ao nível da União, consagra meios de acção colectiva de maior amplitude. Considerando que o direito à greve e o direito à negociação colectiva não cabem na competência específica da União Europeia, não vemos como é que ao Tribunal de Justiça seria exigível definir o núcleo duro destes direitos ou sequer densificá-los. Pelo contrário, o Tribunal optou pelo caminho metodologicamente mais correcto que foi o de aceitar a existência dos meios de acção colectiva tal como o direito sueco os aceita e os considera lícitos, como uma premissa que não podia questionar, limitando-se depois a verificar se o exercício em concreto desses direitos era justificado e proporcionado face à lesão que acarretava para as liberdades económicas fundamentais.

Mais interessante e mais certeira – ainda que também não a compartilhemos – tem sido a doutrina que critica o que já foi

---

[39] Como destaca Schubert C., "Europäische Grundfreiheiten und nationales Arbeitskampfrecht im Konflikt", *Recht der Arbeit*, 2008, pp. 289 e ss., p. 292, no caso Laval a liberdade de prestação de serviços era posta em causa duplamente: por um lado, porque não se atendia à convenção colectiva estrangeira e, por outro lado, porque ao exigir um aumento de salários tornava impossível à empresa prestadora de serviços utilizar o diferencial de salários entre os Estados-membros e tirava todo o interesse económico nessa prestação de serviços transnacional.

considerado como uma verdadeira revolução nestes Acórdãos, a saber, a vinculação de particulares, de pessoas privadas, como são na maior parte dos sistemas europeus os sindicatos, às liberdades fundamentais[40]. É certo que já havia antecedentes[41] sobretudo quanto a pessoas privadas dotadas de poderes normativos ou quase legislativos, no que por vezes é apresentado como uma delegação de poderes do Estado. É também verdade que para muitos autores, em muitos sistemas, as convenções colectivas desempenham um papel similar à Lei e são autênticas fontes de direito, pelo que os próprios sindicatos e associações de empregadores assumem um papel similar ao do legislador. Contudo, o Tribunal de Justiça foi mais longe[42] ao considerar que os sindicatos esta-

---

[40] Veneziani B., *ob. cit.*, p. 306, refere-se a uma "indevida assimilação" desmentida pela "natureza estritamente privada dos sujeitos sindicais não assimiláveis a entidades estatais e da administração pública e pela sua função solidarística e de defesa de interesses privados" ("squisitamente privati"). Também Veldmann A., ob. cit., p.108, censura o TJ por tratar sindicatos que são pessoas privadas como destinatários de normas de interesse público que garantem a livre prestação de serviços ou a liberdade de estabelecimento.

[41] Mestre B., The ruling..., cit., p. 7, embora considere que a possibilidade de invocação das liberdades fundamentais no confronto com pessoas de direito privado como os sindicatos representa uma verdadeira "revolução na interpretação das liberdades fundamentais" alerta para a necessidade de só permitir tal invocação em situações limite ou de fronteira ("I believe that it is safe to conclude that the innovation brought about by Viking and Laval consists in applying the free movement provisions to those borderline situations in which the behaviour of private parties places an obstacle to the functioning of the internal market but are not captured by the competition rules").

[42] Como resulta inequivocamente do Acórdão Viking, números 64-65. Com efeito, o Tribunal afirmou, expressamente, que "não resulta da jurisprudência do Tribunal de Justiça recordada no n.° 57 do presente acórdão que a referida interpretação seja limitada aos organismos quase-públicos ou às associações que exercem funções regulamentares ou que dispõem de poderes quase-legislativos" (n.° 64), acrescentando que "esta jurisprudência não con-

vam sujeitos ao respeito pelas liberdades fundamentais mesmo no exercício da sua acção reivindicativa ou seja, não apenas quando celebravam convenções colectivas com efeito normativo, mas já quando recorriam à greve ou a outros meios de conflito colectivo.

Esta sujeição é para muitos autores altamente perturbadora, tendo suscitado um aceso debate doutrinal. Por um lado, pode dizer-se que em muitos sistemas jurídicos os sindicatos não são sequer os verdadeiros sujeitos do direito à greve, o qual pode ser exercido por trabalhadores não necessariamente organizados como sindicato. Por outro lado, a parificação ou equiparação dos sindicatos, pessoas privadas, ao Estado e aos poderes públicos não pode ser completa sob pena de suscitar alguns paradoxos[43]. Poderá dizer-se que os sindicatos prosseguem o bem

---

têm indício algum que permita sustentar validamente que se limita às associações ou aos organismos que exercem funções regulamentares ou que dispõem de poderes quase-legislativos" (n.° 65).

[43] Piesskalla M., "Unmittelbare Drittwirkung der Grundfreiheiten des EG-Vertrags bei Boykottaufrufen durch Gewerkschaften", *NZA*, 2007, pp. 1144 e ss., p. 1146, observa que para além das situações em que se pode imputar ao Estado uma conduta privada, porquanto certas entidades privadas aparecem na realidade como instrumentos do Estado e para lá da jurisprudência do caso Angonese, o TJ admite também que certos poderes intermédios podem ser directamente sujeitos ao respeito das liberdades fundamentais. Trata-se de pessoas que sendo embora privadas têm uma certa medida de poder colectivo. Uma associação desportiva, uma ordem profissional estão em condições de limitar o exercício das liberdades fundamentais de modo muito similar ao dos titulares da soberania. Em todo o caso, o autor sublinha que dificilmente entidades privadas (ver no entanto o caso Bosman, 86) podem invocar como causas de justificação a segurança e a ordem pública ou mesmo o bem comum. Tais entidades privadas não são obrigadas em regra à realização do bem comum. Por conseguinte, e porque não podem invocar o bem comum ou a ordem e segurança públicas acabariam, paradoxalmente, por ficar mais vinculadas às liberdades fundamentais que os próprios Estados Membros.

comum[44]? Com efeito, e mesmo que se aceite que não representam apenas os trabalhadores neles filiados[45], mas os restantes trabalhadores (e até os trabalhadores destacados no caso Laval[46]) será que esse interesse é equiparável ao bem comum? Para o Tribunal de Justiça, em todo o caso, agem para a protecção dos trabalhadores, a qual "figura entre as razões impe-

---

[44] Como destaca Junker A., *ob. cit.*, p. 282, n.90, um ponto nevrálgico nos Acórdãos Viking e Laval é o de que o TJ emprega ou discute como meios de justificação possível da atuação dos sindicatos os mesmos argumentos que para a atuação do Estado, em particular o bem comum

[45] Para Malmberg J., Sigeman T., "Industrial Action and EU Economic Freedoms: The Autonomous Collective Bargaining Model Curtailed by the European Court of Justice", *Common Market Law Review*, 2008, vol. 45, pp. 1115 e ss., p. 1131, os sindicatos têm interesse em regulamentar os níveis dos salários e das condições de trabalho de todas as empresas que operam no mesmo sector ou mercado mesmo quando se trata de trabalhadores que não são filiados nesse sindicato. Ao salvaguardar um certo nível de salários e de condições de trabalho o sindicato acaba indiretamente por proteger os salários, as condições de emprego e até a empregabilidade dos seus próprios filiados, a médio ou longo prazo.

[46] A este respeito Cabeza Pereiro J., *Huelga, Conflicto Colectivo y Libertades Comunitarias, in El Conflicto Colectivo y la Huelga, estudios en Homenaje al Profesor Gonzalo Diéguez,* coord. por Jaime Cabeza Pereiro e Jesús Martínez Girón, (Murcia, 2008), Ed. Laborum,, pp. 57 e ss., p.93, não deixa de sublinhar que no caso Laval o sindicato sueco não representava qualquer um dos trabalhadores destacados e não representava qualquer medida de solidariedade ou de defesa dos trabalhadores destacados: "é manifestamente claro que o bloqueio não pretendia defender os direitos dos trabalhadores destacados, mas antes impedir a prestação de serviços com custos salariais comparativamente baixos".

riosas de interesse geral já reconhecidas pelo Tribunal de Justiça"[47-48].

Seja como for, a preservação do mercado comum[49], primeiro no seu aspecto económico, mas também depois na sua

---

[47] Acórdão Viking, n.° 77. Mas sublinhe-se que o Tribunal também afirmou, a propósito da acção colectiva desencadeada pela associação sindical FSU que "embora se possa razoavelmente considerar que essa acção, que visa a protecção dos postos e das condições de trabalho dos membros deste sindicato susceptíveis de virem a ser afectados pela mudança de pavilhão do Rosella, tem, à primeira vista, um objectivo de protecção dos trabalhadores, esta qualificação não pode, no entanto, ser mantida se for demonstrado que os postos ou as condições de trabalho em causa não eram afectados nem seriamente ameaçados" (n.° 81). Para Buchholtz G., "Streiken im europäischen Grundrechtsgefüge, Zum Harmonisierungspotenzial des Art. 6 nr. 4 ESC" in der *Anwendung des EGMR und des EuGH, Mohr Siebeck*, Tübingen, 2014, p. 386, a exigência feita pelo TJ para a justificação de uma limitação às liberdades fundamentais pelo exercício do direito à greve de um perigo ou uma ameaça significativa dos postos de trabalho ou das condições de trabalho reduz significativamente a margem de apreciação ou de ponderação dos sindicatos. Kocher E., "Kollektivverhandlungen und Tarifautonomie – welche Rolle spielt das europäische Recht?", *Arbeit und Recht,* 2008, pp. 13 e ss., p. 16, por seu turno, embora reconhecendo que é certo que os meios de ação coletiva existem para tutela dos interesses dos trabalhadores afirma que a questão fundamental é quem é que define esse interesse, quem é que decide o que é no interesse dos trabalhadores. O TJ admite, a final, que a definição ou determinação desse interesse pelo sindicato pode ou mesmo deve ser sindicada pelos tribunais nacionais, para determinar se a acção colectiva é justificada e proporcionada.

[48] Importa, contudo, reconhecer que a visão do TJ sobre os interesses dos trabalhadores é muito restritiva já que parece exigir a demonstração de que os postos ou as condições de trabalho são afectados ou seriamente ameaçados. A este propósito Cabeza Pereiro, J., *ob. cit.*, p. 79, refere, certeiramente, que "do ponto de vista das organizações sindicais é como se esta doutrina pretendesse impor-lhes uma certa miopia estratégica, para limitar o seu papel à defesa das necessidades mais imediatas, mas sem a possibilidade de contemplar o médio e o longo prazo".

[49] O TJ tem sido muito criticado por ignorar em grande medida na sua análise as Convenções da OIT a que muitos dos Estados Membros estão vin-

dimensão social, parece conduzir à conclusão de que pessoas de direito privado, mas com um assinalável poder de facto, como ocorre com muitos sindicatos, têm que estar sujeitas na sua actuação ao respeito pelas liberdades económicas fundamentais, sob pena de as actuações xenófobas, nacionalistas ou proteccionistas proibidas aos Estados Membros serem, afinal, convenientemente assumidas por alguns sindicatos ou associações de empregadores, com o argumento de que são apenas pessoas de direito privado.

Um outro aspecto muito polémico das decisões consiste na afirmação do Tribunal de Justiça de que a greve está sujeita a um juízo de proporcionalidade e, sobretudo, a asserção de que tal proporcionalidade pode e deve ser sindicada pelos tribunais nacionais[50]. Esta noção de proporcionalidade surge, aliás, asso-

---

culados. Mas é essa verdadeiramente a sua função? A este respeito cfr. Remy P., *Quel droit social européen? Propos irrévérencieux sur un objet surestimé dans l'enseignement universitaire, in Droit du Travail, Emploi, Entreprise, Mélanges en l'Honneur du professeur François Gaudu*, 2014, IRJS Éditions, pp. 185 e ss., p.211 ("la Cour de Justice ne se contente-t-elle pas d'appliquer les Traités lorsqu'elle fait prévaloir les libertés économiques, c'est-à-dire ce qui demeure l'élément constitutif au fonedment même de l'identité de l'Union?") e Daugherty Rasnic C., *Lowering production costs by hiring non--domestic labor: Finnish Seamen's Union v. Viking Line and its progeny (and some comparisons with U.S. law), in Le Travail Humain au Carrefour du Droit et de la Sociologie, Hommage au Professeur Nikitas Aliprantis, Presses Universitaires de Strasbourg, Srasbourg*, 2014, pp. 607 e ss., p. 618 ("It should be remembered that the ECJ has the task of construing and applying the body of European Union law only. The tension among the several international laws to which EU member states are also bound is a major factor presenting legal incertainty (...) the ECJ will continue to be the scapegoat for its non-enforcement of mandates from other conventions or charters, obligations not arising from the EU law it is charged with interpreting and applying").

[50] Uma análise muito crítica da jurisprudência do TJ nesta matéria pode encontrar-se em Velyvite V., The Right to Strike..., cit., pp. 84-85. Para a autora o TJ afirmou que para que o direito á greve fosse exercido de modo legítimo, a acção colectiva deveria ter ela própria um escopo legítimo, ser

ciada a uma certa ideia de recurso à greve como "último remédio" ou como "última arma". Também aqui a grande diversidade do regime do direito à greve nos vários Estados Membros contribuiu para reacções muito diferenciadas. Se em alguns Estados Membros, como sucede na Alemanha, e sobretudo na Holanda, esta ideia de proporcionalidade na utilização da greve é uma ideia familiar, o mesmo não se pode dizer, sobretudo, nos Estados Membros do Sul da Europa como Portugal, Espanha, Itália ou França. O modelo que mais parece assemelhar-se à solução proposta pelo Tribunal de Justiça é o modelo holandês em que os tribunais intervêm, amiúde, para aferir da proporcionalidade

---

justificada por razões preponderantes de interesse público, ser adequada para atingir o objectivo prosseguido e não ultrapassar o necessário para o atingir. O Tribunal aceitou que a proteção dos trabalhadores pode ser uma razão predominante de interesse público, mas só quando os empregos ou as condições de trabalho estão em causa ou são seriamente ameaçadas. Além disso, sublinhou que a acção colectiva era apenas um dos meios para os sindicatos defenderem os interesses dos trabalhadores e que a greve para ser necessária deve ser decretada apenas depois de esgotar outros meios menos restritivos para chegar a acordo com o empregador. Adoptou também um conceito de proporcionalidade tanto no sentido mais amplo como em outro mais estrito em que o dano financeiro sofrido pelo empregador por força da greve não deve ser excessivo em relação ao objectivo de proteger as condições de trabalho. Ao proceder assim o Tribunal terá violado a autonomia legal dos sindicatos, autonomia que é um princípio reconhecido internacionalmente. Além disso, reduziu os escopos permitidos à greve a um só, a saber, defender as condições de trabalho quando os empregos estão em jogo. Tais restrições são incompatíveis com padrões internacionais porquanto de acordo com a convenção n.° 87 da OIT o que importa é que se defendam interesses sociais e económicos dos trabalhadores A autora considera que a exigência de que a greve seja necessária e que a ela só se recorra em último caso iria contra a natureza do direito à greve e comprometeria a eficácia da contratação coletiva. Seria, além do mais, fonte de incerteza legal. Por outro lado, se os sindicatos pudessem ser responsabilizados patrimonialmente pelas greves os empregadores teriam um forte incentivo para acções judiciais o que já foi criticado tanto pela Comissão sobre a liberdade de associação da OIT como pelo ECSR (Comité Europeu dos Direitos Sociais)

de uma greve e da sua licitude. Contudo, esta perspectiva de uma intervenção judicial alargada representa para muitos uma grave violação da liberdade sindical, sobretudo se os tribunais pretenderem avaliar da razoabilidade ou proporcionalidade dos objectivos visados pela greve por comparação com os danos que esta poderá suscitar[51-52]. A visão tradicional nos países latinos é a de que cabe aos sindicatos quando não definir, pelo menos representar e identificar os interesses colectivos a prosseguir através da greve e de outros meios de acção colectiva. E tal é particularmente exacto quando se adere à visão da greve como uma arma que não deixa de ser política e cujos objectivos transcendem em muito a negociação colectiva representando antes um instrumento de maior participação na vida política dos trabalhadores subordinados.

---

[51] Assim, com toda a clareza, Veneziani B., *ob. cit.*, p. 309: "A necessidade e a proporcionalidade são testes que não podem ser objeto de um juízo, por muito escrupuloso que seja, do exterior porque ambos se reportam à livre determinação dos protagonistas da luta: os únicos capazes de avaliar a economia, por assim dizer, dos recursos conflituais, a sua estratégia (era necessário? era oportuno?) e a sua táctica (era proporcionado ao fim?)". A avaliação judicial da proporcionalidade é, assim, uma "avaliação heterodoxa do complexo fenómeno sindical. da oportunidade, dos escopos, dos tempos e das modalidades do conflito, da adequação das reivindicações e da sua compatibilidade face ao funcionamento da empresa em um dado contexto e em um dado momento". Trata-se de uma interferência judicial invasiva e que não está de acordo com a tradição cultural e histórica de países como a Itália e, já agora, também de Portugal desde a instauração da democracia em 1974.

[52] Novitz T., The Impact of Viking and Laval..., cit., p. 271, observa, a este respeito, que um dos riscos inerentes às decisões do Tribunal de Justiça é o de esta visão restritiva do direito de greve acabar por influenciar as decisões dos tribunais nacionais. Para esta autora, "o TJ deveria, talvez, prestar mais atenção às conclusões do Comité Europeu dos Direitos Sociais (por exemplo, quanto à aplicação do princípio do ultimum remedium) e, também, atender [respond] aos desenvolvimentos da jurisprudência do THDE em matéria de direito à greve e de liberdade de associação".

A análise do TJ nos seus Acórdãos Viking e Laval foi de algum modo reiterada no caso C-271/08, de 15 de Julho de 2010, Comissão Europeia contra República Federal da Alemanha[53]. Ainda que o caso se refira não ao direito à greve ou à acção colectiva, mas ao direito de contratação colectiva é significativo que o TJ tenha, mais uma vez, invocado o artigo 28.° da Carta dos Direitos Fundamentais da União Europeia para sujeitar a negociação colectiva aos princípios e regras do Direito da União[54]. Afirma-se, com efeito, que "embora, na verdade, o direito de negociação colectiva goze, na Alemanha, da protecção constitucional (...) também é verdade que, nos termos do artigo 28.° da Carta, esse direito deve ser exercido em conformidade com o direito da União". O Tribunal decidiu que as convenções colectivas que adjudicavam a certas empresas e organismos, sem concurso público ao nível europeu, os contratos relativos a planos de pensões profissionais não escapavam à aplicação das Directivas 92/50/CEE e 2004/18/CE por não se comprometer assim o âmago essencial do direito à negociação colectiva[55].

[53] Sobre este Acórdão cfr., por todos, Syrpis P., "Reconciling Economic Freedoms and Social Rights: The Potential of Commission v Germany (Case C-271/08, Judgement of 15 July 2010)", *Industrial Law Journal,* 2011, vol, 40, pp. 222 e ss.

[54] Schmitt M., "L'influence des conventions de l'OIT sur les jurisprudences européennes. Approche comparée en matière de droit de négociation collective", *Revue de Droit du Travail* 2013, pp. 513 e ss., p. 519, comparando esta decisão com a do caso Albany, observa que "há um paradoxo em reconhecer o direito fundamental à negociação coletiva e adoptar da mesma uma concepção mais restritiva do que aquela que resultava de uma decisão que rejeitou a existência de um direito fundamental de negociação coletiva".

[55] Distinguindo o caso do Acórdão Albany, o TJ afirmou, com efeito, que "diferentemente do objectivo, acordado entre os parceiros sociais, de melhorar o nível das pensões dos trabalhadores da função pública municipal, a designação dos organismos e das empresas numa convenção colectiva como a que está em causa no processo principal não afecta a essência do

No rasto do intenso debate doutrinal que estas e outras decisões do Tribunal de Justiça suscitaram, a Comissão Europeia tentou mesmo criar um regulamento[56] que definisse as condições para o exercício do direito à greve em termos europeus, tentativa essa que no entanto fracassou quer por razões políticas e culturais – a diversidade dos modelos legais de greve nos vários Estados Membros tem causas muito profundas do ponto de vista histórico e social e traduz até diferentes compreensões dos sistemas de relações colectivas e da própria democracia – além de ser dificilmente compreensível numa matéria que, em rigor, continua no essencial a estar subtraída à competência da União Europeia.

3. Como já mencionámos os Acórdãos Viking e Laval foram proferidos pelo Tribunal de Justiça em um momento histórico em que a posição assumida pelo Tribunal Europeu dos Direitos do Homem era, no mínimo, ambígua[57].

---

direito de negociação colectiva". E quanto à objecção de que tal designação directa, por via da convenção colectiva, permitiria um melhor controlo ou participação dos trabalhadores naquelas entidades, uma aplicação de princípios de solidariedade e uma melhor verificação das condições de idoneidade e solvabilidade de tais entidades o Tribunal retorquiu afirmando que nada disso é verdadeiramente incompatível ou inconciliável com o processo de adjudicação que resultaria da aplicação das Directivas.

[56] Sobre esta proposta cfr., por todos, Bruun N., Bücker A., "Der Monti II Verordnungsvorschlag der EU Kommission. Eine kritische Würdigung", *Neue Zeitschrift für Arbeitsrecht* 2012, pp. 1136 e ss., p. 1140, que destacam que o princípio da proporcionalidade não vinha referido no articulado da proposta, mas constava das considerações preliminares 11 e 13, dizendo-se na consideração 13 que deveria valer tanto para o exercício do direito fundamental como para o exercício de uma liberdade.

[57] Assim a classificava expressamente em 2007 Merino M., "Le Renforcement de la Protection de la Liberté Syndicale par la Cour Européenne des Droits de L'Homme en Question", *Revue trimestrielle des Droits de l'Homme*, 2007, pp. 463 e ss., pp. 480-481 : "Sur la question de la protection

Com efeito, durante décadas o TEDH reusou-se a interpretar o artigo 11.° da Declaração Europeia dos Direitos do Homem como consagrando o direito à contratação colectiva e, muito menos, o direito à greve.

Como destaca Salcedo Beltrán M. C.[58], na sua jurisprudência anterior o TEDH – veja-se, por todos, o Acórdão de 6 de fevereiro de 1976, processo n.° 5589/1972, Schmidt e Dahlström v. Suécia – afirmara que o artigo 11 da Convenção apresentava a liberdade sindical como uma modalidade especial da liberdade de associação e que a Convenção protegia a liberdade de defender os interesses profissionais dos filiados de um sindicato através do recurso à ação coletiva, mas o artigo 11 deixava aos Estados a eleição dos meios para atingir esse fim e a concessão do direito à greve era um dos mais importantes, mas havia outros meios para atingir esse desiderato. Assim, a greve era um direito não expressamente garantido pelo artigo 11, direito que poderia ser submetido pela lei nacional a uma regulamentação que limitasse o seu exercício em certas circunstâncias. Em suma, do artigo 11 não resultavam direitos concretos como os de consulta, negociação coletiva ou de greve, na medida em que esse preceito impunha ao Estado que proporcionasse meios ou instrumentos de atuação concretos da liberdade sindical, mas não este ou aquele em particular. Para a autora, esta interpretação do preceito permitia ao Tribunal rejeitar qualquer pedido em concreto esvaziando o preceito, já que "sempre haveria a possibilidade de exercer outro meio [de atuação] em vez daquele que se pretende ou que foi violado".

---

du droit de négociation collective et du droit de grève, la position du juge européen est assez ambigüe".

[58] Salcedo Beltrán, M. C., *Negociación Coletiva, Conflicto Laboral y Carta Social Europea*, (Madrid), Editorial Bomarzo, pp. 84 e ss.

Podia dizer-se, como afirmou um autor, que o artigo 11 era, em resultado, um preceito moribundo[59] pelo menos no domínio das relações colectivas. Invocando, no entanto, a necessidade de proceder a uma interpretação evolutiva[60], de modo a não deixar estagnado o artigo 11, interpretação essa que tivesse em conta a evolução ao nível dos Tratados internacionais e as próprias tradições comuns aos Estados que pertencem ao Conselho Europeu, o TEDH rompeu expressamente com a sua anterior jurisprudência[61] e reconheceu abertamente como direitos fundamentais tanto

---

[59] Assim, por exemplo, Barrow C., "Demir and Baykara v. Turkey: Insuflating life into article 11", *EHRLR (European Human Rights Law Review)*, 2010, n.º 4, pp. 419 e ss., p. 422.

[60] Esta interpretação evolutiva é tudo menos consensual. Uma parte da doutrina revela-se extremamente crítica quanto a esta nova interpretação do artigo 11. Refira-se, a título de exemplo, o estudo de Renucci J., Birsan C., "La Cour européenne des droits de l'homme et la Charte sociale européenne: les liaisons dangereuses", *Recueil Dalloz*, 2007, n.º 6, pp. 410 e ss. Para estes autores, se o artigo 11 da CEDH garante a liberdade de associação e de reunião – e, por conseguinte, a liberdade sindical – não garantiria, em rigor, o direito de concluir uma convenção colectiva. Ao abrigo de uma pretensa interpretação o Tribunal estaria a reescrever a Convenção criando novas obrigações para os Estados outorgantes. Sublinham que a Turquia expressamente ressalvou o artigo 6 da Carta Social Europeia, mas o Tribunal leu mesmo assim o artigo 11 da CEDH à luz do artigo 6 da Carta. "Esta maneira de proceder é muito contestável na medida em que a jurisprudência europeia força um Estado a respeitar um compromisso que não assumiu". Igualmente crítico é Junker A., ob. cit., p.272, para quem a decisão do Tribunal no caso Demir foi fundamentada de modo muito duvidoso e insuficiente. Refere, a propósito, que o Tribunal invoca fontes internacionais que não estão em vigor em todos os Estados signatários da Convenção Europeia dos Direitos do Homem. Na doutrina alemã, também SEIFERT, EuZA 2013, vol. 6, considera igualmente que a fundamentação da decisão é metodologicamente débil ("steht auf methodisch äusserst wackelingen Füssen").

[61] Barrow C., *ob. cit.*, p. 420, destaca, precisamente, este aspecto e referindo-se aos casos Demir and Baykara v. Turkey e Enerji Yap-Yol Sen v. Turkey, afirma que o significado destas decisões não está apenas no seu conteúdo, mas na capacidade de que o Tribunal deu mostras de interpretar a Con-

o direito à contratação colectiva, em um primeiro momento, como, posteriormente, o direito à greve, enquanto corolário essencial do direito de associação sindical. Esta jurisprudência recente do TEDH[62] – mormente os seus Acórdãos Demir[63-64] e Enerji – colocou este Tribunal no que alguns autores consideraram ser uma rota de colisão, um choque quase cultural[65], com o

venção como um instrumento vivo e de alterar a sua jurisprudência anterior em função das novas realidades sociais e da evolução de outros elementos do direito internacional ("the willingness of the Strasbourg Court to re-assess previous authority on the content and application of art. 11 by reference to the Convention as a "living instrument" that needs to change as circumstances evolve and for the stress they place on their obligation to interpret the Convention in the light of other relevant international instruments").

[62] Salcedo Beltrán, M.C., *ob. cit.*, p. 93, sustenta que houve uma progressiva ampliação do conteúdo do artigo 11 já com os Acórdãos Gustafsson contra Suécia de 25 de Abril de 1996 (n.°15573/1989) e o de 2 de Julho de 2002 (n.°30668/1996) por se ter "ultrapassado a consideração de que todos os direitos incluídos na liberdade sindical eram equivalentes e passado a dar prioridade ao direito à negociação coletiva", com a consequência de que "o Estado tem que adoptar medidas específicas e concretas para garantir tal direito".

[63] Marguénaud J., Mouly J., "L'avènement d'une Cour européenne des droits sociaux (à propos de CEDH 12 novembre 2008, "Demir et Baykara c/ Turquie")", *Recueil Dalloz*, 2009, pp.739 e ss., p. 739, afirmam que "os livros de história do direito dirão porventura um dia que o caso Demir e Baykara contra Turquia marcou emblematicamente o TEDH". K.D.Ewing, Hendy J. OC, The Dramatic Implications of Demir and Baykara, Industrial Law Journal 2010, vol. 39, n.° 1, pp. 2 e ss., p. 4, por seu turno, falam de uma inflexão dramática ("dramatic turn of events").

[64] Para Fütterer P., "Das Koalitions- und Streikrecht im EU-Recht nach dem Wandel der Rechtssprechung des EGMR zur Koalitionsfreiheit gemäss Art.11 EMRK (Demir und Baykara und andere)", *EuZA*, 2011, pp. 505 e ss., p.511, o caso Demir e Baykara representa uma mudança de paradigma, uma mudança fundamental na compreensão pelo Tribunal da liberdade sindical ("grundlegender Wandel im Verständnis der Koalitionsfreiheit").

[65] Marguénaud J., Mouly J., La jurisprudence sociale de la Cour EDH..., cit., p. 891, falam de "uma oposição quase-cultural" entre os acórdãos do TEDH e os acórdãos Viking e Laval do TJ.

TJ. Não faltou, inclusive, quem previsse um conflito[66] e mesmo uma espécie de "duelo"[67]. Vozes mais moderadas e porventura mais razoáveis sublinharam, é certo, que a oposição não era tão evidente: por um lado, porque o TEDH não lida normalmente com conflitos de direitos e liberdades entre privados, mas sim e sobretudo com actuações dos Estados ou outros poderes públicos susceptíveis de ameaçar os direitos e as liberdades dos cidadãos[68]. Depois porque o TJ tem uma função de defesa de uma ordem supranacional e dos valores e princípios que estruturam o projecto europeu, também do ponto de vista económico. Mas, e sobretudo, porque a mais recente jurisprudência do TEDH terá contribuído para reduzir as expectativas de quem o concebia já como o paladino de um direito à greve muito extenso e incompatível com restrições colocadas por liberdades económicas.

Referimo-nos sobretudo ao Acórdão do Tribunal Europeu dos Direitos do Homem de 08/04/2014 (Final: 08/09/2014), Case of the National Union of Rail, Maritime and Transport Workers v. The United Kingdom.

O caso teve origem em uma queixa apresentada por um sindicato inglês com mais de 80 mil filiados no sector dos transportes. O sindicato invocava que a regulamentação restritiva excessiva em matéria de greve diminuía a sua capacidade de proteger os interesses dos seus filiados, violando a sua liberdade de asso-

---

66 K.D.Ewing, Hendy J. OC, *ob. cit.*, p 41: "there is a conflict between the two courts at the apex of the European political system".

67 K.D.Ewing, Hendy J. OC, *ob. cit.*, p.4: "It is also clear that the ECtHR is pulling in different directions from its Luxembourg counterpart, with the mouth-watering possibility of a high noon conflict between the two".

68 Mesmo Marguénaud J., Mouly J., La jurisprudence sociale de la Cour EDH..., cit., acabam por reconhecer, em nota (p.892, n.62) que a tarefa do TEDH era mais simples que a tarefa do TJ, já que o TEDH só tinha que se pronunciar sobre a possível violação da Convenção por um Estado outorgante enquanto o TJ tinha que resolver uma questão de conflito ou colisão de direitos.

ciação. A queixa do sindicato dizia respeito a dois aspectos da lei inglesa em matéria de greves: em primeiro lugar, a exigência de uma votação pelos filiados em favor da greve para que a mesma pudesse ser lícita e, em segundo lugar, a proibição pela lei inglesa de greves de solidariedade ou de simpatia (secundary strike action). Quanto ao primeiro aspecto da queixa dizia respeito a uma situação em que o sindicato, em conformidade com a lei inglesa, notificou o empregador para que a votação fosse realizada e descreveu as categorias dos trabalhadores que iriam votar como engenheiros/técnicos, informando o número dos seus filiados que iriam votar. O empregador retorquiu no dia seguinte, advertindo que não reconhecia a categoria engenheiros/técnicos e exigindo uma informação mais detalhada quanto aos tipos de trabalhadores envolvidos na votação. Como não houve entendimento entre o sindicato e o empregador, o empregador recorreu aos tribunais e obteve uma providência cautelar de suspensão da greve, tendo o tribunal inglês considerado que as exigências legais não restringiam excessivamente o direito à greve. O sindicato reuniu informações sobre as qualificações exactas dos trabalhadores e renovou a notificação ao empregador, tendo-se depois efectuado a votação a favor da greve. No entanto, antes que a mesma ocorresse, o empregador fez uma nova proposta de convenção colectiva que foi aceite pelo sindicato.

A segunda parte da queixa do sindicato respeitava a outra situação: uma sociedade, pertencente a um grupo, estava encarregada da manutenção do caminho-de-ferro, enquanto outra sociedade do mesmo grupo era responsável pela construção da referida via-férrea. As duas sociedades empregavam conjuntamente cerca de 1200 trabalhadores, dos quais 569 eram membros do sindicato que apresentou a queixa, o RMT. Uma destas sociedades transmitiu parte do estabelecimento para outra sociedade, transmissão de unidade económica que afectou cerca de 20 trabalhadores. Por força das regras inglesas que transpõem a directiva sobre transmissão de unidade económica, a TUPE, as condições contratuais destes trabalhadores foram mantidas pelo transmissário. No entanto, os trabalhadores estavam apreensivos porque os salários praticados no transmissário eram globalmente inferiores e a força dos sindicatos muito menor. Três anos após a transmissão, o transmissário informou os trabalhadores que tinham acompanhado a unidade económica transmitida que iria reduzir os seus salários para os uniformizar com os salários dos restantes trabalhadores do transmissário. Tratava-se de uma redução de cerca de 36% a 40%. O sindicato organizou a votação dos trabalhadores filiados que ainda trabalhavam no transmissário – cerca de 17 – tendo procedido a uma greve com a organização de piquetes em vários dos locais onde normalmente trabalhavam. Esta atividade de piquete levou a que o empregador advertisse o sindicato de que poderia vir a pedir uma indemnização pelos danos sofridos porque de acordo com a lei inglesa a atividade de piquete só pode ocorrer nas instalações do empregador ou próximo destas. Uma segunda greve chegou a ser anunciada e votada favoravelmente por nove dos trabalhadores, mas a posição destes era extremamente débil porque o pequeno número de trabalhadores envolvidos tornava a greve praticamente ineficaz. O sindicato pretendia decretar uma greve de solidariedade nas empresas onde estes trabalhadores trabalhavam inicialmente ou que pertenciam ao grupo de onde tinham saído, mas não o podia fazer por força da lei inglesa.

O TEDH procedeu a uma análise dos vários tratados e documentos internacionais que reconhecem o direito à greve, bem como uma análise, ainda que perfunctória, de direito comparado. Sublinhou (n.º 27) que as convenções da OIT não reconhecem expressamente o direito à greve, mas que tanto o comité sobre liberdade de associação como o comité de peritos sobre a aplicação da convenção e recomendações têm desenvolvido progressivamente princípios em matéria de greve baseados nos artigos 3 e 10 da convenção n.º 87 da OIT de 1948. O comité de peritos observou que a proibição geral de greves de solidariedade poderia conduzir a abusos, particularmente no contexto da globalização caracterizado por uma crescente interdependência e internalização da produção e que os trabalhadores deveriam poder decretar tais greves, desde que a greve inicial, com a qual pretendem ser solidários, seja ela própria lícita (n.º 30). O comité sustentou, também, que a proibição de uma greve não ligada com uma disputa colectiva com o empregador contraria os princípios da liberdade de associação. O comité de peritos criticou reiteradamente a posição da lei inglesa de proibir greves de simpatia. Criticou também a possibilidade de exigir indemnizações aos sindicatos ou de serem objecto de injunções ou providências cautelares. Afirmou mesmo, já em 1989, que era importante que os sindicatos e os trabalhadores tivessem alguma forma de protecção contra a responsabilidade civil nas hipóteses de greve, preocupação que reiterou em 1995 e em 2012.

O Tribunal sublinhou que o direito à greve se encontra protegido pelo artigo 6.º, parágrafo 4.º, da Carta Social Europeia, o qual reconhece como meio para assegurar o exercício efectivo do direito à negociação colectiva, "o direito dos trabalhadores e dos empregadores à acção colectiva nos casos de conflitos de interesses", incluindo o direito à greve, sujeito às obrigações que possam derivar das convenções colectivas previamente celebradas. O comité europeu sobre direitos sociais já avaliou no passado as regras inglesas sobre a votação dos trabalhadores como condição de licitude da greve tendo-as considerado incompatíveis com o artigo 6.º parágrafo 4.º porque excessivas (isto em 2010). Considerou igualmente excessiva a proibição de greves de solidariedade afirmando que a lei inglesa não estava em conformidade com o mencionado artigo 6.º, parágrafo 4.º da Carta. A lei inglesa não permitia, por exemplo, a acção colectiva contra um empregador de facto.

O Tribunal Europeu dos Direitos do Homem sublinhou também que a Carta dos Direitos Fundamentais da União Europeia reconhece a liberdade de reunião e de associação no artigo 12.°, com uma menção especial à liberdade sindical e referindo-se expressamente ao direito de todos de formar e aderir a sindicatos para a protecção dos seus interesses. Por seu turno, o artigo 28.° afirma que "trabalhadores e empregadores ou as suas respectivas organizações têm, em conformidade com o direito da União e com as práticas e as leis nacionais, o direito de negociar e concluir convenções colectivas aos vários níveis e, nos casos de conflitos de interesse, o direito de adoptar acções colectivas para defender os seus interesses, designadamente a greve". Relativamente aos elementos de direito comparado (números 38 a 41) o tribunal sublinhou que as greves de solidariedade são permitidas, ainda que com restrições ou condições, na grande maioria dos Estados Membros da União Europeia. Os Estados que não permitem greves de solidariedade são apenas, além do Reino Unido, a Áustria, o Luxemburgo e a Holanda.

Relativamente à primeira queixa, o Tribunal acabou, no entanto, por não a atender em razão, curiosamente, do sucesso da atividade do sindicato. Com efeito, este acabou por conseguir fazer a votação e decretar uma greve que só não foi avante porque o empregador fez uma proposta de convenção colectiva que acabou por ser aceite. O tribunal afirma que só pode examinar as queixas face aos factos concretos e que a situação na realidade é a de uma acção colectiva com sucesso (n.° 45). Esta queixa foi considerada manifestamente mal fundada e rejeitada porque inadmissível.

O Tribunal analisou portanto apenas a segunda queixa, a proibição de greves de solidariedade. O Tribunal reconheceu que as greves solidárias e outras formas de acção colectiva contra um empregador para promover os interesses dos filiados junto de outro empregador eram parte da atividade do sindicato coberta pelo artigo 11.° da Convenção (n.° 77), tendo também afirmado que o artigo 11.° da Convenção deveria ser interpretado de acordo com o seu sentido usual, no seu contexto e atendendo à sua teleologia como resulta do artigo 31.°, parágrafo 1.°, da convenção de Viena. Recordou também uma passagem do seu Acórdão Demir and Baykara (parágrafo 85) segundo a qual o tribunal ao interpretar o texto da convenção pode e deve ter em conta outros elementos de direito internacional, bem como a interpretação de tais elementos pelos órgãos competentes e a prática dos estados europeus que reflecte os seus valores comuns. Afirmou, ainda, que a proibição legal de greves de solidariedade é uma interferência com o direito à greve que para ser legítima deverá estar prevista na lei, prosseguir um escopo legítimo e ser necessária em uma sociedade democrática para a prossecução desses fins. No caso UNISON o tribunal tinha aceitado uma restrição da greve fundada nos direitos dos outros, incluindo o empregador. O queixoso invocava contudo que os interesses económicos do empregador não deviam ter precedência sobre os direitos humanos dos trabalhadores. Tal era também a perspectiva do Comité Europeu dos Direitos Sociais que não aceita qualquer princípio de proporcionalidade entre a greve e as consequências desta sobre os interesses do empregador. O queixoso recordou também a posição do TEDH no caso Gustafsson v. Sweden, 15/04/1996.

O Tribunal, contudo, sustentou que se deveria distinguir a greve primária e a greve secundária com o argumento de que as greves de solidariedade podem ter ramificações muito mais amplas do que as greves primárias, com maiores consequências para direitos de terceiros, graves perturbações da economia e dos serviços prestados ao público. Em suma, a lei ao proibir a greve solidária prossegue um escopo legítimo de protecção dos direitos e liberdades de outros e não apenas dos interesses económicos do empregador (n.° 82). O queixoso tinha invocado particularmente o caso Enerji de 21/04/2009 em cujo parágrafo 24 se lê que o direito à greve é o corolário indispensável do direito de organização sindical. No entanto, o Tribunal defendeu que o que esse e outros casos casos demonstram é que o direito à greve é claramente protegido pelo artigo 11.°, mas não haveria necessidade neste caso de lhe conceder o estatuto de um elemento essencial de garantia do artigo 11.° (n.° 84). O facto de que o processo de negociação colectiva e de acção colectiva não teve sucesso não significa que o exercício destes direitos seja ilusório, do mesmo modo que o direito á negociação colectiva não implica o direito a um resultado.

O Tribunal distinguiu também este caso dos anteriores: nos casos anteriores havia restrições ao direito primário de greve relativamente a trabalhadores do sector público, enquanto aqui estão em jogo greves de solidariedade. Dever-se-ia reconhecer uma margem de apreciação mais ampla às autoridades nacionais para regular estes aspectos secundários da actividade do sindicato (n.° 88). Como se afirma no n.° 87 do Acórdão, se a restrição legislativa atinge o próprio âmago da atividade do sindicato deve conceder-se ao legislador nacional uma margem menor de apreciação e exigir-se mais para justificar a proporcionalidade da interferência no interesse geral no exercício da liberdade sindical. Em contrapartida, se o que está em jogo não é o âmago, mas um aspecto secundário ou acessório da actividade do sindicato, a margem é mais ampla e será mais verosímil que a interferência seja proporcionada. O Tribunal reconheceu que há países que adoptam uma atitude muito mais permissiva em relação às greves de solidariedade (é o caso da Grécia, da Finlândia, da Noruega e da Suécia), mas afirmou também que há diferenças profundas e estruturais entre os vários Estados europeus no domínio das relações industriais e sublinhou que o governo inglês considerou que a proibição de greves de solidariedade era a melhor solução para a economia inglesa. "As autoridades nacionais e em particular os parlamentos democraticamente eleitos estão em princípio melhor colocados que os juízes internacionais para apreciar o que é no interesse público por razões económicas ou sociais e quais são as medidas legislativas mais adequadas para as condições do seu país em ordem a implementar a politica social, económica ou industrial adoptada" (n.° 89).

O Acórdão não deixa de reconhecer, na esteira aliás da argumentação do governo do Reino Unido, que o próprio comité de peritos reconheceu recentemente os limites do seu papel tendo sublinhado em 2013, no seu relatório prestado na sessão 102 da OIT que as suas opiniões e recomendações não são vinculantes dentro da OIT nem tampouco fora da OIT, a não ser que um instrumento internacional expressamente o afirme, ou que um tribunal supremo de um país assim o entenda[69].

O Tribunal volta a distinguir a situação dos casos anteriores (n.° 98) e acaba por considerar que as posições negativas adoptadas pelos órgãos de supervisão da OIT e da Carta Social europeia não são suficientemente persuasivas para determinar que a proibição de greves de solidariedade no presente caso fiquem fora das opções permitidas ás autoridades nacionais de acordo com o artigo 11.° da Convenção. Destaca, de resto, expressamente que a proibição de greves de solidariedade permaneceu intacta por mais de duas décadas, apesar das mudanças de governo o que denota um consenso democrático em apoio desta proibição. E o Tribunal remata afirmando (n.° 106) que a sua jurisdição está limitada à Convenção, não tendo competência para verificar o respeito pelos Estados dos padrões da OIT ou da Carta Social Europeia e que a sua conclusão não deveria ser encarada como pondo em causa as analises efectuadas com base

---

[69] Tratar-se-ia, pois, de *soft law*, ainda que o Tribunal não pareça aderir inteiramente a este entendimento (veja-se o n.° 97 do Acórdão).

em outros escopos e padrões tanto pelo comité de peritos da OIT como pelo comité europeu dos direitos sociais (n.º 106).

Não existe em este Acórdão qualquer voto de vencido, tendo a decisão sido tomada por unanimidade. Contém, contudo, declarações de concordância de juízes que chegam à mesma conclusão com uma argumentação diversa, em um caso um pouco diversa e em outro porventura muito diferente. Três dos juízes, Ziemele, Hirvelä e Bianku, embora concordando com a argumentação do Tribunal, sublinham a dificuldade na interpretação da convenção europeia dos direitos do homem. Consideram que o Tribunal deve concluir que as greves secundárias são abrangidas pelo artigo 11, mas que o Tribunal deveria ser cauteloso ao proferir um julgamento que exigisse uma modificação de princípios importantes de política social e económica com graves implicações para a economia de um país. Discordam, no entanto, do argumento de que se deve, em princípio, respeitar as medidas gerais adoptadas por um parlamento. Diferente é a posição do Juiz Wojtyczek para quem o artigo 11 não é aplicável nesta situação não havendo, por conseguinte, qualquer violação do mesmo[70].

Esta decisão do TEDH terá sido muito decepcionante para aqueles autores que tinham louvado, anteriormente, o modo como este Tribunal citava as Convenções da OIT e sobretudo acolhia as conclusões do comité de peritos[71] – ao contrário do TJ

[70] Este magistrado cita o artigo 51 da Carta dos Direitos Fundamentais da União Europeia, recordando que a mesma não amplia o campo de aplicação do direito da união para lá dos poderes da União. E relativamente à Carta Social Europeia sublinha que dez Estados outorgantes escolheram não ficar vinculados pelo artigo 6, parágrafo 4.º

[71] Para Schmitt M., ob. cit., p.514, "enquanto os juízes de Estrasburgo incorporam as convenções da OIT na sua interpretação do artigo 11 da Convenção, o Tribunal do Luxemburgo não se lhes refere quando aplica o artigo 28 da Carta dos direitos fundamentais". A autora acrescenta que o Acórdão Demir e Baykara teria culminado a evolução ao consagrar o carácter siste-

– autores que, como já referimos, previam um conflito potencial entre o TJ e o TEDH. Na realidade, esta decisão mostra como a nova interpretação do artigo 11 da Convenção pelo TEDH logra o reconhecimento de um direito á greve, mas ainda assim de um direito muito limitado[72].

4. Ao longo deste pequeno estudo, tanto a propósito da jurisprudência do TJ, como da jurisprudência do TEDH, encontramos referências a dois preceitos que merecem uma referência mais específica, ainda que necessariamente breve. Referimo-

---

mático da referência às convenções da OIT tal como elas são interpretadas pelos comités da OIT, ao passo que o TJ se recusou sempre a referir-se à Convenção n.° 98 (ob. cit., p. 516). Cfr., também, K.D.Ewing, Hendy J. OC, The Dramatic Implications..., cit., p. 7: "One of the most notable aspects of the decision is the importance attached to both ILO and Council of Europe standards in determining the content of the right to trade union membership guaranteed by Article 11".

[72] Na jurisprudência posterior do Tribunal, reconhecendo o direito à greve, cfr. Case of Veniamin Tymoshenko and Others v. Ukraine (n.° 48408/12), de 2 de Outubro de 2014 e Case of Hrvatski Lijecnicki Sindikat v. Croatia de 27 de Novembro de 2014. Neste último Acórdão o Juíz Pinto De Albuquerque na sua "Concurring Opinion" não deixa de manifestar alguma insatisfação ou inquietação com a decisão do Tribunal em *The National Union of Rail, Maritime and Transport Workers*: "I find problematic the distance taken in *The National Union of Rail, Maritime and Transport Workers* (...) §§ 86-88, with regard to § 119 of *Demir and Baykara*, in which the Court restricted the margin of appreciation in this domain. This is so for two reasons: first, the somewhat lax, non-purposive interpretative approach of *The National Union of Rail, Maritime and Transport Workers* may engender great legal uncertainty, and second, blanket and absolute prohibitions of strike action may tilt the balance unacceptably towards the benefit of employers and put in jeopardy the inalienable substance of the Article 11 right". Sobre a jurisprudência mais recente do TEDH em matéria de direito à greve cfr., pot todos, Lörcher K., *Neue Entwicklungen im Streikrecht durch die EGMR-Urteile Tymoshenko und HLS, Arbeit und Arbeitsrecht* 2015, pp. 126 e ss.

-nos ao artigo 6.° da Carta Social Europeia, por um lado, e já no plano da União Europeia, ao artigo 28.° da Carta dos Direitos Fundamentais da União Europeia.

Tem-se assistido recentemente a um interesse renovado na Carta Social Europeia e nos trabalhos do Comité, em parte como reacção ao que se considera ser uma visão muito restrita dos direitos de acção colectiva, mormente do direito à greve, por parte do TJ[73]. Enquanto durante muito tempo a Carta Social Europeia era considerada por muitos uma espécie de "bela

[73] Cfr. Chatzilaou K., "La réponse du CEDS aux arrêts Viking et Laval", *Revue de Droit du Travail*, 2014, pp. 160 e ss. A autora refere-se ao caso LO e TCO c. Suécia apreciado pelo comité europeu dos direitos sociais. Este comité excluiu qualquer presunção de conformidade do direito da União Europeia com a carta social europeia (pág. 161). Pág. 162: afirmou mesmo que o direito da carta e a legislação da União Europeia são dois sistemas jurídicos diferentes e que "os princípios, regras e obrigações que formam a segunda não coincidem necessariamente com o sistema de valores, princípios e direitos consagrados pela primeira". O comité rejeitou qualquer superioridade hierárquica das liberdades económicas sobre os direitos essenciais dos trabalhadores. Reconheceu, no entanto, que o direito à greve não é absoluto e que tem limites resultantes dos direitos e liberdades de outrem, designadamente dos direitos dos outros trabalhadores da empresa e do próprio direito do empregador de exercer uma atividade lucrativa. Não pode pois afastar-se que uma greve seja abusiva. No entanto, o direito à acção colectiva não pode ser objecto de restrições que o atinjam na sua essência. As reivindicações dos trabalhadores não podem ser reduzidas à defesa de condições mínimas já que visam também melhorar a sorte dos trabalhadores. Segundo o comité, o art. 6.°, parágrafo 4.° da carta social europeia não permite ao juiz nem ao legislador ou à administração controlar o conteúdo das reivindicações profissionais ou limitar estas a condições mínimas de trabalho, mas a autora reconhece que nenhuma disposição do direito primário da União permite afirmar a obrigação do tribunal de justiça de se conformar com as decisões do comité europeu dos direitos sociais (ob. cit., p.164).

adormecida"[74] ou mesmo "um tigre sem dentes"[75], parte da doutrina tem afirmado a natureza vinculante da Carta. Tem, por isso, assumido uma importância crescente o disposto no n.º 4 do artigo 6.º da Carta na medida em que consagra "o direito dos trabalhadores e dos empregadores a acções colectivas no caso de conflitos de interesses, incluindo o direito de greve, sob reserva das obrigações decorrentes das convenções colectivas em vigor".

Antes de mais, importa reconhecer que a Carta Social Europeia representou um marco histórico importante ao consagrar expressamente um direito à acção colectiva e, designadamente, o direito à greve dos trabalhadores[76]. Parece-nos, com efeito, que

[74] M. De Boer-Buquicchio *cit apud* Clauwaert S., «Le droit à l'action collective (y compris le droit de grève) du point de vue de la Charte sociale européenne du Conseil de l'Europe», *Revue de Droit du Travail,* 2016, pp. 438 e ss., p. 438. Clauwaert S., acrescenta que a Carta permaneceu por muito tempo na sombra da sua irmã ("sa grande soeur"), mais conhecida, a CEDH e cita igualmente Kahn-Freund O., que a designou de "grande nota de rodapé" da CEDH,

[75] Nussberger A., "Auswirkungen der Rechtssprechung des Europäischen Gerichthofs für Menschenrechte auf das deutsche Arbeitsrecht", *Recht der Arbeit*, 2012, pp. 270 e ss., p.271: Apesar de todo o esforço do Committee for Social Rights e em razão de as suas posições não serem vinculantes, a Carta Social Europeia permaneceu um "tigre sem dentes". Czycholl R., Frieling T., "Auswirkungen der Europäischen Sozialcharta auf das Arbeitskampfrecht – Das Streikrecht aus Art. 6 Abs. 4 ESC als vorrangige gesetzgeberische Entscheidung", *ZESAR* 2011, pp. 322 e ss., p. 322, reconhecem expressamente (embora critiquem) que o facto de o direito à greve ser expressamente referido no artigo 6, n.º 4, da Carta Social Europeia, tem sido praticamente irrelevante no direito alemão, apesar de a lei fundamental alemã não se referir expressamente ao direito à greve. Recorde-se, no entanto, que o BAG decidiu, em Acórdão de 19.6.2007 aceitar a licitude de greves de simpatia, invocando expressamente o artigo 6 n.º 4 da Carta Social Europeia.

[76] Clauwaert S., ob. cit., p.447, refere que "a Carta é, ao nível europeu (e internacional) o instrumento mais antigo em matéria de direitos sociais fundamentais a reconhecer expressamente o direito à greve". Michael Witter J., Europarechtliche Aspekte des Streikrechts, Verlag Dr. Kovac, Hamburg, 2008, p. 51, destaca que o direito à greve reconhecido no artigo 6,.º n.º 4 da

o preceito, ao contrário de outras disposições da Carta que acolhem obrigações para as partes outorgantes, consagra inequivocamente um direito, atribuindo esse direito, aliás, aos trabalhadores e não propriamente aos sindicatos[77].

Sublinhe-se, de resto, que o preceito não consagra, apenas, o direito à acção colectiva dos trabalhadores[78], mas também o direito à acção colectiva por parte dos empregadores, no qual cabe, evidentemente, o lock-out[79]. Razão pela qual, de resto,

---

Carta é um direito individual e não um direito coletivo, como resulta dos trabalhos preparatórios e da evolução do preceito, designadamente da sua versão em inglês em que se evoluiu de "every worker has the right to strike" para "workers".

[77] Sobre o artigo 6.° da Carta cfr., com muito interesse, Kovács E., "The Right to Strike in the European Social Charter", *Comparative Labor Law and Policy Journal*, 2005, vol. 26, pp. 445 e ss. A autora sublinha que o comité não definiu o conceito de greve, nem descreveu os seus componentes ou escopos, e defende que a palavra greve pode cobrir várias ações passivas, tais como a recusa em fazer trabalho suplementar, a greve de zelo ou greves rotativas. O comité também não discutiu a conformidade com a carta de várias modalidades de ação coletiva: assim por exemplo a atuação dos piquetes e a ocupação ou mesmo o bloqueio de uma empresa. Também não discutiu (ob. cit., p. 448) aspetos do direito à greve como o direito ao trabalho dos não grevistas.

[78] Dumke M., Streikrecht i.S. des Art. 6 Nr. 4 ESC und deutsches Arbeitskampfrecht, Vorgaben, Vereinbarkeit und Umsetzung, Peter Lang, Frankfurt am Main, 2013, pp. 71-72, destaca que as medidas coletivas são um género (Oberbegriff) de que o direito à greve é apenas uma espécie. Referindo-se às duas versões linguísticas da Carta que são vinculantes, a inglesa e a francesa, o Autor considera que não existe diferença entre as duas ("*collective action*" e "*conflit social*").

[79] Evju S., "The Right to Collective Action under the European Social Charter", *European Labour Law Journal,* 2011, pp. 196 e ss., pp. 201-202, sublinha que o artigo 6 n.° 4 abrange o direito à ação coletiva dos empregadores e que o CEDS afirmou já que o texto do preceito reconhece claramente tanto as greves, como o lock-out, até porque o lock-out é a principal, quando não a única, forma de ação coletiva dos empregadores. Mas o CEDS também reconheceu que a Carta não implica necessariamente que a legislação e os

Portugal introduziu uma reserva na ratificação da Convenção, porquanto a nossa Constituição, como é sabido, proíbe o lock--out.

Mas importa reconhecer que os contornos do direito à greve tal como este parece consagrado no artigo 6.° da Carta são, em muitos aspectos, bem distintos do direito à greve reconhecido no nosso ordenamento.

Em primeiro lugar, e como já referimos porque a Carta consagra um direito dos trabalhadores e não dos sindicatos. Ora, em Portugal a lei ordinária dificulta sobremaneira o exercício da greve por iniciativa dos trabalhadores não filiados, numa solução que, aliás, nos parece de duvidosa compatibilidade com a Constituição.

Mas também porque a Carta parece ter uma visão do direito à greve como um meio ancilar da negociação colectiva – recorde--se que no corpo do artigo 6.°, preceito que tem aliás a epígrafe "direito à negociação colectiva", se diz "com vista a assegurar o exercício efectivo do direito à negociação colectiva – e restringe--o a "conflitos de interesses", conceito que parece contrapor-se a conflitos de direitos[80]. Destarte, a doutrina dominante entende que à luz do artigo 6.° da Carta não seria lícita uma greve política, sendo que no passado se questionou da licitude da própria greve de solidariedade. É, pois, um direito à greve relativamente modesto o que a Carta Social reconhece, bem mais acanhado do que aquele que a nossa própria Constituição consagra.

---

tribunais tenham que afirmar uma completa equivalência ou igualdade entre o direito à greve e o lock-out. Cfr., igualmente, Swiat M., Kowski A., "European Social Charter: The Right to Strike", *Managerial Law*, 2005, vol. 47, pp. 284 e ss., p. 285.

[80] Neste sentido, cfr., por exemplo, Michael Witter J., ob. e lug. cit., para quem a garantia da Carta já não abrange conflitos de direitos. Cfr., também, Kovács E., ob. e lug. cit.

5. Uma referência, finalmente, ao artigo 28.° da Carta dos Direitos Fundamentais da União Europeia[81], preceito reiteradamente invocado pelo TJ, ainda que, segundo os seus críticos, mais para restringir, do que verdadeiramente para fundar, o direito à greve. Com a epígrafe "Direito de negociação e de acção colectiva", o referido preceito estabelece que "os trabalhadores e as entidades patronais, ou as respectivas organizações, têm, de acordo com o direito comunitário e as legislações e práticas nacionais, o direito de negociar e de celebrar convenções colectivas, aos níveis apropriados, bem como de recorrer, em caso de conflito de interesses, a acções colectivas para a defesa dos seus interesses, incluindo a greve".

O sentido e o alcance precisos deste preceito têm-se revelado extremamente controversos[82]. Para alguns autores, visa-se com ele apenas reconhecer como direitos fundamentais no plano do Direito da União os direitos de negociação colectiva e de acção colectiva tal como eles são reconhecidos ao nível dos direitos nacionais dos Estados Membros, na sua radical diversi-

---

[81] Para uma apreciação da Carta do ponto de vista laboral, apreciação aliás não muito positiva, cfr., por todos, Roqueta Buj R., "Los Derechos Sindicales en la "Carta de los Derechos Fundamentales de la Unión Europea"", *Revista de Derecho de la Unión Europea,* 2008, pp. 197 e ss. A autora, *ob. cit.*, p. 206, chama a atenção para a circunstância de que no artigo 12 "se silencia o significado institucional do sindicato e se ignora a sua actividade diferentemente do que sucede com os partidos políticos" e considera, também, que o tratamento da liberdade de associação sindical no âmbito da liberdade de associação e de reunião em geral, sem conexão com os direitos de acção sindical e negociação colectiva, tratados sob a epígrafe solidariedade, constitui um tratamento "não sistemático e disfuncional".

[82] A este respeito observa Leite J., *ob. cit.*, p. 348, que "não seria necessário um grande esforço para mostrar a ambiguidade de que padece o artigo 28.°", referindo, ainda (n. 17, p. 348) que tal "acrescenta complexidade a uma norma em si mesma já complexa quanto baste". O Autor pergunta, ainda, "que tipo de norma é esta que parece fugir às questões que, à primeira vista deveria resolver?" (p. 349).

dade[83] ("de acordo com (...) as legislações e práticas nacionais", sem esquecer o respeito pelas Constituições dos Estados-Membros referidas no artigo 53.°, parte final), ainda que sujeitando-os ao respeito suplementar pelo direito comunitário. A norma desempenharia, assim, um importante papel de charneira[84] –

---

[83] Assim, por exemplo, Remy P., Quel droit social européen?..., cit., p. 192, para quem a diversidade de conceções do direito à greve nos Estados membros é de tal ordem que nada mais se pode fazer que uma remissão de conteúdo ("le droit fondamental énoncé dans la Charte est decline de façon si diferente d'un État membre à un autre (le droit de grève, par exemple) que la différence de régime ne peut que rejaillir sur la notion elle-même. Confornté à son indétermination, on n'a alors d'autre solution que de projeter sur le droit social fondamental européen en question la Conception que l'on s'en fait dans son propre droit"), ainda que tal possa ter como consequência uma certa vacuidade do artigo 28.° (p. 211: "indéterminé dans son objet, le droit social fondamental devient alors totalement creux"). Tal espelharia, de resto, a ausência de um consenso político comum europeu e de uma cultura europeia comum em matéria de conflito coletivo (p. 211: "que faire lorsque sont en cause des institutions juridiques qui, comme le droit de gréve, sont à ce point indissociables de chaque culture juridique nationale qu'elles ne peuvent obéir qu'à des regimes três différents d'un État membre à una utre au point même d'y recevoir des définitions sinon opposées en tout cas inconciliables?").

[84] Thüsing G., Traut J., "Zur begrenzten Reichweite der Koalitionsfreiheit im Unionsrecht", *Recht der Arbeit,* 2012, pp.65 e ss., p.68, defendem que o artigo 28 da Carta funciona como charneira e faz com que os meios de ação coletiva reconhecidos como lícitos na ordem jurídica de cada Estado membro sejam reconhecidos ao nível do direito europeu de modo a poderem ser colocados em concordância prática com outras posições juridicamente relevantes no direito da União. O direito europeu aceita o direito à greve de cada Estado membro, tal como este é concebido nesse Estado. O papel de charneira do artigo 28.° é importante porque, de acordo com o Acórdão Schmidberger, C-112/00, n.° 65, as liberdades fundamentais podem apenas ser restringidas por direitos europeus e não por direitos nacionais. Sobre a relação entre os direitos e as liberdades fundamentais cfr., também, Renz W., "Europäische Grundrechte und Grundfreiheiten im Arbeitsrecht", *Recht der Arbeit,* 2011, pp.199 e ss.

enquanto norma de remissão[85] – entre o Direito da União e os ordenamentos nacionais, mas não se poderia propriamente falar de um conteúdo específico[86] do direito de negociação colectiva

[85] Leite J., ob. cit., p. 250, fala a este propósito de "remissão dinâmica ou material". Para Michael Witter J, ob. cit., p. 139, as normas e práticas nacionais dos Estados Membros não restringem propriamente os direitos reconhecidos na Carta, mas antes determinam o seu alcance e conteúdo. A razão para esta remissão encontra-se na própria distribuição de competências entre a União e os Estados membros pelo que a remissão acentua a margem de manobra dos Estados Membros na definição do conteúdo destes direitos ("Der Grund für die zusätzliche Einführung des Vorbehalts in den einzelnen Grundrechten liegt darin, dass so der Regelungsspielraum der Mitgliedstaaten zusätzlich betont wird").

[86] Assim, por exemplo, Schmitz T., "Die EU-Grundrechtecharta aus grundrechtsdogmatischer und grundrechtstheoritischer Sicht", *Juristen Zeitung,* 2001, pp. 833 e ss., p. 840, que fala de uma espécie de "concha normativa" a preencher, caso a caso, pela remissão, sendo que os Estados membros seriam inteiramente livres no conteúdo a dar a estes direitos, desde que não os suprimissem ("Hier bilden die Charta-Rechte nu reine normative Hülle, während sich die Substanz der Rechte aus anderer Quelle ergibt – und damit im übrigen variieren kann. Die normative Hülle wirkt nur dahin, die betreffenden Position überhaupt als Grundrechte der Union *anzuerkennen*. Den Mitgliedstaaten erwächsen daraus keine zusätzlichen Verpflichtungen. Sie dürfen den anerkannten sozialen Schutz lediglich nicht völlig abschaffen"). Também Dorf Y., "Zur Interpretation der Grundrechtecharta", *Juristen Zeitung,* 2005, pp. 126 e ss., p. 130, realça a total margem de manobra dos Estados membros ("bleibt die grundrechtliche Gewährleistung nach Schutzbereich und Schranken in vollem Umfang in der Hand der Mitgliedstaaten". Cfr., igualmente, Krebber S., Soziale Rechte in der Gemeinschaftsrechtsordnung, RdA 2009, pp.224 e ss., pp. 234-235, face à letra dos artigos 27, 28 e 30 da Carta dos Direitos Fundamentais da União Europeia estas normas não têm o efeito de exigir um padrão mínimo que tenha que ser respeitado pelo direito secundário da União ("haben diese Normen nicht die rechtliche Kraft, einen Mindeststandard zu verlangen, dem das sekundäre Gemeinschaftsrecht zu genügen hat").

ou do direito de acção colectiva, enquanto direitos fundamentais da União Europeia[87].

Para outros autores, embora se reconheça a eficácia defensiva[88] do artigo 28.° e se afirme que a passagem "de acordo com o direito da União" exprime sobretudo a divisão de competências entre a União e os Estados membros nestas matérias[89-90], seria um erro supor que o preceito seria uma norma vazia, que deixasse completamente em aberto o conteúdo próprio dos direitos que consagra. Com efeito, do próprio artigo 52.° da Carta,

---

[87] Parece ser esse o sentido para que se inclina Lasa López A., "Derechos de conflicto y razones de mercado: caracterización jurídica de la huelga en el derecho comunitario europeo", *Revista de derecho constitucional europeo*, n.° 13, 2010, pp. 291 e ss., pp. 318 e ss., para quem a Carta verdadeiramente nada nos diz sobre qual é o conteúdo essencial do direito à greve, podendo, mesmo, afirmar-se que não haveria um conteúdo essencial do direito, mas apenas um conteúdo contingente ou possível que atende aos regimes jurídicos específicos dos direitos nacionais.

[88] Schubert C., *Anotação ao artigo 28.° da Carta dos Direitos Fundamentais da União Europeia, in Kommentar zum europäischen Arbeitsrecht*, coord. por Franzen, Gallner, Oetker, C. H. Beck, (München, 2016), p.342, nota de margem 7: em face da falta de competência da União em matéria de negociação coletiva e de meios de ação coletiva, o artigo 28 desempenha sobretudo uma eficácia defensiva ("defensive Wirkung") face a direitos e liberdades fundamentais do direito primário da União, bem como face à atuação da União no âmbito do direito secundário, na medida em que deste decorram limitações ou exigências tanto para a negociação coletiva, como para os meios de ação coletiva.

[89] Sagan A., *Das Gemeinschaftsgrundrecht auf Kollektivmassnahmen – Eine dogmatische Analyse des Art. 28 der Europäischen Grundrechtecharta, Duncker & Humblot,* (Berlin, 2008), p.125; "Die Bezugnahme auf das Gemeinschaftsrecht in Art. 28 GRC habe insoveit nur deklaratorischen Charakter und verweise auf die Beschränkungsmöglichkeit der Gemeinschaft nach der Massgabe der in Art. 52 GRC enthaltenen Bestimmungen".

[90] Para Sagan A., *ob. cit.*, p. 128, também a remissão para as legislações e práticas dos direitos dos estados membros tem a função, desde logo, de exprimir a exclusão da competência da União nestas matérias.

e nomeadamente do seu n.° 3[91], resulta um conteúdo mínimo destes direitos[92], o qual não pode ficar aquém do que resulta da Convenção Europeia para a Proteção dos Direitos e Liberdades Fundamentais[93].

Desde logo, porque esclarece que se trata de direitos individuais, de direitos que cabem não apenas às respectivas organizações, mas aos trabalhadores e aos empregadores, independentemente, portanto, de serem filiados ou não filiados[94-95-96].

---

[91] "Na medida em que a presente Carta contenha direitos correspondentes aos direitos garantidos pela Convenção Europeia para a Proteção dos Direitos do Homem e das Liberdades Fundamentais, o sentido e o âmbito desses direitos são iguais aos conferidos por essa Convenção. Esta disposição não obsta a que o direito da União confira uma proteção mais ampla".Cfr., igualmente, o artigo 53.°. Sobre estes preceitos cfr., entre nós, as anotações de Alessandra Silveira ao artigo 52.° e de Mariana Canotilho ao artigo 53.°, in Carta dos Direitos Fundamentais da União Europeia Comentada, coord. por Alessandra Silveira e Mariana Canotilho, Almedina, Coimbra, 2013, respetivamente, pp. 590 e ss. e pp.606 e ss.

[92] Como refere Kohlbacher E., *Streikrecht und Europarecht, Linde Verlag, Wien*, 2014, pp. 154-155, a remissão dinâmica operada pelo artigo 52, parágrafo 3 da Carta para a CEDH tem que ser atendida na interpretação da Carta e o conteúdo de proteção da CEDH é o *standard* mínimo da proteção conferida aos direitos reconhecidos na Carta dos Direitos Fundamentais da União Europeia.

[93] Como destaca Sagan A., *ob. cit.*, pp. 138-139, o conteúdo próprio do artigo 28 resulta, desde logo, do facto de ter que ser garantido, pelo menos, o nível de proteção acordado pelo artigo 11 n.° 1 da CEDH.

[94] Esta é a posição dominante – a de que o artigo 28 consagra direitos individuais. Cfr., por todos, Schubert C., Anotação ao artigo 28.°..., cit., p. 345, nota de margem 16: a tutela concedida aos trabalhadores e aos empregadores é independente da sua filiação e estende-se, portanto, aos trabalhadores e aos empregadores não filiados. Ver igualmente, a este respeito, Heresthal C., ob. cit., pp. 14-15, para quem não só o artigo 28 da Carta prevê expressamente um direito individual e protege tanto os direitos dos indivíduos, como os das suas organizações, como o artigo 28 consagraria a liberdade sindical positiva e negativa e essa seria uma opção fundamental que

traduz a importância central da liberdade individual ("Im Kern der Wert- und Ordnungsstruktur steht dabei die Individualfreiheit").

[95] E importa reconhecer que a nossa lei, pelo menos a lei ordinária, não é inteiramente fiel a esta conceção. Com efeito, os trabalhadores não filiados não gozam plenamente do direito de convocar uma greve, mas por vezes apenas do direito de aderir a uma greve convocada por outrem, ou seja, por associações sindicais. Na verdade, os trabalhadores não filiados em sindicatos não poderão convocar uma greve nas empresas em que a maioria dos trabalhadores seja filiada. E mesmo na parte em que a norma permite a convocação da greve por trabalhadores não filiados ela é tão exigente que dificulta sobremaneira a convocação da greve por não filiados. Assim, e desde logo, porque a filiação ou não filiação não são frequentemente de conhecimento público. Depois porque o único quadro em que se prevê a decisão de convocar a greve é o da empresa (e não o do estabelecimento, nem, muito menos, o da secção ou unidade de produção) o que conduz a resultados no mínimo curiosos – se os trabalhadores não filiados pretenderem, por exemplo, protestar através do recurso à greve contra a introdução da adaptabilidade grupal ao nível de uma unidade ou secção de um estabelecimento só o poderão fazer desencadeando uma greve ao nível de toda a empresa, o que dificilmente ocorrerá). E porque as exigências formais são tão significativas – em termos de convocação de uma assembleia com esse fim específico, de votação secreta e de exigências de quórum e de maioria) – que dificilmente se conseguirá convocar uma greve. É evidente que o sistema legal português ao dificultar de tal modo o exercício direito da greve pelos não filiados procura garantir que na prática só as associações sindicais terão a possibilidade real de decretar greves. Sobre o tema cfr. Kovács E., ob. cit., p. 458, para quem organizações espontâneas no local de trabalho conhecem melhor os seus próprios interesses e a situação da empresa. Além disso, é extremamente duvidoso restringir o direito à greve aos sindicatos em países onde a taxa de filiação sindical é muito baixa. No entanto a autora reconhece que há frequentemente motivos políticos e pragmáticos para tentar restringir o exercício do direito de greve e facultá-lo apenas aos sindicatos.

[96] Uma outra dificuldade que se perfila pelo menos no horizonte reside na circunstância de, segundo a doutrina dominante, o artigo 28.° da Carta consagrar os direitos de ação coletiva tanto dos trabalhadores, como dos empregadores, contando-se como principal meio de ação coletiva dos empregadores o lock-out. Assim, pelo menos nas situações não puramente nacionais em que os Estados-Membros são chamados a aplicar o Direito da União,

Ainda que da Carta não decorra, segundo a doutrina dominante, qualquer eficácia horizontal direta dos direitos nela consagrados[97] e tendo sempre presente que a mesma não pretende ampliar ou modificar a competência da União, como resulta inequivocamente do n.° 2 do seu artigo 51.°[98], e também que os Estados-Membros apenas são destinatários das disposições da

---

nos termos do n.° 1 do artigo 51.°, pode questionar-se se o Estado Português seria forçado a reconhecer o direito ao lock-out como direito fundamental da União. Embora alguns autores já se inclinem pela resposta afirmativa – assim, por exemplo, Sagan, ob. cit., p. 132; já Schubert C., Anotação ao artigo 28.°, cit. assume uma posição mais cautelosa ou até dúbia, já que enquanto na p.354, nota de margem 47, a autora parece entender que o artigo 28 consagra o direito ao lock-out deixando aos Estados membros a tarefa (e uma considerável margem de manobra) de definir o seu âmbito e pressupostos, mas não a possibilidade de o excluir já na p. 355, nota de margem 51, sublinha que a reserva do artigo 28 "estende-se ao se e ao como" ["Der Vorbehalt (...) erstreckt sich auf das Ob und das Wie des Rechts auf Kollektivverhandlungen und kollektive Massnahmen"]. Deste modo a remissão para as práticas e legislações nacionais, operada pelo artigo 28.° e reiterada no n.° 6 do artigo 52.° permitiria concluir que o Estado português não se acha por ora obrigado a reconhecer como direito fundamental da União o lock-out, que, aliás, não parece corresponder a uma tradição constitucional comum já que alguns Estados membros, ainda que sejam uma minoria, não reconhecem como direito o lock-out. Pelo menos, enquanto o TEDH não o reconhecer como tal...

[97] Relativamente ao artigo 27.° e ao direito de informação e consulta dos trabalhadores tenha-se presente o processo C-176/12, Association de médiation sociale contra Union locale des syndicats CGT, Hichem Laboubi, Union départementale CGT des Bouches-du-Rhône, Confédération générale du travail (CGT), Acórdão de 15 de janeiro de 2014, em que se concluiu que o artigo 27.° não pode ser invocado num litígio entre particulares a fim de não ser aplicada uma disposição nacional incompatível visto que "este artigo não basta por si só para conferir aos particulares um direito que pode ser invocado enquanto tal".

[98] Que é, no entanto, objeto de críticas por parte da doutrina. Cfr., entre nós, Silveira A., Anotação ao artigo 51.°, cit., pp. 572 e ss., p. 578, que observa que "as Cartas de Direitos adquirem vida própria por força da litigância inerente ao exercício dos direitos de cidadania".

Carta quando aplicam o direito da União[99] (n.° 1 do artigo 51.°) e no respeito pelo princípio da subsidiariedade[100], a verdade é que os tribunais nacionais poderão ser chamados a intervir, mormente em casos de conflito entre os direitos fundamentais de ação coletiva e, designadamente, as liberdades fundamentais, mantendo a jurisprudência do TJ, designadamente nos casos Viking e Laval, toda a sua relevância...

Aos tribunais nacionais é, assim, confiada a delicada tarefa de sempre que se aplique o Direito da União – e tendo em conta que na aplicação do seu próprio direito o Estado-Membro está obrigado a respeitar o Direito da União, pode questionar-se se não pode haver já nesse contexto uma aplicação do Direito da União[101]... – indagar se, por exemplo, o direito à greve, tendo em conta o escopo muito restrito que o TJ lhe[102] assinalou, é justifi-

---

[99] Conceito este bastante amplo, tando em atenção a jurisprudência do TJ, mormente após o Acórdão C-260/89 de 18 de Junho de 1991, ERT AE.

[100] Para Claus Ludwig T., *Zum Verhältnis zwischen Grundrechtecharta und allgemeinen Grundsätzen – die Binnenstruktur des Art.6 EUV n.F., Europa und Recht* 2011, pp. 715 e ss., p.717, a Carta visa restringir a jurisprudência do Tribunal de Justiça em favor da competência dos Estados Membros (cfr., também, p.727: "com a Carta pretende-se limitar a discricionariedade do Tribunal de Justiça").

[101] Assim, por exemplo, para Thüsing G., Traut J., ob. cit., p.69, também cabem neste conceito de execução ou aplicação do direito da União os casos em que normas nacionais limitam as liberdades fundamentais ou outras posições jurídicas europeias. Não deixam, no entanto, de observar que uma situação puramente interna não cai no âmbito de aplicação das regras europeias e que uma greve em um Estado membro não deixa de ser uma situação puramente interna só porque alguns trabalhadores grevistas e alguns empregadores afectados são cidadãos de outro Estado Membro. Contra e no sentido de uma interpretação mais restritiva do que seja a "aplicação do Direito da União" cfr., por exemplo, Claus Ludwig T., *ob. cit.*, pp. 719-720.

[102] Pense-se, por exemplo, em greves contra a deslocalização de um estabelecimento para outro Estado-Membro (mas já não aparentemente para fora da União...). Tais greves foram frequentes no passado como destaca Wagner C., *ob. cit.*, p. 35, que refere como exemplo as greves ocorridas na

cação para uma restrição à liberdade de empresa ou à liberdade de prestação de serviços, por exemplo, e se o exercício de tal direito foi proporcionado, tendo em conta as restrições impostas a tais liberdades, sem esquecer que uma empresa pode, no confronto com um sindicato invocá-las, já que o sindicato[103] está

Alemanha em 2001 como reacção à intenção declarada de um produtor de máquinas de fornecimento de bebidas de mudar a sua produção para a Dinamarca e em 2006 greves contra a deslocalização de linhas de produção da AEG de Nuremberga para a Polónia e a Itália. Tais greves visaram impor o pagamento de compensações aos trabalhadores que encareciam significativamente a deslocalização projectada. Pode questionar-se se o direito à greve também limita ou restringe as liberdades fundamentais quando a greve, por exemplo, não se dirige em primeira linha contra uma atividade económica que ultrapassa as fronteiras. Pense-se, por exemplo, em uma greve nos transportes rodoviários de mercadorias ou nos transportes ferroviários que pode no caso concreto prejudicar em maior medida operadores estrangeiros do que nacionais (sobre esta hipótese cfr., por todos, Rebhahn, ob. cit., p. 116 e Kerwer C., "Von Lokführern, solidarischen Druckern und Nürnberger Haushaltsgeräten: neue Tendenzen im Arbeitskampfrecht", *EuZA* 2008, pp. 335 e ss., p. 353),

[103] E de qualquer sindicato? Recorde-se que nas suas Conclusões apresentadas no caso Viking, C-438/05, o Advogado-Geral Miguel Poiares Maduro admitia que as normas relativas à livre circulação podiam aplicar-se directamente a certos particulares – portanto, pessoas privadas, incluindo sindicatos – mas não a todos. Observava, com efeito, que "as normas relativas á livre circulação são aplicáveis directamente a qualquer acção de particulares que seja capaz de restringir efectivamente o exercício do direito à livre circulação de outros" (n.° 43). E interrogava-se: "Mas como é que é possível determinar se é esta a situação? Parece não existir uma resposta simples a esta questão" (n.° 43). Sublinhava, aliás, que "em muitas circunstâncias, os particulares, simplesmente, não têm poder suficiente para impedir que outros exerçam os seus próprios direitos à livre circulação" (n.° 42) e considerava, inclusive, que mesmo que estivessem sujeitos à aplicação directa de tais normas, tal não acarretava necessariamente que a sujeição fosse idêntica à dos poderes públicos: "É óbvio que a conclusão de que determinados particulares estão sujeitos às normas relativas à livre circulação não significa o fim da sua autonomia privada. Também não significa, necessariamente, que devam ser exactamente considerados segundo os mesmos padrões que as autoridades estatais. O Tribunal de Justiça pode aplicar diferentes níveis de análise,

directamente vinculado pelas mesmas. E tudo isto sem esquecer a necessidade de remédios eficazes para a possível violação de tais liberdades…

Bibliografía

ALES E., GAETA L., ORLANDINI, G., "Collective action in Italy – Conceptualising the right to strike", in *Collective Action and Fundamental Freedoms in Europe, Striking the Balance*, dir. por Ales E. e Novitz T., Intersentia, Antwerp, Oxford, Portland, 2010, pp. 77 e ss.

BARNARD CATHERINE, ""British Jobs for British Workers": The Lindsey Oil Refinery Dispute and the Future" of *Local Labour Clauses in an Integrated EU Market, Indusrial Law Journal* 2009, pp. 245 e ss.

BARROW C., "Demir and Baykara v. Turkey: Insuflating life into article 11", *EHRLR (European Human Rights Law Review)*, 2010, n.° 4, pp. 419 e ss.

BAVARO V., "Lo sciopero e il diritto fra innovazione, tradizione e ragione pratica", *Lavoro e Diritto* 2015, pp.285 e ss.

dependendo da origem e da gravidade do impedimento ao exercício do direito à livre circulação e da importância e validade das reivindicações de autonomia privada contrapostas" (n.° 49). E rematava reiterando que "por outras palavras, os particulares podem frequentemente fazer coisas que as autoridades públicas não podem" (n.° 49). Esta perspectiva, mais matizada e porventura mais respeitadora da distinção entre o público e o privado não encontrou eco na decisão do Tribunal. E importa reconhecer que a sua aplicação prática seria muito delicada porque parece que dependeria frequentemente do poder de facto da pessoa privada, designadamente, do sindicato, que não é fácil de mensurar. Acresce que no domínio da greve, sendo certo que a uma greve convocada por um sindicato podem, no nosso sistema legal, aderir trabalhadores não filiados e até trabalhadores filiados em outros sindicatos e, por outro lado, mesmo os trabalhadores filiados no sindicato que decretou a greve podem acabar por optar por não aderir à greve, não pode, à partida, dizer-se que uma greve convocada por um sindicato com uma maior taxa de filiação será necessariamente mais eficaz que outra greve convocada por um sindicato com menos filiados…

BAYLOS A., "Collective Action in Spain", in *Collective Action and Fundamental Freedoms in Europe, Striking the Balance*, dir. por Ales E., e Novitz T., Intersentia, Antwerp, Oxford, Portland, 2010, pp. 109 e ss.

BAYREUTHER F., "Das Verhältnis zwischen dem nationalen Streikrecht und der EU-Wirstschaftsverfassung", *EuZA*, 2008, pp. 395 e ss.

BRUUN N., BÜCKER A., "Der Monti II Verordnungsvorschlag der EU Kommission. Eine kritische Würdigung", *Neue Zeitschrift für Arbeitsrecht* 2012, pp. 1136 e ss.

BUCHHOLTZ G., Streiken im europäischen Grundrechtsgefüge, Zum Harmonisierungspotenzial des Art. 6 nr. 4 ESC" in der Anwendung des EGMR und des EuGH, Mohr Siebeck, Tübingen, 2014.

BÜCKER A., "Die Rosella-Entscheidung des EuGH zu gewerkschaftlichen Massnahmen gegen Standortverlagerungen: Der Vorhang zu und viele Fragen offen", *NZA*, 2008, pp. 212 e ss.

CABEZA PEREIRO J., Huelga, Conflicto Colectivo y Libertades Comunitarias, in *El Conflicto Colectivo y la Huelga, estudios en Homenaje al Profesor Gonzalo Diéguez*, coord. por Jaime Cabeza Pereiro e Jesús Martínez Girón, (Murcia, 2008), Ed. Laborum,, pp. 57 e ss..

CHATZILAOU K., "La réponse du CEDS aux arrêts Viking et Laval", *Revue de Droit du Travail*, 2014, pp 160 e ss.

CHEADLE H., Constitutionalising the Right to Strike, in *Laws Against Strikes, The South African Experience in an International and Comparative Perspective*, (Milano, 2015), ed. por Bob Hepple, Rochelle le Roux e Silvana Sciarra, Franco Angeli, pp. 67 e ss.

CLAUS LUDWIG T., Zum Verhältnis zwischen Grundrechtecharta und allgemeinen Grundsätzen – die Binnenstruktur des Art. 6 EUV n.F., *Europa und Recht* 2011, pp. 715 e ss.

CZYCHOLL R., FRIELING T., "Auswirkungen der Europäischen Sozialcharta auf das Arbeitskampfrecht – Das Streikrecht aus Art. 6 Abs. 4 ESC als vorrangige gesetzgeberische Entscheidung", *ZESAR* 2011, pp. 322 e ss.

DÄUBLER W., "La rappresentanza degli interessi dei lavoratori al di là della contrattazione collettiva", *Lavoro e Diritto*, 2015, pp. 93 e ss.

DAUGHERTY RASNIC C., Lowering production costs by hiring non-domestic labor: Finnish Seamen's Union v. Viking Line and its progeny (and some comparisons with U.S. law), in *Le Travail Humain au Carrefour du Droit et de la Sociologie, Hommage au Professeur Nikitas Aliprantis, Presses Universitaires de Strasbourg, Srasbourg*, 2014, pp. 607 e ss.

DUMKE M., Streikrecht i.S. des Art. 6 Nr. 4 ESC und deutsches Arbeitskampfrecht, Vorgaben, Vereinbarkeit und Umsetzung, Peter Lang, Frankfurt am Main, 2013.

EDOARDO A., "The Law and the Courts. Regulating Strike in Seven European Countries", in *Collective Action and Fundamental Freedoms in Europe, Striking the Balance*, dir. por Ales E. e Novitz T., Intersentia, Antwerp, Oxford, Portland, 2010, pp. 243 e ss.

EVJU S., "The Right to Collective Action under the European Social Charter", *European Labour Law Journal,* 2011, pp. 196 e ss.

FABBRINI F., Fundamental Rights in Europe, Challenges and Transformations in *Comparative Perspective*, Oxford University Press, 2014.

FÜTTERER P., "Das Koalitions- und Streikrecht im EU-Recht nach dem Wandel der Rechtssprechung des EGMR zur Koalitionsfreiheit gemäss Art.11 EMRK (Demir und Baykara und andere)", *EuZA*, 2011, pp. 505 e ss.

GUAMÁN HERNÁNDEZ, A., "Negociación colectiva. Derecho de la competencia y libertades de circulación en la Unión Europea", *Revista del Ministerio del Trabajo e Inmigración*, vol. 92, pp. 143 e ss.

HERRESTHAL, C., "Die Re-Individualisierung des kollektiven Arbeitsrechts in der europäischen Integration am Beispiel der Tarifautonomie", *EuZA* 2011, pp. 3 e ss.

HUBER P., "Auslegung und Anwendung der Charta der Grundrechte", *NJW 2011*, pp. 2385 e ss.

JUNKER A., Die Gewährleistung der Tarifautonomie im europäischen Recht, *ZfA* 2015, pp. 267 e ss..

KEITH D: EWING, "Myth and Reality of the Right to Strike as a Fundamental Labour Right", *The International Journal of Comparative Labour Law and Industrial Relations*, 2013, vol. 29, n.° 2, pp.145 e ss.

KESSLER F., "Le droit fondamental à la négociation collective n'existe, en Europe, que sous condition, CJCE 15 juillet 2010, aff. 271/08 Commission européenne c. République fédérale d'Allemagne", *Droit Social,* 2010, pp. 1233 e ss.

KOCHER E., "Kollektivverhandlungen und Tarifautonomie – welche Rolle spielt das europäische Recht?", *Arbeit und Recht*, 2008, pp. 13 e ss.

KOHLBACHER E., *Streikrecht und Europarecht*, Linde Verlag, Wien, 2014.

KOVÁCS E., "The Right to Strike in the European Social Charter", *Comparative Labor Law and Policy Journal*, 2005, vol. 26, pp. 445 e ss.

LASA LÓPEZ A., "Derechos de conflicto y razones de mercado: caracterización jurídica de la huelga en el derecho comunitario europeo", *Revista de derecho constitucional europeo*, n.° 13, 2010, pp. 291 e ss.

LEITE J., "Anotação ao artigo 28.° da Carta dos Direitos Fundamentais da União Europeia" in *Carta dos Direitos Fundamentais da União Europeia Comentada*, coord. por Silveira A. e Canotilho M., Almedina, Coimbra, 2013, pp. 340 e ss.

LO FARO A., "Diritti sociali e libertà economiche del mercato interno: considerazioni minime in margine ai casi Laval e Viking", *Lavoro e Diritto* 2008, pp.65 e ss.

LÖRCHER K., "Neue Entwicklungen im Streikrecht durch die EGMR-Urteile Tymoshenko und HLS", *Arbeit und Arbeitsrecht* 2015, pp. 126 e ss.

MALMBERG J., SIGEMAN T., "Industrial Action and EU Economic Freedoms: The Autonomous Collective Bargaining Model Curtailed by the European Court of Justice", *Common Market Law Review*, 2008, vol. 45, pp. 1115 e ss.

MARGUÉNAUD J., MOULY J., "L'avènement d'une Cour européenne des droits sociaux (à propos de CEDH 12 novembre 2008, "Demir et Baykara c/ Turquie")", *Recueil Dalloz*, 2009, pp.739 e ss.

MARGUÉNAUD, J., MOULY J., "La jurisprudence sociale de la Cour EDH: bilan et perspectives", *Droit Social*, 2010, pp. 883 e ss.

MESTRE BRUNO, "The ruling Laval un Partneri: clarification and innovation", *European Law Reporter*, 2008, n.° 1, pp. 2 e ss.

MERINO M., "Le Renforcement de la Protection de la Liberté Syndicale par la Cour Européenne des Droits de L'Homme en Question", *Revue trimestrielle des Droits de l'Homme*, 2007, pp. 463 e ss.

NOVITZ T., "The Impact of Viking and Laval, Contesting the Social Function and the Legal Regulation of the Right to Strike, in Collective Actions and Fundamental Freedoms in Europe", *Striking the Balance*, coord. por Edoardo Ales e Tonia Novitz, In-tersentia, Antwerp, Oxford, Portland, 2010, pp. 251 e ss.

NUSSBERGER A., "Auswirkungen der Rechtssprechung des Europäischen Gerichthofs für Menschenrechte auf das deutsche Arbeitsrecht", *Recht der Arbeit*, 2012, pp. 270 e ss.

PAYANDEH M., "Die EMRK als grundrechtsbeschränkendes Gesetz?", *JuS* 2009, pp. 212 e ss..

PIESSKALLA M., "Unmittelbare Drittwirkung der Grundfreiheiten des EG-Vertrags bei Boykottaufrufen durch Gewerkschaften", *NZA*, 2007, pp. 1144 e ss.

REBHAHN, "Grundfreiheit vor Arbeitskamp – der Fall Viking", *ZESAR* 2008, pp. 109 e ss.

REMY P., "Quel droit social européen? Propos irrévérencieux sur un objet surestimé dans l'enseignement universitaire", in *Droit du Travail, Emploi, Entreprise, Mélanges en l'Honneur du professeur François Gaudu*, 2014, IRJS Éditions, pp. 185 e ss.

RENUCCI J., Birsan C., "La Cour européenne des droits de l'homme et la Charte sociale européenne: les liaisons dangereuses", *Recueil Dalloz*, 2007, n.° 6, pp. 410 e ss.

RODIERE P., "Les arrêts Viking et Laval, le droit de grève et le droit de négociation collective", *RTDeur*, 2008, pp.47 e ss.

ROQUETA BUJ R., "Los Derechos Sindicales en la "Carta de los Derechos Fundamentales de la Unión Europea"", *Revista de Derecho de la Unión Europea*, 2008, pp. 197 e ss.

SAGAN A., Das Gemeinschaftsgrundrecht auf Kollektivmassnahmen – Eine dogmatische Analyse des Art. 28 der Europäischen Grundrechtecharta, Duncker & Humblot, Berlin, 2008.

SALCEDO BELTRÁN, M. C., *Negociación Coletiva, Conflicto Laboral y Carta Social Europea*, Editorial Bomarzo, Madrid.

SCHMITT M., «L'influence des conventions de l'OIT sur les jurisprudences européennes. Approche comparée en matière de droit de négociation collective", *Revue de Droit du Travail*, 2013, pp. 513 e ss.

SCHUBERT C., "Anotação ao artigo 28.° da Carta dos Direitos Fundamentais da União Europeia", in *Kommentar zum europäischen Arbeitsrecht*, coord. por Franzen, Gallner, Oetker, C. H. Beck, München, 2016.

SCHUBERT C., "Europäische Grundfreiheiten und nationales Arbeitskampfrecht im Konflikt", *Recht der Arbeit*, 2008, pp. 289 e ss.

SCOGNAMIGLIO R., "La Dimensione Sindacale/Collettiva del Diritto del Lavoro". *RIDL* 2011, parte I, pp. 487 e ss.

SCHMITZ T., "Die EU-Grundrechtecharta aus grundrechtsdogmatischer und grundrechtstheoritischer Sicht", *Juristen Zeitung*, 2001, pp. 833 e ss.

SWIAT M., KOWSKI A., "European Social Charter: The Right to Strike", *Managerial Law*, 2005, vol. 47, pp. 284 e ss.

SYRPIS P., "Reconciling Economic Freedoms and Social Rights: The Potential of Commission v Germany (Case C-271/08, Judgement of 15 July 2010)", *Industrial Law Journal*, 2011, vol, 40, pp. 222 e ss.

TEMMING F., Das "schwedische Modell" auf dem Prüfstein in Luxemburg – der Fall Laval, *ZESAR* 2008, pp. 231 e ss.

THÜSING G., TRAUT J., "Zur begrenzten Reichweite der Koalitionsfreiheit im Unionsrecht", *Recht der Arbeit*, 2012, pp.65 e ss.

UGARTE CATALDO, J.L., "Teoría del derecho de huelga, constitución y contenido protegido", *Trabajo y Derecho*, n.° 23, 2016, pp. 23 e ss.

VENEZIANI B., "La Corte di Giustizia e il Trauma del Cavallo di Troia", *Rivista Giuridica del Lavoro e della Previdenza Sociale* 2008, parte II, pp. 295 e ss.

VELDMANN A., "The Protection of the Fundamental Right to Strike within the Context of the European Internal Market: Implications of the Forthcoming Accession of the EU to the ECHR", *Utrecht Law Review*, 2013, vol. 9, n.° 1, pp. 104 e ss.

VELYVITE V., "The Right to Strike in the European Union after Accession to the European Convention on Human Rights: Identifying Conflict and Achieving Coherence", *Human Rights Law Review*, 2015, 15, pp. 73 e ss.

WAGNER C., *Der Arbeitskampf als Gegenstand des Rechts der Europäischen Union*, Nomos, Baden-Baden, 2010.

WANK R., "Aktuelle Probleme des Arbeitskampfrechts, Unterstützungsstreik, Streik um Tarifsozialplan, Schadensersatz und einstweilige Verfügung", *Recht der Arbeit* 2009, pp. 1 e ss.

ZWANZIGER B., "Arbeitskampf- und Tarifrecht nach den EuGH-Entscheidungen "Laval" und "Viking"", *Der Betrieb* 2008, pp. 294 e ss.

O TRABALHADOR ESTRANGEIRO NO DIREITO LABORAL DA PENÍNSULA IBÉRICA: ASPECTOS BÁSICOS

MARIA REGINA REDINHA[1]

ANA I. PÉREZ CAMPOS[2]

---

[1] Professora da Faculdade de Direito da Universidade do Porto; Investigadora do CIJE – Centro de Investigação Jurídico-Económica.

[2] Professora da Universidade Rey Juan Carlos. Madrid.

RESUMO:

O presente artigo procede a uma exposição crítica comparada do estatuto jurídico-laboral dos trabalhadores imigrantes em Espanha e Portugal, relevando o respectivo quadro normativo aplicável e o seu modelo sancionatório.

PALAVRAS CHAVE: Trabalho de imigrantes; trabalho de estrangeiros; trabalho irregular

I. Introdução

Desde a Antiguidade que os homens viajam pelo mundo em busca de una vida melhor. A migração converteu-se num fenómeno internacional permanente e num dos desafios mais visíveis da globalização, tendo as questões migratórias passado a situar-se no centro das agendas políticas, tanto dos Estados nacionais como de numerosas organizações internacionais.

Nos últimos anos, as questões migratórias têm constituído, assim, um tema de actualidade e debate das políticas nacionais e transnacionais, convertendo-se num fenómeno internacional permanente de dimensões e escala sem precedentes. A União Europeia (UE) não fica à margem desta realidade e, desde há anos, a migração e os fenómenos a ela associados - como a livre circulação de trabalhadores – encontraram o seu espaço na complexa e ampla dinâmica do processo de integração europeia.

Ao longo da sua história, a Europa tem sido um continente marcado por movimentos migratórios muito acentuados[3]. Quando se examinam os dados, ressalta evidente que estes fluxos migratórios têm um carácter ambivalente, sendo considerados ao mesmo tempo como um problema social e como uma solução para as tendências demográficas da UE[4]. Esta situação tem especial incidência no que se refere à imigração, na medida em que supõe para a Europa tanto uma oportunidade como um desafio.

A mobilidade dos cidadãos, que adopta a forma de direito à livre circulação, consagrada no Direito originário da Comunidade Europeia constitui um dos grandes objectivos da Estratégia de Lisboa e uma das recomendações das directrizes integradas para o crescimento e emprego em Espanha e Portugal. Neste âmbito dinâmico, cuja evolução se vê impulsionada pela política do mercado de trabalho, pela estrutura familiar e pelo processo de integração europeia, a livre circulação não contribui apenas para a consecução do mercado único, pois tem, além disso, uma dimensão social importante, uma vez que favorece a inclusão social, económica e cultural dos trabalhadores migrantes da UE nos Estados membros de acolhimento[5].

---

[3] Casado López, Mª L., *Inmigración y políticas de regularización en la Unión Europea, Inmigración y Derechos de ciudadanía*, Colección Monografías, ed. Fundación CIDOB, Barcelona, 2006, p. 29.

[4] Argerey Vilar, P., "La política de inmigración en la Unión Europea", *Documento de Trabajo* 4, (2001), Universidad San Pablo CEU, Madrid, Outubro de 2001, p. 4.

[5] Veja-se a *Comunicação da Comissão ao Conselho, ao Parlamento Europeu, ao Comité Económico e Social e ao Comité das Regiões sobre reafirmação da livre circulação de trabalhadores: direitos e principais desenvolvimentos*, de 13 de Julho de 2010. COM (2010) 373 final. Olesti Rayo, A., "El Espacio Schengen y la reinstauración de los controles en las fronteras interiores de los Estados miembros de la Unión Europea". *REAF*, núm. 15, Abril 2012, págs. 44-84.

Não obstante, a actual situação de crise económica mundial propiciou que a mobilidade de pessoas e trabalhadores adquirisse um marcado carácter normativo, na medida em que as suas técnicas e princípios foram revistos pela sua repercussão no mercado de trabalho.

Apesar de os imigrantes serem necessários para cobertura das lacunas de mão-de-obra, tanto em Espanha como em Portugal, onde a população autóctone envelhece e a taxa de natalidade diminui, a forte crise que atravessam os países da Península Ibérica torna necessário refrear a imigração irregular e cooperar com outros países para organizar a repatriação voluntária de imigrantes. Todavia, toda a política de imigração baseia-se, desde há vários anos, na busca de um justo equilíbrio entre permitir o acesso legal ao território de cidadãos de terceiros Estados e reforçar as medidas de luta contra a imigração ilegal e a delinquência transfronteiriça.

No presente trabalho ensaia-se uma reflexão conjunta sobre os direitos laborais dos trabalhadores estrangeiros na Península Ibérica, através de uma análise comparada sobre a protecção deste colectivo de trabalhadores em Espanha e em Portugal, centrada nos aspectos básicos do heterogéneo quadro normativo aplicável e no seu modelo sancionatório.

A este respeito, convém, desde já, precisar que o alcance dos citados direitos laborais do trabalhador estrangeiro difer em função de que tipo de estrangeiro se trate, quer dizer, consoante seja comunitário, residente legal, ou, em situação irregular, etc. Sem obviar ao facto de que para aceder ao direito ao trabalho pode ser necessária uma autorização administrativa variável, nomeadamente, em função do tipo de residência ou permanência do estrangeiro.

II. Trabalhador estrangeiro em Portugal

2.1. *Contexto*

As migrações são parte do viver global que caracteriza o nosso mundo e Portugal, à semelhança do que sucede com Espanha, tem cinco séculos de convivência com este fenómeno. Na realidade, ao longo da sua história, Portugal foi mais um país de emigração do que destino de imigração. Recentemente, porém, no final do século XX, o fluxo inverteu-se significativamente para logo retomar o seu sentido tradicional a partir de 2009. De acordo com os últimos dados oficiais[6], em 2015 havia menos de 400.000 estrangeiros a viver, declarada e legalmente, no país. A maior comunidade estrangeira tem origem no Brasil, seguida por Cabo-Verde, Ucrânia, Roménia, China, Angola e Reino Unido. Apesar desta tendência para o decréscimo do acolhimento de imigrantes, o número de estrangeiros provenientes dos Estados-membros da União Europeia está a aumentar, particularmente provenientes de França e Itália.

Ora, é este contexto migratório flutuante que o ordenamento jurídico português actua hoje, através da convergência de uma normatividade nacional e internacional multinivelada.

2.2. *Âmbito subjectivo*

A primeira questão a defrontar para desenho da condição jurídico-laboral dos trabalhadores imigrantes é, naturalmente, a determinação do âmbito subjectivo de análise, ou seja, a deter-

[6] *Relatório de Imigração, Fronteiras e Asilo*, Serviço de Estrangeiros e Fronteiras, Junho de 2016, disponível em https://sefstat.sef.pt/Docs/Rifa_2015.pdf.

minação de quem pode ser considerado imigrante segundo o direito laboral português.

No Código do Trabalho e na legislação avulsa não encontramos uma noção de trabalhador imigrante, nem, tão pouco, a jurisprudência saída da jurisdição do trabalho adoptou ou criou uma definição unívoca, motivo pelo qual há que buscar um conceito operativo na ordem jurídica supranacional.

Deste modo, somos remetidos para o artigo 11 da *Convenção 97* da OIT, relativa aos trabalhadores migrantes, ratificada por Portugal em 1978[7]: "pessoa que emigra de um país para outro com vista a ocupar um emprego que não seja por sua conta própria". Esta Convenção, que alinha uma noção próxima da que encontramos na *Convenção Internacional sobre a Protecção dos Direitos dos Trabalhadores Migrantes e dos Membros das suas Famílias*[8], tem, contudo, um âmbito mais restrito, pois circunscreve-se ao trabalho subordinado, ao passo que este último instrumento abrange igualmente a actividade autónoma.

Os elementos estruturantes do reconhecimento da categoria de trabalho migrante a partir do enunciado da *Convenção 97* são a qualidade de estrangeiro e a livre deslocação e emprego no país de recebimento.

Assim, não se abrangem no trabalho migrante, realidades como o trabalho forçado ou o trabalho efectuado por cidadãos

---

[7] Cfr. Lei n. 50/78, de 25 de Julho.

[8] Adoptada pela Resolução 45/158 da Assembleia Geral das Nações Unidas, em 18 de Dezembro de 1990. Portugal, à semelhança dos restantes países europeus não ratificou esta Convenção, que tem tido um percurso atribulado. De um modo geral, a maior parte dos grandes Estados de acolhimento, não ratificou esta Convenção que demorou mais de vinte anos a entrar em vigor, a 1 de Julho de 2003, Cfr. Matias, G. S. e Martins, P. F., *A Convenção Internacional sobre a Protecção dos Direitos de Todos os Trabalhadores Migrantes e dos Membros das suas Famílias: Perspectivas e Paradoxos Nacionais e Internacionais em Matéria de Imigração*, Lisboa 2007, pp. 27- 35.

expatriados que regressem ao Estado da sua nacionalidade. No trabalho forçado não se verifica a livre movimentação para o país de destino e no trabalho de emigrantes retornados não se preenche a condição de estraneidade. Também os trabalhadores destacados estrangeiros se devem ter por excluídos, uma vez que o impulso para o trabalho no país de acolhimento não resulta da iniciativa do trabalhador, apesar da sua concordância com o destacamento, mas antes do impulso e interesse do empregador.

Para efeitos laborais releva, assim, o entendimento do trabalhador imigrante como o trabalhador estrangeiro que estabelece livremente uma relação de emprego num país diverso daquele de que é originário.

2.3. *Determinação do estatuto de estraneidade*

Sendo a qualidade de estrangeiro pressuposto da condição de trabalhador migrante, importa, por conseguinte, proceder à sua determinação.

Ora, na ordem jurídica portuguesa o estatuto de estraneidade é obtido por exclusão do estatuto de nacional e para a sua configuração concorrem diversas fontes normativas nacionais e internacionais.

a) Superestrutura normativa internacional

A partir dos instrumentos universais ou gerais de protecção dos direitos humanos, a começar na Declaração Universal dos Direitos do Homem, passando pelo Pacto Internacional sobre Direitos Civis e Políticos, pelo Pacto Internacional sobre Direitos Económicos, Sociais e Culturais e terminando nas Convenções anti-discriminatórias (Convenção Internacional sobre a Eliminação de Todas as Formas de Discriminação Racial, Convenção sobre a Eliminação de Todas as Formas de Discriminação contra as Mulheres, Convenção sobre Direitos da Criança, Protocolo Opcional à Convenção sobre os Direitos das Pessoas com Deficiência), o quadro legal internacional do trabalho migrante tem como eixo fundamental a ideia de igualdade de tratamento, uma aspiração que faz parte da nossa herança civilizacional desde que há memória do tempo: "Não oprimirás um estrangeiro residente; vós conheceis a vida do estrangeiro residente, porque fostes estrangeiros na terra do Egipto" (*Êxodo* 23:9).

Integrando Portugal a União Europeia, o seu direito interno agrega, igualmente, o património normativo decorrente dos seus Tratados e do direito derivado. No que respeita aos Tratados, há que considerar com especial atinência para o tratamento do trabalho migrante, o artigo 3, n.os 1 e 2, do Tratado da União Europeia e o artigo 20, n.º 1, do Tratado sobre o Funcionamento da União Europeia, ao instituir as bases fundamentais de uma cidadania da União e o direito de livre circulação no território dos Estados-Membros. No direito secundário, destacam-se a Directiva 2004/38/CE do Parlamento Europeu e do Conselho, de 29 de Abril de 2004, sobre o direito de livre circulação e residência, e, sobretudo, o Regulamento 492/2011, do Parlamento e do Conselho, de 5 de Abril de 2011, que não se limita a consagrar a liberdade de circulação como um direito fundamental dos trabalhadores e das suas famílias, antes assegura o seu exercício qualificado em condições de igualdade e dignidade.

b) Superestrutura normativa nacional

No plano nacional a Constituição da República, no seu artigo 15, ocupa-se da posição jurídica dos estrangeiros, apátridas e cidadãos europeus, assegurando-lhes, por via de princípio, igualdade de direitos e obrigações com os cidadãos nacionais.

No entanto, o preceito constitucional autoriza, no seu número 3, a diversidade estatutária de certos estrangeiros, porquanto, prevê a possibilidade de diferenciação positiva no tratamento dos nacionais dos países de expressão oficial portuguesa em condições de reciprocidade e a autonomização dos cidadãos da União Europeia da categoria genérica de estrangeiros, reconhecendo-lhes direitos adicionais – número 5.

c) Estrutura normativa nacional

A nível da legislação ordinária portuguesa, várias são as fontes convocadas para determinação da qualidade de estrangeiro e para regulamentação do seu alcance e conteúdo.

A primeira de entre elas é, sem dúvida, a Lei da Nacionalidade – Lei 37/81, de 3 de Outubro –, e o Regulamento da Lei da Nacionalidade – Decreto-lei 237-A/2006, de 14 de Dezembro –, pois nestes diplomas se contêm os elementos de definição do estatuto individual, bem como os critérios originais (ascendência portuguesa) e secundários (naturalização e casamento, entre outros) de atribuição, aquisição e perda da nacionalidade portuguesa.

Outra importante regulamentação nesta matéria consta da Lei 37/2006, de 9 de Agosto, que tem por objecto a livre circulação e residência dos cidadãos da União Europeia e das respectivas famílias e efectua a transposição para o direito interno da Directiva 2004/38/CE. Aqui se desenha, entre outros, o direito de residência destes estrangeiros com estatuto especial. Direito incondicionado, se a permanência não ultrapassar três meses – art. 6 – ou se se prolongar por período de tempo superior, sujeito à verificação de requisitos materiais, entre os quais o emprego subordinado ou a prestação de actividade profissional independente – art. 7, n.º 1, al. *a)*.

A entrada, permanência, saída e afastamento de estrangeiros exteriores à União Europeia encontra-se disciplinada na

Lei 23/2007, de 4 de Julho, que constitui assim o regime geral da estraneidade por contraposição à regulamentação especial relativa à liberdade de circulação e residência dos cidadãos da União Europeia, sendo, inclusive, de aplicação subsidiária para este último – art. 4, n.° 2.

d) Conclusão

Conforme resulta do cruzamento de todas estas fontes normativas, todos os não nacionais são havidos por estrangeiros, embora os cidadãos de Estados-membros da União Europeia, pela sujeição a um estatuto jurídico particular e pela aproximação substantiva que a extensão da igualdade de tratamento impõe, possam ser considerados quase-nacionais ou como um grupo intermédio na tradicional classificação dicotómica.

2.4. *Trabalho imigrante*

Sabendo quem é estrangeiro, podemos agora debruçarmo-nos sobre quem é imigrante e quais as repercussões jurídico-laborais que essa qualificação importa, passo que nos conduz ao Código do Trabalho, lei comum da prestação de trabalho subordinado na qual não se acha qualquer referência ao trabalho de imigrante, mas se encontram duas disposições – os artigos 4 e 5 – dedicadas ao trabalho de estrangeiros.

Ora, no direito português, inexiste uma definição operativa de imigrante para efeitos laborais ou outros, como vimos. Nesta conformidade, o trabalho dos imigrantes não tem autonomia normativa face ao trabalho de estrangeiros, como a não tem o trabalho dos refugiados. Todavia, reflectindo, a especial situação dos nacionais da União Europeia e outras que, residualmente, lhe são próximas, o Código do Trabalho considera apenas, como trabalho de estrangeiros, o trabalho prestado por cidadãos que não sejam nacionais do Espaço Económico Europeu ou de Estado que institua igualdade de tratamento com cidadão português, no que concerne ao livre prestação de actividade profissional – artigo 5, n.º 6.

O artigo 4 do Código do Trabalho proclama o princípio de igualdade de tratamento dos trabalhadores estrangeiros e apátridas, em consonância com o artigo 15 da Constituição da República, ao passo que o artigo 5 se ocupa dos requisitos formais do contrato de trabalho e do âmbito de aplicação do regime especial que prescreve.

Deste quadro legal emergem quatro proposições normativas essenciais:

– Igualdade de tratamento;
– Contrato de trabalho sujeito a forma escrita, com um conteúdo mínimo obrigatório;
– Registo do contrato de trabalho junto da autoridade com poderes inspectivos, ACT – Autoridade para as Condições do Trabalho;
– Destacamento de trabalhadores entregue a disciplina específica.

a) Igualdade de tratamento

Este princípio, derivado da afirmação constitucional mais ampla do artigo 15 da Constituição da República, projecta-se a nível do direito laboral como o direito ao estabelecimento de uma relação de trabalho em condições em tudo análogas à dos nacionais. O trabalhador estrangeiro, de qualquer nacionalidade, ou apátrida tem a partir da celebração do contrato de trabalho, na sua execução e na sua extinção a mesma posição jurídica do trabalhador nacional, pelo que, as particularidades da sua regulamentação se manifestam, principalmente, ao nível da formação do contrato, o que equivale a afirmar que durante a relação laboral não existe qualquer diferenciação jurídica.

A igualdade de tratamento não é, contudo, extensível a toda a prestação de trabalho dependente, uma vez que, por via de regra, a constituição do vínculo de emprego público está reservada a nacionais portugueses – artigo 17, n.º 1, *a)*, da Lei Geral do Trabalho em Funções Públicas, Lei 35/2014, de 20 de Junho.

b) Contrato de trabalho sujeito a forma escrita, com um conteúdo mínimo obrigatório

O contrato de trabalho com estrangeiros ou apátridas é um contrato formal, ou seja, tem que ser celebrado por escrito – artigo 5, n.º 1, do Código do Trabalho. Trata-se, assim, de uma excepção à mera consensualidade do contrato de trabalho comum. No entanto, a forma não se cumpre apenas através da redução a escrito, pois, além da existência de documento a titular o contrato, é ainda necessária a inclusão das menções obrigatórias referidas no citado artigo 5, n.º 1. A forma tem aqui, por conseguinte, um âmbito mínimo cuja inobservância resulta na invalidade do contrato, pois todas as menções obrigatórias dizem respeito a elementos essenciais do contrato, sendo, portanto, *ad substantiam*.

Menções relativas à identificação das partes, ao objecto do contrato, mas também à existência de visto de trabalho ou autorização de residência ou permanência do trabalhador em território português – alínea *b)* – são requeridas com o intuito de evitar o emprego clandestino ou irregular de trabalhadores imigrantes.

A forma deste contrato justapõe-se às formalidades requeridas pela modalidade do contrato de trabalho em questão. Assim, num contrato de duração determinada com trabalhador estrangeiro às exigências formais impostas ao contrato com trabalhador estrangeiro ou apátrida juntam-se as previstas no artigo 141 para a forma do contrato a termo.

c) Outras particularidades do contrato de trabalho com estrangeiros

Além destas linhas de força, o trabalho de imigrante possui ainda outras exigências formais e procedimentais ditadas pela acrescida vulnerabilidade em que se encontram os trabalhadores expatriados e pela potencial rarefacção dos laços familiares e sociais. Nesta conformidade, em anexo ao contrato de trabalho deve ser anexado documento que contenha a identificação e domicílio da(s) pessoa(s) beneficiária(s) da pensão em caso de morte por acidente de trabalho ou doença profissional – artigo 5, n.° 2, Código do Trabalho.

À exigência de forma escrita com conteúdo mínimo obrigatório junta-se, igualmente, a elaboração em duplicado do contrato – artigo 5, n.° 3, Código do Trabalho -, para reforço da obrigação genérica de informação que recai sobre o empregador – artigo 106 e ss. do Código do Trabalho – e da garantia de cabal conhecimento das condições de execução da prestação laboral pelo trabalhador.

Prosseguindo já finalidades mais de controle da legalidade da permanência em território português do que de protecção laboral, o artigo 5, n.° 4, impõe que ao exemplar do contrato do trabalhador seja apenso documento comprovativo da legalidade da entrada, permanência e/ou residência em território português, nomeadamente visto de residência permanente[9].

---

[9] Para a tipologia dos vistos e seu alcance e extensão, cfr. artigos 45 e ss. da Lei 23/2007, de 4 de Julho.

d) *Comunicação da celebração e cessação do contrato de trabalho junto da autoridade com poderes inspectivos, ACT – Autoridade para as Condições de Trabalho*

Buscando reforçar a visibilidade dos trabalhadores estrangeiros, particularmente vulneráveis a condições de trabalho infra-legais e infra-convencionais, e assegurar a transparência da sua situação jurídico-laboral, o Código obriga ainda o empregador à manifestação do contrato junto da autoridade competente para a inspecção do trabalho, a ACT – Autoridade para as Condições de Trabalho (artigo 5, n.° 5).

A comunicação deve ser efectuada através de formulário electrónico e respeita aos dois momentos vitais do vínculo laboral: a sua celebração e a sua cessação. Para a celebração, a comunicação tem que ser efectuada antes do início da execução do contrato, enquanto para a cessação o prazo é de quinze dias após a sua verificação.

A inobservância da comunicação não se repercute na validade do contrato, pois é uma medida de natureza probatória ou fiscalizadora.

Esta obrigação não é, porém, extensiva a todos os contratos com trabalhadores estrangeiros, pois dela estão isentos não só os contratos com cidadãos da União Europeia, como contratos com nacionais de alguns países da lusofonia, entre outros[10].

[10] De acordo com o Aviso publicado no *Boletim do Trabalho e Emprego*, n. 17, de 8 de Maio de 1999, estão isentos desta formalidade, os contratos de cidadãos de Estado-membro da União Europeia, ou cidadãos nacionais da Islândia, Liechtenstein, Noruega, Turquia, Cabo Verde, Guiné Bissau, São Tomé e Príncipe e Brasil. Neste último caso, porém, desde que o trabalhador haja requerido o estatuto de igualdade de direitos.

e) Destacamento de trabalhadores entregue a disciplina específica

O destacamento de trabalhadores, regulado nos artigos 6 a 8 do Código do Trabalho, é um instrumento jurídico de e para a mobilidade do trabalho. É, por conseguinte, uma figura que não se atém à nacionalidade do trabalhador, pois pode referir-se tanto a trabalhadores estrangeiros como a nacionais.

Por outro lado, a deslocação geográfica em causa no destacamento é da iniciativa e do interesse do empregador e não do trabalhador, como acontece no trabalho migrante. O trabalhador destacado deslocaliza-se por impulso do empregador no quadro de um contrato de trabalho preexistente, embora possa prestar o seu consentimento para a expatriação, ao passo que o trabalhador imigrante mobiliza-se por sua livre iniciativa com vista à obtenção de emprego.

As diferenças entre o destacamento e a imigração justificam, assim, a apartação dos correspondentes regimes laborais.

2.5. *Trabalho de estrangeiros irregular e quadro sancionatório*

Por irregularidade no contrato de trabalho de estrangeiros entendemos aqui qualquer violação da sua regulamentação, quer esta provenha de fontes de direito laboral ou não.

Com esta amplitude, podemos, assim, considerar três momentos distintos para apuramento das sanções aplicáveis a cada tipo de irregularidade.

a) Principais irregularidades aquando da celebração do contrato

Uma das principais irregularidades que afecta a celebração de contrato de trabalho com estrangeiros prende-se com a entrada ou permanência ilegal, situação, que, obviamente, escapa ao direito laboral e é objecto de um complexo de sanções previstas na Lei 23/2007, de 4 de Julho, que pode culminar com a expulsão do território português. Todavia, a par destas sanções, a ilegalidade da entrada ou da estada do estrangeiro em Portugal gera ainda a nulidade do contrato de trabalho, pois trata-se da preterição de um requisito de validade do contrato. A nulidade, porém, de acordo com o artigo 122, n.º 1, do Código do Trabalho, não impede que o contrato seja tido como válido durante o período de tempo em que foi executado.

As irregularidades formais também podem conduzir à invalidade do contrato, se tiverem natureza substantiva. É o caso da falta de redução a escrito do contrato ou da não inclusão das menções que compõem o contudo mínimo formal. Já a falta de anexação ao contrato de documento comprovativo da entrada, permanência ou residência legal em Portugal constitui contraordenação grave, à semelhança do que acontece com a não comunicação da celebração do contrato à ACT - Autoridade para as Condições do Trabalho – art. 5, n.º 7, do Código do Trabalho.

b) Principais irregularidades no decurso da relação de trabalho

Por actuação do princípio da igualdade de tratamento, durante a relação de trabalho, as violações do quadro legal ou contratual do trabalho subordinado têm, exactamente, os mesmos efeitos daquelas que ocorrem no âmbito do contrato de trabalho comum.

c) Principais irregularidades após a cessação do contrato de trabalho

Se o empregador não cumpre com a obrigação de comunicar a cessação do vínculo laboral à ACT – Autoridade para as Condições do Trabalho, nos quinze dias subsequentes à sua verificação, incorre em contraordenação grave e, por consequência, no pagamento da respectiva coima – art. 5, n.° 7, do Código do Trabalho.

d) Outras sanções

O direito de estrangeiros prevê ainda sanções de índole contraordenacional e criminal que, eventualmente, podem justapor-se às penalizações previstas no Código do Trabalho ou desencadear a responsabilidade dos sujeitos da relação laboral.

No âmbito da Lei 23/2007, de 4 de Julho, estão previstas contraordenações para a permanência ilegal – artigo 192 –, para o transporte de pessoa com entrada não autorizada no País – artigo 194 –; exercício de actividade profissional não autorizado – artigo 198 –; utilização da actividade de cidadão estrangeiro em situação ilegal – artigo 198-A –; e apoio ao cidadão nacional de país terceiro cuja actividade foi utilizada ilegalmente.

A mesma Lei recorta ainda os crimes de auxílio à imigração ilegal – artigo 183 –; associação de auxílio à imigração ilegal – artigo 184 –; angariação de mão-de-obra ilegal – artigo 185 –; utilização da actividade de cidadão estrangeiro em situação ilegal – artigo 185-A.

2.6. *Enunciado conclusivo*

No direito português o trabalho de imigrantes não tem autonomia sistemática ou normativa, antes se insere na categoria genérica do trabalho de estrangeiros. A regulamentação do trabalho de estrangeiros, por seu turno, resulta, enquanto corpo normativo, de uma pluralidade de fontes dispersas e de disposições de natureza heterogénea, o que conduz à sua complexidade e dificulta uma leitura compreensiva.

Do ponto de vista laboral, o trabalho de estrangeiros caracteriza-se pelo estabelecimento de um contrato de trabalho com regime especial influído pelo princípio da igualdade de tratamento.

A irregularidade do trabalho de estrangeiros, que tem a sua incidência mais acentuada no momento da celebração do contrato, está, sobretudo, ligada às infrações relativas à ilegalidade do estatuto de imigrante do trabalhador e, por conseguinte, dá, origem a ilícitos laborais e a violações do direito dos estrangeiros sancionadas civil, administrativa e penalmente.

III. Trabalhador estrangeiro em Espanha

3.1. *Contexto*

A migração em Espanha é um fenómeno de grande importância a nível económico e demográfico. Segundo os últimos dados obtidos para 2018, a população residente estrangeira supera os quatro milhões e meio de habitantes[11]. Por nacionalidades, as mais presentes são a marroquina (que conheceu um retrocesso nos últimos anos devido à concessão de nacionalidade espanhola a dezenas de milhares de cidadãos marroquinos), a romena, a britânica, a italiana e a equatoriana.[12]

---

[11] INE. "Cifras de población a Janeiro de 2018". *Estadística migraciones*.

[12] O decréscimo populacional durante 2015 foi fruto de um saldo demográfico (nascimentos menos óbitos) negativo de 2.753 pessoas e de um saldo migratório também negativo de 8.389 pessoas (registaram-se 343.614 imigrações procedentes do estrangeiro e 352.003 emigrações com destino ao estrangeiro). O saldo migratório dos espanhóis com o exterior durante 2015 foi de -46.707. A imigração de espanhóis desde o estrangeiro aumentou 27,5% com respeito ao ano de 2014, enquanto a população espanhola que

À margem destas cifras convém precisar que, na a última década, a origem dos imigrantes se diversificou em consequência da crise económica. A descida sem precedentes do PIB deu lugar à taxa de desemprego mais elevada da UE. Por outro lado, o incremento contínuo dos residentes em Espanha e o seu elevado desemprego afectaram a capacidade de Espanha para absorber novas chegadas de trabalhadores; circunstância que propiciou, entre outros factores, o estabelecimento de políticas de retorno e a emigração de espanhóis. Deste modo, a migração de retorno, se bem que tenha estado presente desde sempre nas políticas migratórias, na actualidade está a suscitar uma especial atenção das instâncias comunitárias, acentuada, sem dúvida, pela incidência da forte recessão económica que atravessa a UE e pelo aumento de trabalhadores em situação irregular[13].

3.2. *Delimitação conceptual*

Não existe uma definição clara e unívoca de trabalhador estrangeiro. No entanto, a essa noção podem encontrar-se referências conceptuais em normas tanto de nível internacional, como comunitário e nacional.

3.2.1. *Quadro normativo supranacional*

Na vertente internacional, as Convenções 97 e 143 da Organização Internacional do Trabalho (OIT) definiram o trabalhador estrangeiro como "toda a pessoa que emigra de um país a outro

---

emigrou para outros países aumentou 23,0%, INE. *Nota de prensa de 30 de junio de 2016. Estadística de Migraciones 2015. Adquisiciones de Nacionalidad Española de Residentes 2015.*

[13] AAVV, *La política migratoria en materia de retorno de extranjeros extracomunitarios* (Dir. P Charro Baena), Laborum, Murcia. 2013.

para ocupar um emprego que no exercerá por conta própria", descartando assim todas as formas de trabalho autónomo que, recordamos, afectam importantes comunidades de imigrantes no nosso País, como a chinesa, paquistanesa e, asiática em geral, que encontram no sector da hotelaria e do comércio a sua principal ocupação profissional.

Pela parte do Direito Comunitário, a regulação europeia traçou uma clara diferenciação, a nível não só conceptual, mas também de direitos reais e tangíveis, da condição de cidadão comunitário e de aqueloutros estrangeiros extracomunitários, de tal modo que a distinta normatividade aplicável aos nacionais de terceiros Estados, frente aos cidadãos da União, se perfila como um factor fundamental na hora de proporcionar una definição de estrangeiro[14].

Uma das quatro liberdades de que desfrutam os cidadãos da União é a livre circulação dos trabalhadores, que inclui o direito de deslocação e residência do trabalhador, o direito de entrada e residência dos membros da família y o direito a trabalhar noutro Estado membro e a receber o mesmo tratamento que os nacionais desse Estado.

O conjunto normativo que regula o direito de livre circulação circunscreve-se ao artigo 3, parágrafo 2, do Tratado da União Europeia (TUE); artigos 4, parágrafo 2, alínea *a)*, 20, 26 e 45 a 47 do Tratado de Funcionamento da União Europeia (TFUE). A nível do direito derivado, por sua parte, destaca-se a Directiva 2004/38/CE, relativa ao direito dos cidadãos da União e dos membros das suas famílias a circular e residir livremente no território dos Estados membros; Regulamento (UE) n.º 492/2011, relativo à livre circulação dos trabalhadores dentro da União;

---

[14] BALLESTER PASTOR, M. A., *El Trabajo de los Extranjeros no Comunitarios en España,* Tirant lo Blanch, Valença, 1997, p. 16. GARCÍA-CALABRÉS COBO, F., *Régimen laboral de los trabajadores extracomunitarios*. Consejería de Gobernación de la Junta de Andalucía, Sevilha, 2006, p. 17.

Regulamento (CE) n.° 883/2004, sobre a coordenação dos sistemas de segurança social e seu Regulamento de aplicação (CE) n.° 987/2009.

3.2.2. *Quadro normativo nacional*

A residência em Espanha dos nacionais dos Estados membros da União Europeia, de outros Estados parte no Acordo sobre o Espaço Económico Europeu (Islândia, Liechtenstein e Noruega) e da Confederação Suíça, assim como a de seus familiares e familiares de espanhóis que sejam nacionais de terceiros países, regula-se pelo Real Decreto 240/2007, de 16 de Fevereiro, sobre entrada, livre circulação e residência em Espanha de cidadãos dos Estados membros da União Europeia e de outros Estados parte no Acordo sobre o Espaço Económico Europeu.

No que se refere ao alcance dos direitos dos estrangeiros não comunitários em Espanha, a Lei Orgânica 4/2000, de 11 de Janeiro, sobre direitos e liberdades dos estrangeiros em Espanha e sua integração social (doravante Lex)[15], delimita quem é o estrangeiro a quem se vão reconhecer uma série de direitos, entre outros, laborais e de Segurança Social.

O ordenamento espanhol define o estrangeiro de forma negativa, na medida em que se refere a "todo aquele que no tem a nacionalidade espanhola" (art. 1 Lex). Contudo, à margem desta noção básica, as situações dos estrangeiros em Espanha são diversas e poderiam circunscrever-se a dois grupos que dife-

[15] Modificada pelas LO 8/2000, 14/2003 y 2/2009. É a lei espanhola que regula a entrada e permanência dos estrangeiros extracomunitários no território espanhol, assim como os direitos e liberdades que se lhes reconhecem. O seu actual Regulamento de desenvolvimento foi aprovado pelo Real Decreto 2393/2004, de 30 de Dezembro. Com data de 30 de Junho de 2011, substituído pelo novo Regulamento de desenvolvimento, aprovado pelo Real Decreto 557/2011, de 20 de Abril (BOE, de 30 de Abril).

renciariam entre trabalhadores em situação legal com um trabalho por conta alheia ou própria e aqueles outros que se encontram em situação irregular e que carecem de autorização para trabalhar.

A noção de imigrante é uma noção descritiva de um fenómeno sócio-económico que no nosso contexto alude à vinda para Espanha de pessoas de outros países em busca de melhores condiciones de vida e trabalho[16]. Não obstante, na vertente jurídico-laboral também se afirmou que o imigrante é um estrangeiro que busca trabalho num país que não é o seu[17].

Por consequência, articulam-se diferentes respostas normativas na regulação das relações laborais. Mas se o fenómeno da imigração, se bem que tenha a sua base fundamentalmente económica, é sumamente complexo, esta mesma variedade de contextos leva-nos também a uma multiplicidade de situações distintas. Inevitavelmente, o quadro legal que responde a esta diversidade há-de ser, por conseguinte, igualmente complexo[18].

3.3. *Trabalhadores estrangeiros em situação regular*

As situações nas quais se pode encontrar o trabalhador estrangeiro são diversas, desde a pessoa que é autorizada a residir e trabalhar no país de forma assalariada ou como autónomo,

---

[16] Sobre a distinção entre estrangeiro e imigrante, cfr., CHARRO BAENA, P., *Las Autorizaciones para Trabajo de Extranjeros en España*, Aranzadi, Pamplona, 2000, pp. 21-23.

[17] GALIANA MORENO, J., "Inmigración y trabajo de los extranjeros: una presentación general". AAVV, *Inmigración y Trabajo de los Extranjeros* (Coord. J. GARCÍA MURCIA). Ed. Consejería de Industria y Empleo del Principado de Asturias, 2005, p. 23.

[18] GARCIA CALABRÉS-COEO, F., *Régimen Laboral de los Trabajadores Extracomunitarios*. Junta de Andalucía, Sevilha, 2006, p.24.

até ao potencial trabalhador que desembarca sem nenhum tipo de documentação.

Nesta perspectiva, poderia abordar-se a análise dos direitos dos trabalhadores a partir do ponto de vista do trabalhador em situação regular e em situação irregular[19].

O ordenamento espanhol trata de realizar uma equiparação generalizada dos direitos dos nacionais, quer dizer, como critério interpretativo general, entende-se que os estrangeiros exercem os direitos que lhes reconhece a lei em condições de igualdade com os espanhóis (art. 3 da Lex).

No que se refere ao âmbito laboral, nos arts. 10 a 14 especifica-se o alcance dos direitos laborais e de Segurança Social dos estrangeiros residentes em Espanha, assinalando-se que têm direito a exercer uma actividade remunerada por conta própria o alheia, assim como a aceder ao sistema de Segurança Social, em conformidade com a legislação vigente (art. 10 Lex).

Ora bem, a citada equiparação de direitos não é absoluta, é diferenciada consoante se refere aos estrangeiros em situação regular e aos estrangeiros carentes de autorização para permanecer no país. Enquanto para os primeiros os aproxima da situação de cidadão, para os segundos não representa mais do que a garantia de patamar mínimo e o respeito pelas obrigações do país a nível internacional[20].

No âmbito do Direito Laboral o art. 10 estabelece que "*os estrangeiros residentes que reúnam os requisitos previstos nesta Lei Orgânica e nas disposições que a desenvolvam têm direito a exercer uma actividade remunerada por conta própria ou*

---

[19] GARCIA CALABRÉS-COBO, F., *ob cit.*, p. 20.

[20] TARABINI-CASTELLANI AZNAR, M., "Los derechos de los trabajadores extranjeros. Puntos críticos". *Revista del Ministerio de Trabajo y Asuntos Sociales*, 63, (2006), p. 206.

alheia, assim como a aceder ao sistema de Segurança Social, em conformidade com a legislação vigente".

A actividade que realiza o trabalhador estrangeiro é o que permite diferenciar entre actividade realizada por conta alheia ou por conta própria.

3.3.1. *Assalariado ou por conta alheia*

O art. 10.1 Lex, intitulado direito ao trabalho e à Segurança Social, dispõe que "*os estrangeiros que reúnam os requisitos previstos nesta Lei Orgânica e nas disposições que a desenvolvam terão direito a exercer uma actividade remunerada por conta própria e alheia (...)*".

O significado da exigência de reunião dos requisitos da Lex e das disposições que a desenvolvem exige ainda atender ao art. 23.2, *c)*, Lex que considera discriminatório qualquer acto que restrinja ou limite o acesso ao trabalho dos estrangeiros em situação regular apenas pela sua condição ou por pertencerem a uma determinada raça, religião, etnia ou nacionalidade. Desta sorte, encontramos na lei o direito a aceder ao trabalho sem discriminação e o direito a desenvolver uma actividade laboral com as limitações que derivam da normativa de estraneidade.

Numa simples enumeração dos direitos dos trabalhadores estrangeiros: reconhece-lhes o direito de liberdade sindical, nas mesmas condições que os trabalhadores espanhóis (a liberdade sindical é reconhecida no art. 11.1, Lex: e explicita que "os estrangeiros terão direito a sindicalizar-se livremente ou a filiar-se numa organização profissional nas mesmas condições que os trabalhadores espanhóis"); o direito de greve (art. 11.2, Lex); e a assistência sanitária nos termos previstos na respectiva legislação vigente (art. 12 Lex). Os estrangeiros residentes têm ainda direito a aceder aos sistemas públicos de ajudas em matéria de habitação nos termos que estabeleçam as leis e as Administrações competentes (art. 13, Lex). Em todo o caso, os estrangeiros residentes de longa duração têm também direito às mencionadas ajudas nas mesmas condições do que os espanhóis; à segurança social e serviços sociais, além de se lhes reconhecer o direito aos serviços e prestações sociais, gerais, básicos e específicos, incluindo a prestação por desemprego (art. 14, Lex). Também têm direito ao reagrupamento familiar amplamente desenvolvido pela legislação espanhola (art. 16, Lex).

O catálogo geral de direitos dos estrangeiros em Espanha termina com uma série de garantias judiciais e anti-discriminatórias (arts. 20 e ss., Lex).

Em conclusão, o estrangeiro nas condiciones anteriores é titular do direito ao trabalho, com as limitações derivadas do sistema de autorização[21].

A fórmula comummente escolhida pelos trabalhadores estrangeiros é a modalidade de trabalho por conta alheia. Neste sentido, o artigo 38 da Lex condiciona a autorização de residência e trabalho, no caso de trabalhadores por conta alheia, à situação nacional de emprego, com o objectivo de não alterar negativamente a situação da mão de obra nacional.

A razão de ser desta limitação obedece, em princípio, à protecção das possibilidades de encontrar um emprego que têm os trabalhadores nacionais face aos estrangeiros.

A doutrina científica evidenciou que a regulação da política migratória espanhola se sustenta sobre a base de una confluência de interesses: a protecção da mão de obra espanhola, a liberdade de empresa e o direito ao trabalho dos estrangeiros; pre-

---

[21] Tarabini-Castellani Aznar, M., *ob cit.*, p. 213.

valecendo sobre os demais a protecção da mão de obra, mesmo sobre o critério da situação nacional de emprego[22].

Não obstante as considerações anteriores, a aparente equiparação entre estrangeiros e nacionais quebra-se no que se refere ao sistema de aceso ao trabalho, na medida em que o art 38 Lex o condiciona à situação nacional de emprego, se bem que a circunscreva ao trabalho assalariado. Noutros termos, para a concessão inicial da autorização de residência e trabalho por conta de outrem, haverá que ponderar se a situação nacional de emprego permite a contratação do trabalhador estrangeiro.

Considera-se que a situação nacional de emprego permite a contratação:

- Quando a ocupação a desempenhar pelo estrangeiro esteja qualificada como de difícil cobertura.
- Quando o empregador acredite a dificuldade de cobrir os postos de trabalho vacantes com trabalhadores já incorporados no mercado laboral interno através de certificado emitido pelo Serviço de Emprego competente.

O catálogo, a que se alude no artigo 65.1 do Real Decreto 557/2011, de 20 de Abril, pelo qual se aprova o Regulamento da Lei Orgânica 4/2000, sobre direitos e liberdades dos estrangeiros em Espanha e sua integração social, depois da sua reforma pela Lei Orgânica 2/2009, contém as ocupações nas quais os Serviços Públicos de Emprego têm encontrado dificuldade para gerir as ofertas de emprego que os empregadores lhes apresentam quando querem cobrir postos de trabalho vacantes. Por outras palavras, o catálogo contém aquelas profissões cujas ofertas de emprego são mais difíceis de gerir na hora de cobrir postos vacantes.

---

[22] Charro Baena, *P.*, "Las autorizaciones para trabajo de extranjeros tras la LO8/2000, de 22 de diciembre". *Tribuna Social,* 133, (2002), p.51.

O catálogo elabora-se para cada província, ilhas no caso das províncias insulares e para as cidades autónomas de Ceuta e Melilla. Tem carácter trimestral, estendendo-se a sua vigência desde o primeiro até ao último dia útil do trimestre natural seguinte ao da sua publicação.

A presença de uma ocupação no catálogo da zona geográfica de que se trate, implica, para o empregador, a possibilidade de processar a autorização para residir e trabalhar dirigida a um trabalhador estrangeiro.

A autorização inicial de residência será temporária e o trabalho terá a duração de um ano, limitando-se além disso, salvo nos casos previstos pela Lei e pelos Convénios Internacionais firmados por Espanha, a um âmbito geográfico e a uma ocupação determinada.

A eficácia da autorização ficará suspensa até à obtenção do visto, à entrada do trabalhador em Espanha e sua posterior inscrição no regime correspondente da Segurança Social pelo empregador que solicitou a autorização. Assim mesmo, uma vez autorizada a primeira concessão, as seguintes renovações serão concedidas sem limitação geográfica ou de sector profissional.

Por último, não pode ignorar-se que, apesar da igualdade de condições no plano jurídico, no plano fáctico o sistema de autorizações para trabalhar, que o estrangeiro tem que renovar periodicamente e das quais depende substancialmente o seu emprego, fará de ele, seguramente, um trabalhador nem sempre disposto a exercer o seu direito á igualdade de condições e, portanto, susceptível de sofrer tratamentos desiguais. Só o estatuto de residente permanente o aproximará da situação real dos espanhóis ou dos cidadãos europeus[23].

[23] Tarabini-Castellani Aznar, M., "Los derechos de los trabajadores extranjeros. Puntos críticos". *Revista del Ministerio de Trabajo y Asuntos Sociales*, 63, (2006), p. 220.

A par destas disposições, destaca-se também o alcance da livre circulação para os trabalhadores estrangeiros residentes em Espanha, sabido que a livre circulação de trabalhadores implica que os cidadãos europeus tenham direito a aceder a um emprego sem alguma discriminação em qualquer dos Estados membros da União Europeia.

3.3.2. *Autónomo ou por conta própria*

No que respeita aos trabalhadores estrangeiros que queiram iniciar uma actividade por conta própria, a Lex estabelece (art. 37) que para a realização de actividades económicas por conta própria, haverá de acreditar-se o cumprimento de todos os requisitos que a legislação vigente exige aos nacionais para a abertura e funcionamento da actividade projectada, assim como os relativos à suficiência da inversão e a potencial criação de emprego, entre outros que regulamentarmente se estabeleçam.

Resulta elucidativa a escassa regulação desta categoria na lei que resulta compensada com o desenvolvimento efectuado pelo regulamento de estraneidade - Real Decreto 557/2011, de 20 de Abril, pelo qual se aprova o Regulamento da Lei Orgânica 4/2000, sobre direitos e liberdades dos estrangeiros em Espanha e sua integração social (doravante Rlex) - donde se estipula o alcance dos direitos de residência e trabalho para esta categoria.

Como regra geral, o art. 103 da citada norma regulamentar estabelece que se encontra em situação de residência temporária e trabalho por conta própria o estrangeiro maior de dezoito anos autorizado a permanecer em Espanha por um período superior a noventa dias e inferior a cinco anos, e a exercer uma actividade lucrativa por conta própria.

Nesta mesma linha interpretativa e de forma paralela e semelhante à regulação estabelecida para o trabalhador estrangeiro por conta alheia especifica-se que a autorização inicial de residência temporária e de trabalho por conta própria terá a duração de um ano e limitar-se-á a um âmbito geográfico autonómico e a um sector de actividade.

A autorização de residência e trabalho por conta própria poderá ser renovada na sua expiração, entre outras circunstâncias, quando se comprove a continuidade na actividade que deu lugar à autorização que se renova, a prévia comprovação do cumprimento das suas obrigações tributárias e de Segurança Social. A falta de quotização para a Segurança Social não impedirá a renovação da autorização, sempre que se comprove a realização habitual da actividade. O órgão competente dará conhecimento à Inspecção de Trabalho e Segurança Social da situação de descoberto de quotização, a fim de que se levem a cabo as actuações que caibam à situação (art. 109 Rlex).

3.4. *Trabalhadores estrangeiros em situação irregular*

A possibilidade de um trabalhador estrangeiro prestar serviços de forma irregular, isto é, sem estar autorizado para o fazer ou sem autorização de trabalho, para um empresário espanhol é óbvia e, como demonstra a realidade quotidiana, bastante frequente. O facto de que o trabalho seja irregular, não permite negar que realmente o trabalho se prestou e leva a analisar os efeitos que tal pode implicar[24].

O parágrafo 5 do artigo 36 da Lex estabelece que "*a carência de autorização de residência e trabalho, sem prejuízo das*

---

[24] Alfonso Mellado, C.L., Fabregat Monfort, G., "La situación jurídica laboral de los extranjeros según la legislación española". *Cuadernos Electrónicos de Filosofía del Derecho*,14, (2006). Ejemplar dedicado a: Textos de las Jornadas Unión Europea, Políticas de Inmigración y Derechos Humanos. Valença, 26 y 27 de Outubro de 2006, p. 3.

responsabilidades do empresário a que dê lugar, incluídas as de Segurança Social, não invalida o contrato de trabalho no que respeita aos direitos do trabalhador estrangeiro, nem será obstáculo para a obtenção das prestações derivadas de disposições contempladas pelos convénios internacionais de protecção dos trabalhadores ou outras que possam corresponder-lhe, sempre que sejam compatíveis com a sua situação".

Uma vez aceite a validade do contrato no que respeita a determinados efeitos, mesmo sem autorização para trabalhar, poderia colocar-se a questão relativa ao facto de a Lei da estraneidade não delimitar os contornos dos direitos do trabalhador estrangeiro sem autorização. Mais especificamente, que consequências jurídicas se produziriam no âmbito laboral com aqueles trabalhadores que sem terem autorização para trabalhar decidem entrar ao serviço de uma empresa. Como assinalou a doutrina científica, "trata-se de um problema jurídico que se defronta com um problema humano para o qual é necessário alcançar uma solução ponderada"[25].

Quiçá a razão para esta omissão seja a de que se trata de um preceito muito controvertido cuja interpretação tem sido variada tanto na doutrina como na jurisprudência, daí o legislador ter deixado passar a oportunidade de modificar a sua redacção para evitar a dualidade de interpretações, umas em defesa de um contrato nulo que no impede que o trabalhador disfrute dos direitos laborais correspondentes a um contrato válido[26], enquanto outro

---

[25] Fernández Orrico, F.J., "La inmigración de personas y trabajadores desde un enfoque jurídico laboral y de seguridad social", *Revista de la Facultad de Ciencias Sociales y Jurídicas de Elche*, n. 1, 2006, p. 64.

[26] Cairós Barreto, D.M., "La eficacia del contrato de trabajo celebrado con un extranjero no autorizado para trabajar por cuenta ajena en Espanha", AAVV, *Derechos y libertades de los extranjeros en Espanha. XII Congreso Nacional de Derecho del Trabalho y de la Seguridad Social*, Gobierno de Cantabria, 2003, p. 629.

sector considera que se trata de uma hipótese de nulidade relativa, pois se o legislador tivesse querido eliminar a nulidade do contrato de trabalho de estrangeiro sem autorização de trabalho poderia tê-lo feito de modo expresso, mantendo, portanto, a nulidade de base do contrato, ainda que relativa por não afectar os direitos dos trabalhadores[27].

Em qualquer caso, resulta contraditória a circunstância de por um lado o contrato de trabalho celebrado por um estrangeiro que carece de autorização para trabalhar ser válido, porque reúne todos os elementos essenciais de um contrato, e, em contrapartida, por outro lado, a autorização configurar-se como uma condicionante da validade do contrato[28].

Não deixa de ser original que um instituto como o da nulidade, utilizado no contrato de trabalho, reapareça em primeiro plano para exonerar de toda a responsabilidade uma das partes no contrato em detrimento dos direitos da outra parte[29]. Assim, ao trabalhador irregular refere-se expressamente o art. 36.3, LOE

---

[27] GÓMEZ ABELLEIRA, F. J., "Notas sobre la nulidad relativa del contrato de trabajo del trabajador extranjero sin permiso de trabajo y sobre su no invalidación respecto a los derechos del trabajador." AAVV., *Derechos y libertades de los extranjeros en España. XII Congreso Nacional de Derecho del Trabajo y de la Seguridad Social*, Gobierno de Cantabria, 2003, p. 788. FERNÁNDEZ ORRICO, F. J., "La inmigración de personas y trabajadores desde un enfoque jurídico laboral y de seguridad social", de *Revista de la Facultad de Ciencias Sociales y Jurídicas Elche*. 1, (2006), p. 67.

[28] CHARRO BAENA, P., *Las autorizaciones para trabajo de extranjeros... cit.*, p. 138.

[29] Cfr. RODRÍGUEZ-PIÑERO Y BRAVO-FERRER, M., "El Derecho del Trabajo y los inmigrantes extraomunitarios", *in* AAVV, *Derechos y Libertades de los Extranjeros en España. XII Congreso Nacional de Derecho del Trabajo y de la Seguridad Social*. Gobierno de Cantabria, 2003, p. 102. Acerca das distintas hipóteses, segundo se considere a inexistência ou ilicitude do despedimento, cfr., MARÍN MARÍN, J., e GALLEGO MOYA, F., *El Trabajo de los Inmigrantes Irregulares. Un Estudio Jurisprudencial,* Editorial Bomarzo, Albacete, 2000, pp. 39-49.

que estabelece que "*a carência da correspondente autorização por parte do empresário, sem prejuízo das responsabilidades a que dê lugar, incluídas aquelas em matéria de segurança social, não invalidará o contrato de trabalho no que respeita aos direitos do trabalhador estrangeiro, nem será obstáculo para a obtenção das prestações que puderem corresponder-lhe*". Quer dizer, a própria Lei, sem prejuízo das responsabilidades que possam exigir-se, manifesta-se a favor de que o irregular mantenha os direitos derivados do contrato de trabalho, assim como as prestaciones da segurança social.

Deixando de lado as hipóteses de irregulares a trabalhar que a Inspecção de Trabalho possa detectar, a complexidade nestes casos será, sem dúvida, demostrar que o irregular esteve a trabalhar e durante quanto tempo[30].

Com isto, se confirma que as partes no contrato de trabalho se encontram em desigualdade de condições, pois, enquanto ao trabalhador estrangeiro sem autorização para trabalhar se lhe mantêm os seus direitos, o empregador é sancionado, sem possibilidade de remediar a sua situação, da qual, como se viu, inclusive, o trabalhador ilegal se vale para obter a sua própria autorização de trabalho e residência. Com esta medida conseguem-se dois objectivos fundamentais, o primeiro, a tutela do emigrante irregular enquanto trabalhador, e o segundo, não menos importante, deslocar as consequências prejudiciais da situação irregular que devem corresponder a quem emprega indevidamente um trabalhador não regularizado, uma vez que as exigências da política de imigração não justificam a negação dos direitos da

---

[30] ALFONSO MELLADO, C.L., FABREGAT MONFORT, G., "La situación jurídica laboral de los extranjeros según la legislación española", *cit*., p. 8.

pessoa que trabalha, ainda que se encontre numa situação formalmente irregular[31].

À margem do exposto, esta situação de irregularidade poderia resolver-se através dos mecanismos de regularização deste colectivo de trabalhadores, pelo denominado "*enraizamento social*" mas, para que isso seja possível, deve demonstrar um período mínimo de dois anos de permanência em Espanha e a prestação de serviços durante um ano, pelo menos, o que, certamente, poderá ser difícil de provar[32].

[31] Cfr. Rodríguez-Piñero y Bravo-Ferrer, M., "El Derecho del Trabajo y los inmigrantes extracomunitarios", *cit.*, p. 104. Alfonso Mellado, C.L., Fabregat Monfort, G., "La situación jurídica laboral de los extranjeros según la legislación española", *Cuadernos Electrónicos de Filosofía del Derecho*, 14, (2006). Ejemplar dedicado a: Textos de las Jornadas Unión Europea, Políticas de Inmigración y Derechos Humanos. Valença, 26 e 27 de Outubro de 2006.

[32] Aguilera Izquierdo, R., "El acceso de los inmigrantes irregulares al mercado de trabajo: los procesos de regularización extraordinaria y el arraigo social y laboral", *Revista del Ministerio de Trabajo y Asuntos Sociales,* 63, (2006), pp.175-194.

DA (I)LEGALIDADE DO REGIME DO ARTIGO 366.°, N.^{OS} 4 E 5 DO CÓDIGO DO TRABALHO:

ANÁLISE DE UMA PRESUNÇÃO (POUCO) ILIDÍVEL

ANA MARGARIDA MARTINS PINTO PIRES[1]

[1] Advogada/Jurista Mestre em Direito: Especialidade em Ciências Jurídico-Forenses, Pós-Graduação em Direito do Trabalho.

RESUMO

Partindo de dois princípios constitucionais, o da segurança no emprego e o do acesso aos tribunais, decidimos dar particular enfoque a uma figura associada ao despedimento coletivo, o da presunção da aceitação do despedimento coletivo aquando da perceção da compensação devida por esse despedimento, nos termos dos números 4 e 5 do artigo 366.° do Código do Trabalho. Figura essa que, na nossa opinião, contende com aqueles princípios constitucionais. Nessa sequência através de uma análise doutrinal e, sobretudo, jurisprudencial tentámos perceber os moldes e os critérios de interpretação desta figura, principalmente da dificuldade da sua ilisão.

PALAVRAS-CHAVE: Direito do Trabalho; presunção ilidível; compensação; despedimento coletivo; acesso aos tribunais; segurança no emprego; artigo 366.°, números 4 e 5; aceitação do despedimento; inilidível.

ABSTRACT

On the basis of two constitutional principles, namely job security and access to the courts, we have decided to give particular attention to a figure associated with collective dismissal, being the presumption of acceptance of collective dismissal when perceiving the compensation due to that dismissal, of paragraphs 4 and 5 of article 366 of the Labor Code. This figure contends, in our opinion, with those constitutional principles. In this sequence through a doctrinal analysis and, especially, jurisprudential we tried to perceive the molds and the criteria of interpretation of this figure, mainly the difficulty of its illision.

KEYWORDS: Labour Law; refutable presumption; compensation; collective dismissal; access to the courts; employment security; Paragraphs 4 and 5 of Article 366; acceptance of the dismissal; irreducible.

1. Notas Introdutórias

O Direito do Trabalho tem sofrido ao longo dos últimos 40 anos mudanças profundas, muitas vezes atinentes às ideologias subjacentes aos governos do país. Desde a Revolução de Abril até aos dias de hoje muito mudou. Os trabalhadores, na nossa opinião, têm vindo a assistir, cada vez mais, a uma clara degradação dos seus direitos e à sua substituição pelos direitos do empregador, da empresa. Foi apelidada há uns anos de corrente da flexibilização do direito do trabalho, que teve o seu expoente máximo com a vinda da *Troika* para Portugal. Expoente máximo que acabou por se espalhar pelo Código do Trabalho. Conceitos constitucionais como o direito ao trabalho, ou mesmo, a proibição do despedimento, tornaram-se mais frágeis com as consecutivas alterações legislativas a este código. Os anos ao serviço de uma empresa vêem-se encurtados, bem como as indemnizações atinentes a esses anos. Surgem os bancos de horas e "caem" os pagamentos das horas extraordinárias.

Sendo assim decidimos analisar um tema controverso na doutrina portuguesa, mas que a jurisprudência tem aplicado sem, praticamente, o questionar ou interpretar. Falamos do artigo 366.°, números 4 e 5 do Código do Trabalho (na sua versão atualizada, que não tem sido palavra fácil para este código) e da presunção de aceitação do despedimento após o recebimento da compensação devida. Tentaremos, de certa forma, perceber conceitos indeterminados que nos parecem que estão subjacentes a uma vontade de que não haja impugnação judicial neste tipo de despedimento (coletivo, por extinção do posto de trabalho, indaptação). É, na nossa opinião, posto em causa o princípio constitucional do *"acesso ao direito e tutela jurisdicional efetiva"* plasmado no art. 20.° da Constituição da República Portuguesa (CRP), bem como a própria *"segurança no emprego"*, presente no art. 53.° da CRP.

Não nos podemos esquecer que o despedimento, sobretudo por causas objetivas, é a *ultima ratio* apesar de estar bastante generalizado no nosso ordenamento jurídico. E chegam poucos casos a tribunal. Isso acontece, a nosso ver, porque o trabalhador tem que proceder à devolução da compensação para impugnar, vendo assim impedido, na prática, o seu direito de acesso aos tribunais, muitas das vezes por falta de meios.

Monteiro Fernandes questiona *"como se ilide a presunção de que existe um certo conteúdo volitivo por detrás da aceitação da compensação? Como pode o trabalhador provar que essa aceitação não significava concordância com despedimento?"*[1], quando nem a própria jurisprudência parece permitir essa prova? Parece-nos que estas questões são o mote para a nossa análise.

Assim sendo e em jeito de conclusão estes dois números em análise, do art. 366.° do CT, são normas, que na nossa opinião, enfermam de inconstitucionalidade, violando o acesso aos tribunais, e podendo vir até a sanar vícios do próprio procedimento

---

[1] Fernandes, António Monteiro, *in Direito do Trabalho,* 17.ª edição, Almedina, 2014, p. 572.

do despedimento que se venham a revelar posteriormente. Assim o que resulta desta norma é o afastamento do acesso aos tribunais "à custa" de direitos fundamentais dos trabalhadores.

2. O despedimento coletivo: regime aplicável no artigo 366.°, n.os 4 e 5 do Código do Trabalho

2.1. *Breve caracterização*

Ao despedimento coletivo aplica-se o disposto nos arts. 359.° e seguintes do Código do Trabalho (doravante representado pela sigla CT). Sumariamente, e por uma questão de enquadrar o nosso estudo, que será centrado na presunção ilidível contida naquelas normas, de referir que, nos termos do n.° 1 do art. 359.° do CT, se considera *"despedimento colectivo a cessação de contratos de trabalho promovida pelo empregador e operada simultânea ou sucessivamente no período de três meses, abrangendo, pelo menos, dois ou cinco trabalhadores, conforme se trate, respectivamente, de microempresa ou de pequena empresa, por um lado, ou de média ou grande empresa, por outro, sempre que aquela ocorrência se fundamente em encerramento de uma ou várias secções ou estrutura equivalente ou redução do número de trabalhadores determinada por motivos de mercado, estruturais ou tecnológicos."*.

Sendo uma cessação do contrato de trabalho por causas objetivas, faz com que ocorra por iniciativa do empregador, não sendo, assim, disciplinar. Depende da verificação de três requisitos, sendo eles o elemento económico (sublinhado nosso), como descrito no n.° 2 do art. 359.° do CT; o elemento temporal, pois é estabelecido um prazo; e o elemento quantitativo, tendo que ser tido em conta o número de trabalhadores que fazem parte da empresa. Já quanto a este último elemento deve ser observada a dimensão da empresa, pois se tiver até 50 trabalhadores só é considerado despedimento coletivo se abranger 2 ou mais trabalhadores, mas se for uma empresa com mais de 50 trabalhadores então tem que abranger, no mínimo, 5 ou mais.

Nas palavras de Jorge Leite[2] *"dos três elementos constitutivos da noção de despedimento colectivo o primeiro* [o económico] *é, sem dúvida, o mais importante. É o elemento unificante da dissolução da pluralidade de vínculos laborais em que se traduz o despedimento colectivo, podendo dizer-se que o despedimento é colectivo porque é comum, ou melhor, porque é o mesmo o fundamento da extinção dos vários contratos. É esse fundamento (colectivo) que permite reduzir a extinção de uma pluralidade de vínculos a uma única figura – a do despedimento colectivo."*

Neste seguimento, no despedimento coletivo tem que haver proporcionalidade entre a motivação de despedimento apresentada e a decisão de despedimento coletivo, baseando-se, essa proporcionalidade, na racionalidade, congruência e adequação. Assim sendo é imperativo que se verifique a veracidade dos motivos invocados (mudança de atividade, alterações tecnológicas ou financeiras, etc.), bem como a congruência dos motivos invocados com a necessidade do despedimento coletivo. Tem também que existir nexo de causalidade entre os motivos relevantes, o despedimento coletivo e os trabalhadores abrangidos em concreto. Na nossa opinião falhando um destes requisitos deve improceder o despedimento ou ser declarado ilícito em sede própria. Somos desta opinião, pois consideramos que se se verificarem todos estes requisitos então, o despedimento coletivo, deixa de ser declarado com tanta "leviandade", cumprindo, consequentemente, o art. 53.° da CRP.

---

[2] Leite, Jorge, *in Direito do Trabalho, Vol. II*, Serviços de Acção Social da UC, Serviço de Textos, Coimbra, 2004, pp. 223-224.

Observando outras noções de cessação do contrato de trabalho denota-se que esta é bastante pormenorizada. Entende-se que o legislador quis evitar a denúncia não motivada dos contratos de trabalho, apesar de essa noção estar pejada de uma série de conceitos indeterminados. Mas isso mesmo já faz parte da "dinâmica" deste Código.

Em jeito de atalho de foice, até porque se encontra em estreita conexão à nossa análise, de referir que esta compensação devida no despedimento coletivo tem sido consecutivamente diminuída. O que começou por ser **um mês** de retribuição base e diuturnidades por cada ano completo de antiguidade, passou a ser com a Lei n.º 69/2013, de 30 de agosto, de **12 dias** de retribuição base e diuturnidades por cada ano de antiguidade, com as devidas salvaguardas do regime transitório estatuído nos artigos desta lei, sobretudo os seus artigos 5.º e 6.º. Despedimentos a preço de saldos....

Para finalizar de referir que o despedimento coletivo é ilícito com base em fundamentos gerais e especiais que se encontram, respetivamente, regulados nos artigos 381.º e 383.º do CT. Os primeiros prendem-se com razões discriminatórias, improcedência do motivo, não precedência do procedimento e falta de parecer prévio da CITE nos casos do art. 381.º, al. d) do CT. Os fundamentos especiais da ilicitude do despedimento coletivo remetem para diversos artigos do CT[3], que têm que ver com a ausência de comunicação; a falta de promoção da negociação; a decisão de despedimento ocorrer fora do prazo; e a não disponibilização da compensação e de outros créditos até ao termo do prazo de pré-aviso.

Assim sendo, e após estas breves notas caracterizadoras passamos de seguida à análise dos princípios constitucionais que

[3] Respetivamente arts. 360.º, n.ºs 1 e 4; art. 361.º, n.º 1; art. 363.º e art. 363.º, n.º 5, todos do CT.

são postos em causa com as normas em análise, sendo eles o da segurança no emprego e o acesso aos tribunais, como garantes fundamentais dos trabalhadores em particular, e do ser humano em geral.

2.2. *A segurança no emprego e o acesso aos tribunais como princípios fundamentais*

Leal Amado é da opinião de que *"ao privar os trabalhadores que aceitem a referida compensação de adequada tutela jurisdicional, esta norma revela-se de muito duvidosa conformidade constitucional."*[4-5]

Este é o mote para este subcapítulo que tem como intuito a fundamentação do nosso estudo e consequente descontentamento quanto às normas em análise.

Dispõe o art. 53.° da nossa CRP que "é *garantida aos trabalhadores a segurança no emprego, sendo proibidos os despedimentos sem justa causa ou por motivos políticos ou ideológicos."*

Munidos deste direito fundamental, com um simbolismo e importância jurídica muito forte para o Direito do Trabalho é importante referir que esta norma distingue dois sistemas. O primeiro é o sistema do despedimento livre, totalmente infun-

---

[4] Amado, João Leal, *in Contrato de Trabalho,* 4.ª Edição, Coimbra Editora, 2014, p. 390.

[5] Não pugna deste entendimento Liberal Fernandes (*In* Questões Laborais, n.° 41, janeiro/junho 2013, Coimbra Editora, pp. 10-11) quando diz que *"considerar que a presunção da aceitação do despedimento, consagrada no art. 366.° do CT, tem como efeito a renúncia a direitos fundamentais – designadamente, o direito à segurança no emprego e o direito de acesso à justiça –, é uma conclusão que, no plano constitucional, não se compatibiliza facilmente com o regime dos direitos, liberdades e garantias dos trabalhadores."*

damentado; e o segundo, o nosso, o sistema causal[6], que obriga a que o despedimento siga regras determinadas, tendo que ser justificado, ter uma causa e ser motivado. Sendo um direito fundamental dos trabalhadores e estando no catálogo dos "Direitos, Liberdades e Garantias dos Trabalhadores" está sujeito ao regime prescrito no art. 18.° da CRP, que faz com que seja um direito que apenas possa ser "restringido" pela CRP e nos termos desta norma. Tem como objetivo a proteção do emprego, seja através da proibição do despedimento sem justa causa, seja a própria proibição da precariedade no trabalho, e proteção contra a mesma, levando a uma maior estabilização do emprego.

Claro está que este princípio tem vindo a ser cada vez mais incómodo, sobretudo para as correntes neoliberais que têm assolado o nosso direito do trabalho e que tiveram a sua maior visibilidade com as medidas impostas pelo tão famoso Memorando da *Troika*, que desvirtuaram uma parte significativa dos direitos dos trabalhadores, tendo a segurança no emprego sido um deles, apesar de bastante protegida pela CRP[6]. Os motivos económicos têm vindo, cada vez mais, a suplantar os dos trabalhadores, tentando-se afastar cada vez mais o próprio Estado do Direito do Trabalho. Para demonstrar isso mesmo, importa frisar que uma das consequências práticas mais visíveis foi a clara diminuição das indemnizações, devidas pelos trabalhador, aquando da cessação do seu contrato de trabalho, bem como as indemnizações por antiguidade. Temos como exemplo, com as alterações feitas pela Lei n.° 23/2012, o artigo 366.° do CT que viu um mês de retribuição base e diuturnidades por cada ano completo de anti-

---

[6] Alcança-se desta norma que tal como observa, e bem, Jorge Leite que *"a CRP não aderiu ao modelo liberal das relações de trabalho. Na verdade, são múltiplos e são inequívocos os sinais da sua rejeição da crença nos automatismos de mercado aos quais não abandona a composição dos interesses em presença."* Leite, Jorge, *in Direito do Trabalho, Vol. I*, Serviços de Acção Social da UC, Serviço de Textos, Coimbra, 2004, pp. 78-79.

guidade, ser diminuído para 20 dias de retribuição base e diuturnidades por cada ano completo de antiguidade. Não se ficou por aqui, o legislador. Tornou a diminuir o referido direito do trabalhador para 12 dias, com a reforma de 2013.

Por isso é que na nossa opinião a legalidade do despedimento coletivo, sobretudo assente nos motivos que o fundamentam e o tornam legal como despedimento objetivo, nos causa algumas reservas quanto à possível violação deste art. 53.° da CRP. Se analisarmos de perto e com alguma atenção a definição deste despedimento, apesar de extenso e elaborado, está pejado de conceitos indeterminados que o tornam facilmente utilizável, apesar de o legislador acreditar que se precaveu quanto a isso. E o próprio tema da nossa análise demonstra isso. Uma presunção ilidível às custas de um direito fundamental do trabalhador? Às custas da perceção da compensação que lhe é devida? A possibilidade (ou a garantia mesmo!) de se efetivarem despedimentos ilícitos que consubstanciem a violação de direitos fundamentais protegidos, também, pelo art. 18.° da CRP? Não nos parece de todo de acordo com a segurança no emprego como direito fundamental do nosso ordenamento jurídico.

Mas o mais gritante tem mesmo que ver com o princípio da acesso aos tribunais disposto no art. 20.° da CRP, que determina que "*a todos é assegurado o acesso ao direito e aos tribunais para defesa dos seus direitos e interesses legalmente protegidos, não podendo a justiça ser denegada por insuficiência de meios económicos.*".

Aqui não precisamos de malabarismos ou de grandes teorias, ao contrário da nossa jurisprudência, para percebermos que há em grande parte dos casos, direta ou indiretamente, um barramento no acesso os tribunais, como explanaremos à frente[7].

[7] Reconhece Liberal Fernandes que os n.os 5 e 6 do art. 366.° do CT "*têm sido interpretados no sentido de que a aceitação pelo trabalhador*

Apesar de a nossa jurisprudência acreditar que não fica preterido o acesso ao direito e aos tribunais, havendo a possibilidade de retenção da compensação, por um prazo curto, que nunca chega a ser definido, efetivamente e na prática isso não acontece. Se os tribunais continuam a considerar que manter a compensação por vinte dias é excessivo, presumindo-se assim a aceitação do despedimento, então está a haver um impedimento, efetivo, no acesso aos tribunais, que é inconstitucional.

Além disso outros motivos nos parecem também pertinentes para chamarmos aqui à colação. Ora se um trabalhador tem que devolver toda a compensação que recebeu, que é sua por direito, para poder impugnar o despedimento, não nos podemos esquecer que muitas das vezes não o irá fazer por questões de necessidade económica. Apesar de serem créditos abrangidos pela proteção do fundo de garantia salarial, que é claramente insuficiente, vai o trabalhador preferir muitas vezes não o fazer [não o devolver] sob pena de poder entrar em carência económica. Assim, e como é lógico, não vai impugnar o despedimento, pois sabe que pode ser um processo ainda algo demorado e penoso, deixando assim sanar um despedimento irregular e não recorrendo aos tribunais. Neste sentido afirma Liberal Fernandes[8] que *"assim que o trabalhador aceita definitivamente a decisão de despedimento (no sentido de que o não pode impugnar) ainda que este seja ilícito, funcionando o não retorno da compensação pecuniária como uma espécie de amnistia das ilegalidades eventualmente ocorridas ou o equivalente à conver-*

despedido da compensação referida no n.° 1 do mesmo artigo implica para aquele a renúncia ao acesso à justiça, mais especificamente, a perda do direito de intervir no procedimento em que seja requerida a suspensão preventiva (art. 386.° CT) ou a declaração de ilicitude do despedimento (arts. 381.° e 383.° ambos do CT)." In Questões Laborais, n.° 41, janeiro/junho 2013, Coimbra Editora, pp. 7-8.

[8] Fernandes, Francisco Liberal, *in* ob. cit. p. 9.

são de um acto nulo em válido – consequência que não deixa de constituir um sinal do estado do nosso Estado de direito social, a que, porventura, não será alheia um pré-compreensão mercantilista (se não mesmo discriminatória) da condição do trabalhador."

Vamos então analisar o busílis da nossa questão nos próximos subcapítulos.

2.3. *Evolução histórica de um (pre)conceito*

O artigo 366.°, n.° 4 do atual CT foi precedido pelo art. 401.°, n.°4 do CT de 2003, que foi antecedido pela norma do art. 23.°, n.° 3 da LCCT[9]. Dispunha, esta última, originalmente que *"o recebimento pelo trabalhador da compensação a que se refere o presente artigo vale como aceitação do despedimento"*, sendo portanto uma presunção inilidível que tinha como consequência a impossibilidade de o trabalhador recorrer aos tribunais para impugnar o seu despedimento. Como descreve Pedro Furtado Martins *"na LCCT associava-se à perceção da compensação a aceitação do despedimento coletivo, tendo por consequência a impossibilidade legal de o trabalhador requerer a suspensão judicial do despedimento, tal como a sua impugnação."*[10]

Peguemos nesta palavra usada pelo autor citado no parágrafo anterior, "associava-se". De facto associava-se ao recebimento da compensação a presunção da aceitação do despedimento, mas na prática, a letra da lei nada dizia que essa presunção seria inilidível, tendo essa interpretação sido feito pela jurisprudência e pela própria doutrina. Como explanaremos

---

[9] Lei aprovada pelo DL n.° 64-A/89, de 27 de fevereiro.

[10] Martins, Pedro Furtado, *in Cessação do Contrato de Trabalho*", 3.ª Edição Revista e Atualizada, Principia, 2012, p. 360.

de seguida, uma presunção só é inilidível quando a lei o determine. E a não há nada na norma que determine nesse sentido.

Esta disposição legal desapareceu com a Lei n.° 32/99, de 18 de maio que veio alterar a LCCT. Contrariamente ao que se dispõe atualmente, se conjugássemos os n.os 1 e 2 do art. 25.° da LCCT, resultava que se o trabalhador não aceitasse o despedimento poderia impugná-lo, sem ter que devolver a respetiva compensação.

A LCCT veio a ser revogada com a entrada em vigor do CT de 2003, ao abrigo da Lei n.° 99/2003, de 27 de agosto. Passa a prever este regime [da presunção] no seu artigo 401.°, n.° 4[11] para os despedimentos coletivos, introduzindo uma novidade, a de esta norma se aplicar também aos despedimentos por extinção do posto de trabalho. Mas aqui levantaram-se uma série de questões práticas e como bem referiu Pedro Furtado Martins *"ficou por esclarecer o que seria necessário para que o trabalhador afastasse a presunção e, mais concretamente, se bastaria para o efeito que declarasse expressamente que não aceitava o despedimento, caso em que o mero recebimento da compensação não excluiria a possibilidade de impugnação judicial."*[12]

O CT de 2009, com as alterações da Lei n.° 23/2012, de 23 de junho e da Lei n.° 69/2013, de 30 de agosto, manteve o art. 401.° [que passou a ser o art. 366.°] já referido em cima, bem como lhe aditou o seguinte: *"A presunção referida no número anterior pode ser ilidida desde que, em simultâneo, o trabalhador entregue ou ponha, por qualquer forma, à disposição do empregador a totali-*

---

[11] Art. 401.°, n.° 4 do CT de 2003: *"Presume-se que o trabalhador aceita o despedimento quando recebe a compensação prevista neste artigo."* Sendo assim, à altura, uma presunção ilidível, mas que a nível jurisprudencial levantou muitas dúvidas quanto à forma como se podia ilidir, devido à pouca definição da norma, tendo ficado por esclarecer se bastava, apenas, a declaração expressa de não aceitação do despedimento para poder impugnar judicialmente o despedimento.

[12] Martins, Pedro Furtado, ob. cit., p. 361.

dade da compensação pecuniária recebida. (n.° 5) ". O que observamos aqui é uma tentativa clara de o legislador determinar os conceitos para ilidir a presunção desta norma, mas que não alcançaram esse escopo, pelo menos para a doutrina. Como Lobo Xavier descreve *"a partir do CT/2003 atenuou-se a presunção, que era aparentemente irrefragável, e agora admite prova em contrário. O art. 366.°, 6, do CT diz que a presunção «pode ser ilidida desde que em simultâneo o trabalhador entregue ou ponha, por qualquer forma, à disposição do empregador a totalidade da compensação pecuniária recebida». A simultaneidade parece referir-se à devolução e ao acto em que o trabalhador pretende ilidir a presunção, mas tal está longe de ser claro.* ***Não se esclarece também nem como nem quando se procede à ilisão*** [realce nosso]."[13]

2.4. *A presunção (ilidível ou não!) da aceitação do despedimento*

Comecemos por transpor a norma em questão, que se aplica aos despedimentos coletivos, por extinção do posto de trabalho ou por inadaptação:

"Artigo 366.°
Compensação[14] ***por despedimento colectivo***

1 – Presume-se que o trabalhador aceita o despedimento quando recebe do empregador a totalidade da compensação prevista neste artigo.

---

[13] Xavier, Bernardo da Gama Lobo, *in Manual do Direito do Trabalho*, 2.ª Edição – Revista e Atualizada, Verbo, 2014, p. 849.

[14] Mas como se define esta compensação? Nas palavras de Júlio Gomes (Coimbra Editora, 2007, p.985): *"esta é uma situação* [a do despedimento coletivo nos termos em análise] *em que não existe culpa do empregador e daí a utilização da palavra compensação".*

2 – A presunção referida no número anterior pode ser ilidida desde que, em simultâneo, o trabalhador entregue ou ponha, por qualquer forma, a totalidade da compensação paga pelo empregador à disposição deste último."

Reza o sumário do Acórdão do TRP de 14-05-2012 que *"presume-se que o trabalhador aceita o despedimento coletivo quando recebe a compensação prevista no Art.° 366.°, n.° 1 do CT2009"*, e ainda que *"para ilidir tal presunção, deveria o trabalhador ter procedido à devolução da compensação imediatamente após o recebimento ou em prazo curto e fazer a prova do contrário. (...) não o tendo feito, presume-se a aceitação do despedimento coletivo, o que constitui facto impeditivo da ilicitude do despedimento, integrando uma exceção perentória pelo que, provada aquela, deve o empregador ser absolvido do pedido."*

Mas qual é a consequência da aceitação da compensação nos termos do art. 366.° do CT? Nas palavras de Lobo Xavier *"trata-se obviamente de uma aceitação sui generis, já que o despedimento é um acto unilateral e que de nenhum modo depende de aceitação. O legislador utilizou uma linguagem publicística e processual, como quando constrói a aceitação do acto administrativo como requisito negativo da possibilidade de impugnação ou da aceitação da sentença, como requisito negativo do recurso (art. 681.°, 2, do CPC)"*[15].

Como se pode ilidir? Vários são os autores que se debruçaram sobre todas estas questões, nomeadamente Monteiro Fernandes para quem *"essa devolução* [da compensação] *não é, em si mesma, o instrumento fundamental para destruir a presunção (...) a devolução deve ser feita em "simultâneo" com a acção capaz de afastar a presunção. Em que deverá ela consistir? Parece que ao trabalhador só se oferece uma possibilidade:*

---

[15] Xavier, Bernardo da Gama Lobo, ob. cit., p. 849.

declarar a não-aceitação e instaurar a acção de impugnação a que se refere o art. 388.º, sendo assim, ***perguntar-se-á que sentido útil tem esta presunção legal – uma estranha presunção que o encarregado da prova em contrário (o trabalhador) pode afastar mediante mera declaração de vontade*** [realce nosso]*"*[16]. Isto porque o trabalhador tem sempre direito à compensação de uma forma ou de outra, e como escreve Leal Amado[17] *"note-se, o trabalhador sempre receberá esta compensação, caso o despedimento seja lícito. Se o não for, o trabalhador receberá, em princípio, um montante pecuniário superior ao desta compensação, por força do disposto nos arts. 389.º a 392.º do CT"*. Mas com a solução vertida nas normas objeto deste estudo acaba por "andar" a compensação "para a frente e para trás" sem qualquer sentido. Há, assim a nosso ver, uma violação clara do direito do trabalhador de impugnar o despedimento, e consequentemente uma violação clara dos seus direitos fundamentais, pela dificultação de ilisão desta presunção.

A jurisprudência é clara e tem ditado, sucessivamente que se o trabalhador não devolver está de má-fé[18]. Queremos com isto dizer que os tribunais, infelizmente nesta particular ques-

---

[16] Fernandes, António Monteiro, *in Direito do trabalho,* 17.ª Edição, Almedina, 2014, pp. 572-573.

[17] Amado, João Leal, ob. cit., p. 389.

[18] *"O conceito normativo de boa fé é utilizado pelo legislador em dois sentidos distintos: no sentido de boa fé objectiva, enquanto norma de conduta, ou seja, no plano dos princípios normativos, como base orientadora e fundamento de efectivas soluções reguladoras dos conflitos de interesses, alcançadas através da densificação, concretização e preenchimento pelos Tribunais desta cláusula geral; e no sentido de boa fé subjectiva ou psicológica, isto é, como consciência ou convicção justificada de se adoptar um comportamento conforme ao direito e respectivas exigências éticas." in* Ac. do STJ de 17-05-2012. *"A má fé substancial ou material directa, quer dolosa, quer com culpa grave ou erro grosseiro, esta última designada por lide temerária, diz respeito ao fundo da causa, à relação substancial deduzida em juízo" in* Ac. TRC de 08-06-2004.

tão, não têm estado atentos ao país real. Estando no âmbito de conceitos tão indeterminados como a simultaneidade verificámos, na nossa investigação, que a jurisprudência tem tido uma interpretação bastante literal da lei. Na nossa opinião a própria dignidade da pessoa humana tem sido posta em causa, e estas decisões dos nossos tribunais têm trazido graves danos morais a quem é abrangido por estas situações de despedimento.

A evolução descrita no subcapítulo 2.3. leva-nos a crer que o legislador mais não quis do que estabelecer a presunção em torno do recebimento da compensação e consequente aceitação do despedimento. E de que presunção falamos? Tem havido alguma discussão em torno da sua natureza, podendo falar-se nos termos do Código Civil (CC), de duas vertentes. A presunção *juris et de jure* e a *juris tantum*. Nos termos do artigo 350.°, n.° 2 do CC *"as presunções legais podem, todavia, ser ilididas mediante prova em contrário, excepto nos casos em que a lei o proibir"*. Sendo assim vemos consagrado, neste número, a regra da ilidibilidade das presunções legais – presunções *juris tantum* – que se opõem às *juris et de jure* que são inilidíveis, caso a lei o determine, tal como acontecia com o art. 23.°, n.° 3 da LCCT. Ao abrigo deste normativo quando o trabalhador recebia a compensação operava a presunção legal de aceitação do despedimento.

Uma coisa é certa, a presunção ilidível[19] tem força probatória plena e para que possa ser afastada é necessário a tal *"prova*

[19] Análise interessante faz Liberal Fernandes (ob. cit. p.9) quando escreve que *"de acordo com a letra do n.° 5 do art. 366.°, a presunção consagrada só poderá produzir os seus efeitos se o trabalhador receber a compensação "devida", isto é, o valor resultante da aplicação dos n.° 1 e 2 do mesmo artigo. Por isso, se a importância recebida pelo trabalhador for inferior à que deveria resultar da aplicação regular da lei, não nos parece que a referida presunção possa ser invocada pelo empregador, porquanto neste caso passaria igualmente a funcionar como uma presunção de renúncia à própria retribuição, ultrapassando claramente o objeto da norma."*

em contrário" estatuída neste n.° 2 do art. 350.° do CC. No nosso caso, essa prova será a devolução da totalidade da compensação recebida pelo trabalhador, que não se basta pela devolução, mas que deve ser sim em simultâneo com o seu recebimento, sendo assim considerada uma presunção *juris tantum*, pois pode ser ilidida[20].

Opinião interessante, sobre este tema, é a de Monteiro Fernandes que classifica esta presunção de outra forma. Nas palavras do autor *"se o que se pretende apurar é se o despedimento foi ou não realmente aceite, o que está em causa é um conteúdo volitivo que só pode ser clarificado por declaração do próprio trabalhador. Neste sentido, o que está no art. 366.°/4 não é uma presunção legal, mas uma suposição legalmente legitimada. Esta, naturalmente, tem que cessar quando o trabalhador manifesta, inequivocamente (em particular, através da instauração de acção de impugnação), a sua não-aceitação do despedimento* [sublinhado nosso]."[21]

Mas onde é que materializamos este barramento do acesso aos tribunais? Exatamente na procedimento pra ilidir esta presunção. Ora a aceitação do despedimento, através da perceção da compensação constitui uma exceção perentória que advém dessa aceitação [ou perceção]. Nos termos do art. 576.°, n.° 3 do CPC, tal como é sabido, as *"exceções perentórias importam a absolvição total ou parcial do pedido e consistem na invocação de factos que impedem, modificam ou extinguem o efeito jurí-*

[20] Nas palavras de Pedro Furtado Martins (ob. cit. p. 363) *"tudo indica, assim, que se quiser contestar o despedimento o trabalhador terá de demonstrar factos que atestem não apenas que discorda do despedimento, mas também que o recebimento da compensação não pode ser qualificado como uma aceitação presumida daquele.* ***Tal será por certo difícil*** [sublinhado nosso] *(...)"*.

[21] Fernandes, António Monteiro, ob. cit. p. 573.

dico dos factos articulados pelo autor." Ou seja, se o trabalhador em causa não conseguir fazer prova, em sede de juízo, da não aceitação desse despedimento e consequente impugnação da sua licitude, então ocorre a absolvição total do pedido, como se tem vindo a verificar em alguma jurisprudência. Muitas das vezes os tribunais consideram que a não devolução imediata da compensação recebida "ativa", se assim podemos dizer, a presunção de aceitação do despedimento.

Nas palavras bastante assertivas, neste caso, de Furtado Martins *"ficou por esclarecer o que seria necessário para que o trabalhador afastasse a presunção e, mais concretamente se bastaria para o efeito que declarasse expressamente que não aceitava o despedimento, caso em que o mero recebimento da compensação, não excluiria a possibilidade de impugnação judicial."*[22] E de facto essa falta de esclarecimento denota-se na jurisprudência.

Já para não falarmos que o trabalhador ao receber a compensação e a lei ao presumir que aceitou o despedimento leva a que essa "licitude" possa vir a sanar vícios, substanciais ou procedimentais, que tenham ocorrido. Mas essa automaticidade da aceitação do despedimento leva a isso mesmo, o que na nossa perspetiva é claramente irregular, ou mesmo ilegal nos termos dos princípios basilares em que assenta o nosso ordenamento jurídico.

Na nossa opinião e após a própria análise da evolução histórica desta norma, o trabalhador não vê impedido, <u>teoricamente</u> [sublinhado nosso], o seu direito a interpor a ação de impugnação do despedimento.[23] Mas cabe-lhe ilidir essa presunção de

---

[22] Martins, Pedro Furtado, ob. cit., p. 361.

[23] Neste caso o despedimento coletivo é ilícito nos termos dos artigos 381.° e 383.° do CT, seguindo-se, posteriormente, os trâmites dos artigos 388.° e ss do mesmo código, conjugado com o Código do Procedimento do Trabalho.

aceitação, o que não tem acontecido com sucesso nos nossos tribunais[24]. Já diz a sabedoria popular que "uma coisa é a teoria, outra é a prática." Velou-se, de certa forma, esse impedimento do acesso aos tribunais, visto que as normas anteriores, tal como acontecia na LCCT com a interpretação que lhe era dada pela jurisprudência, impediam expressamente esse direito de ação, de impugnar o despedimento. O que acontecia era que à perceção da compensação devida associava-se a aceitação do despedimento, estando impossibilitado, o trabalhador de impugnar judicialmente o despedimento.

Mas, Liberal Fernandes[25] faz outra interpretação quando afirma que *"a referida presunção não produz o efeito que lhe tem sido reconhecido sempre que o despedimento enferme de vícios ostensivos, facilmente perceptíveis por qualquer interessado, como, por exemplo, os enunciados no art. 382.°, alíneas a) e b) do CT. Aliás, esta consequência decorre da natureza imperativa do regime da cessação do contrato de trabalho, a qual obsta a que o interessado fique privado da possibilidade de impugnar as nulidades do despedimento colectivo. Além disso, como a norma do n.° 2 do mesmo art. 399.° tem natureza excepcional, não pode ser objecto de interpretação extensiva de modo a albergar um conteúdo como aquele aqui discutido."*

Neste sentido pugnamos da opinião de Leal Amado[26] quando caracteriza, e bem, a posição contratual do trabalhador como frágil, ou seja, *"ao criar esta presunção, o CT parece, pura e simplesmente, ignorar ou desprezar a circunstância de*

---

[24] Queremos com isto dizer que nos parece, da análise jurisprudencial, que continua quase como que impune o escopo da norma que falámos da LCCT [art. 23.°, n.° 3] que determinava que *"o recebimento pelo trabalhador da compensação a que se refere o presente artigo vale como aceitação do despedimento"*

[25] Fernandes, Francisco Liberal in ob. cit. p. 11.

[26] Amado, João Leal, ob. cit., p. 390.

estar a regular uma relação laboral, para mais numa fase particularmente delicada da respetiva existência."

E como se ilide, então, essa presunção? Claramente tem havido dúvidas interpretativas, tal como se alcança do sumário do Ac. do TRL de 01-09-2016: *"a interpretação dos números 4 e 5 do artigo 366.° do C.T./2009 não pode deixar de ter em linha de conta a evolução legislativa que, de uma forma impressiva, foi procurando responder a alguma das dúvidas que a doutrina e a jurisprudência foram levantando em torno de tal regime legal – consagração de uma presunção legal, sua natureza jurídica, atos necessários para a sua ilisão, carência ou não de uma declaração expressa de oposição ao despedimento objetivo, obrigatoriedade da devolução da compensação e momento para tal devolução (...) "*.

Neste seguimento deparámo-nos muitas vezes com a exigência de uma declaração expressa de não aceitação de despedimento e com a transmissão da ideia de vontade de impugnar o mesmo. Mas, e do que analisámos, para os nossos tribunais não chega essa mera declaração[27], nem mesmo para transmitir a ideia de boa-fé do trabalhador, sendo **sempre** exigível a devolução em simultâneo ou "o mais atempada possível" da compensação. A mera intenção de impugnação não tem bastado para a nossa jurisprudência que tem levado "muito à letra" a própria simultaneidade[28]. Estamos a lidar com conceitos muito indeterminados

---

[27] Ac. STJ de 17-03-2016 no sumário: *"IV. Não lhe bastará, assim, que se limite a declarar perante a entidade patronal que não aceita o despedimento nem a compensação, sendo necessário que assuma um comportamento consentâneo com aquele propósito, nomeadamente diligenciado pela devolução da compensação paga pela entidade empregadora, logo que a receba (...) logo que tome conhecimento de que o valor da compensação lhe foi creditado na respetiva conta bancária, caso o pagamento se realize mediante transferência bancária."*

[28] Ac. TRP de 14-05-2012: *"De resto, <u>dada a referida prática dos empregadores de entregarem a compensação por meio de transferência</u>*

como se pode verificar pelas próprias decisões dos tribunais[29]. Como escreve Pedro Furtado Martins *"mais problemático é não se ter esclarecido quando (ou até quando) pode o trabalhador afastar a presunção, devolvendo a compensação. Uma vez que a lei estabelece que se presume que o trabalhador aceita o despedimento quando recebe a compensação, dir-se-ia que a única forma de evitar a presunção seria a imediata recusa desse recebimento. Contudo, uma vez que a lei permite ilidir a presunção mediante a colocação à disposição do empregador "da compensação pecuniária recebida", parece admitir-se que o*

---

bancária, ignorando os trabalhadores abrangidos pelo despedimento coletivo a data em que a conta foi creditada, colocam-se algumas dificuldades práticas a este nível, embora se venha entendendo que elas devem ser consideradas como removidas, dada a vulgarização das transações através do multibanco, por exemplo; assim, atento o princípio da boa fé e o referido incremento ao nível das referidas transações, deve considerar-se que o acesso à informação das contas bancárias está facilitado e generalizado. Acresce que a prontidão da devolução da compensação recebida – em simultâneo, refere o mencionado Art.° 366.°, n.° 5 – reporta-se à disponibilidade da quantia em causa, pois significando a aceitação do despedimento, a sua devolução, para produzir a prova do contrário, deve ocorrer em curto prazo, pois não seria curial que o trabalhador pudesse dela dispôr." Aqui de referir que os sublinhados são nossos e têm o propósito de reforçar a nossa ideia de não haver uma linha igual seguida pela nossa jurisprudência quanto à definição de um "prazo curto".

[29] Ac. TRP de 14-05-2012: *"In casu, a base da presunção consiste no recebimento da compensação. Ora, transferindo o empresário para a conta bancária [prática atualmente corrente] do trabalhador o montante correspondente à compensação, parece que este deverá agir diligentemente, logo que tome conhecimento do ato, caso pretenda não aceitar a compensação, com vista a impugnar o despedimento. Na verdade, tomando conhecimento da transferência, por qualquer meio, deverá informar o empregador do recebimento da compensação, bem como do seu propósito de aceitar a decisão de despedimento coletivo ou de a impugnar. Aliás, em bom rigor, não aceitando a decisão do empregador e pretendendo impugnar o despedimento, o trabalhador deve agir de acordo com a diligência correspondente ao homem médio, atento o princípio da boa fé,* ***embora a lei não esclareça.***

trabalhador receba a compensação e a devolva posteriormente, ainda que não se especifique quando ou até quando a devolução deve ter lugar [sublinhado nosso]." [30] O que nos leva a crer que mesmo que o trabalhador devolva a compensação e impugne judicialmente o despedimento tem que em sede de juízo fazer um esforço "herculano" para provar a não aceitação desse despedimento. Alocamos ainda neste sentido as palavras de Pedro Furtado Martins, quando nos diz que *"não há, portanto, um prazo para o trabalhador expressar a não-aceitação do despedimento e devolver a compensação, de modo a evitar a actuação da presunção legal. O simples recebimento da compensação tem associada a presunção que, uma vez constituída, não será fácil de ilidir."*[31] Teria sido mais simples se o legislador tivesse mantido a norma da LCCT [com a qual não concordamos] que impedia expressamente essa impugnação, e ter-se-ia evitado toda esta "engenharia jurídica" a que se tem assistido.

Assim sendo, e consequentemente, a jurisprudência tem pugnado pela opinião de que a não devolução da compensação em simultâneo ou num curto prazo (não definido expressamente por lei, ou pela jurisprudência) viola o princípio da boa-fé, nos termos do art. 126.°, n.° 1 do CT, pelo qual as relações laborais, nomeadamente entre o trabalhador e empregador, devem pugnar. Vejamos um excerto do Ac. do STJ de 03.04.2013 que sentencia no sentido de que *"a disponibilização da compensação é uma forma de demonstração de boa fé da entidade empregadora e da sujeição da mesma aos parâmetros legais no recurso a esta forma de cessação da relação de trabalho e não visa a resolução dos problemas sociais associados ao desemprego dos trabalhadores. Ela decorre da obrigação da reparação dos danos sofridos pelo trabalhador decorrentes da perda do seu posto de*

[30] Martins, Pedro Furtado, ob.cit. pp. 362 e ss.
[31] Martins, Pedro Furtado, ob.cit. pp. 362 e ss.

trabalho (...). (...) Esta disponibilização também exige boa-fé por parte do trabalhador que, caso não aceite o despedimento, deverá devolvê-la ou colocá-la à disposição do empregador (...) inibindo-se da prática de quaisquer actos que possam ser demonstrativos do apossamento do quantitativo que foi disponibilizado." Tudo parece errado neste excerto vertido. Quase se torna difícil a própria análise.

Para já justifica-se referir que a boa-fé de uma parte ou de outra materializa-se de uma forma muito diferente, sobretudo pelos sacrifícios que cada parte terá que fazer para obedecer a este princípio da boa-fé, que veio arguir o STJ. Como bem sabemos não são partes que estejam em paridade.

De seguida não nos parece equitativo que o trabalhador não se possa "apossar" daquilo a que tem direito. Não se verifica qualquer tipo de "boa-fé", por parte do empregador, ao disponibilizar a compensação, visto que esta, haja ou não impugnação, é devida. Portanto, não nos parece, que neste caso particular, o cumprimento da lei seja, assim, um ato tão explícito de boa-fé. De facto parece-nos má-fé, sim, esta interpretação do STJ, materializando-se num afastamento dos trabalhadores do acesso aos tribunais. Torna-se de facto difícil esta "boa-fé" para o trabalhador.[32]

---

[32] Socorrendo-nos de outra figura, a do abuso do direito, estatui Liberal Fernandes (ob. cit. p. 15) que *"este efeito que se reconhece à norma que consagra a presunção de aceitação do despedimento parece-nos suficiente para afastar a possibilidade de recurso à figura do abuso do direito como justificação para excluir a aplicação das normas processuais anteriormente referidas e, portanto, para negar ao trabalhador o direito de defender interesses que lhe são reconhecidos pela lei em caso de despedimento ilícito (arts. 389.°, n.°1, alínea a), e 390.°, n.° 1, ambos do CT) e que não se confundem com o despedimento propriamente dito, embora lhe estejam associados"*

E não nos podemos esquecer de algo, para nós fundamental, e que para os tribunais nem tanto[33] [são os próprios acórdãos que descrevem que a interpretação desta norma não deve ser utilizada para resolver situações do foro social] que tem que ver com a situação do país, das famílias, que passam por situações deste tipo. Vejamos. Um trabalhador que se encontre numa situação de despedimento, muito perto de ficar sem os seus rendimentos que, muitas das vezes, são essenciais para a sobrevivência do seu agregado familiar, não parece poder estar em posição favorável de devolver a totalidade da compensação (que é sua por direito!) para impugnar judicialmente o despedimento. E questões, retóricas, tais como as custas judiciais, o pagamento do patrocínio judiciário, a demora da resolução dos processos em tribunal? Não nos parece que seja aceitável ou até mesmo exigível a alguém que, pondo a sua dignidade humana em causa, devolva o seu sustento para reconhecer um direito seu[34].

---

[33] Neste sentido Júlio Gomes (ob. cit. pp. 986-987) *"O Código voltou a introduzir a presunção – ilidível como é regra nas presunções – de que o trabalhador aceita o despedimento quando recebe a compensação pelo despedimento coletivo. Trata-se, também aqui, na nossa opinião, de uma solução infeliz: não só não é seguro que o trabalhador tenha conhecimento de que a aceitação da compensação tenha este efeito, como a complexidade dos motivos aduzidos para o despedimento colectivo pode ser de tal ordem que só posteriormente o trabalhador – ou os seus representantes ou os peritos de que se tenha socorrido – se aperceba da irrealidade ou falsidade de tais motivos, além de que a aceitação da compensação pode ser apenas um resultado da necessidade económica em que o trabalhador se encontra."*

[34] Neste sentido Amado, João Leal, *in* ob. cit. p. 390 quando descreve a relação laboral em causa que *"significa que o trabalhador se encontra juridicamente subordinado ao empregador e, na maior parte dos casos, economicamente dependente dos rendimentos do trabalho para satisfazer as suas necessidades mais elementares. (...) criar este dilema ao trabalhador, quase forçando-o a recusar a oferta da compensação de antiguidade a fim de conservar intacta a faculdade de contestar judicialmente a licitude do seu despedimento, mostra-se claramente irrazoável."*

Estamos perante partes que não estão numa situação de paridade[35], na mesma posição de negociar, acabando por pôr em causa o direito de ação. Como bem diz Lobo Xavier, e para finalizar, acerca de toda esta aceitação do despedimento é que é uma "*questão que tem sido polémica porque se argumenta que o trabalhador não está em condições de prescindir da compensação (à qual, mesmo em caso de despedimento lícito teria direito), sendo inconsistente e injusta a ilação de que ao aceitar uma compensação – que sempre lhe seria devida – prescinde do seu direito de impugnar o despedimento.*"[36]

3. Considerações finais

Começamos as nossas considerações finais com este excerto retirado do Ac. do TRL de 01-09-2016: "*Como observou o Supremo Tribunal de Justiça, o legislador revela-se* ***particularmente hostil*** [destacado nosso] *ao ato do recebimento da compensação pelo trabalhador quando este, não obstante esse recebimento, ainda pretenda questionar o despedimento de que foi alvo, pois a versão original da LCCT e o Código do Trabalho de 2009* ***inviabilizam, na prática, qualquer reação do trabalhador que conserve em seu poder a compensação recebida*** [destacado nosso]."

Ora por aqui se percebe, que o legislador e, também, a jurisprudência é adversa a uma possível impugnação, no nosso caso, do despedimento coletivo. Ao analisarmos uma série de

---

[35] Neste sentido convém, até, relembrar as palavras de Jorge Leite quando afirma que uma das características do direito do trabalho "*não é da fixação inflexível das condições de trabalho, mas a do estabelecimento de garantias mínimas da parte contratual (o trabalhador) considerada mais débil.*" *In* ob. cit. p. 223.

[36] Xavier, Bernardo da Gama Lobo, ob. cit., p. 848.

acórdãos ficámos com a perspetiva que só o ato de retenção da compensação por um prazo, seja ele qual for, é motivo para improceder a ação de impugnação do despedimento. Não vendo o tribunal razoabilidade nessa retenção, então presume que o trabalhador aceitou o despedimento. E pelos vistos não tem visto razoabilidade em nenhuma das ações judiciais.

Esta ilisão da presunção acaba por ser falaciosa, porque o trabalhador pode não ilidir por vários razões, sejam económicas, pois para impugnar tem que devolver a totalidade da compensação; sejam por desconhecimento da lei, que faz com que não saiba que ao estar a aceitar a compensação está a aceitar o despedimento; sejam por, e na sequência desta anterior, vir a descobrir mais tarde que o procedimento de despedimento estava pejado de vícios e irregularidades. Por não estar a simultaneidade definida por lei, então, parece-nos que meros minutos, horas ou "poucas" semanas são suficientes para que se presuma o despedimento, indevidamente.

As próprias normas em causa são totalmente **vagas e indefinidas**. Nem o legislador, nem a jurisprudência têm tido intenção de definir este regime, se calhar pois é um regime que até "economiza", se assim pudermos dizer, os processos em juízo, ou mesmo os custos com estes despedimentos. Todas as reformas têm ido no sentido de uma presunção muito pouco ilidível, pois e como dizia a citação de Pedro Furtado Martins é muito difícil ilidir esta presunção em sede de impugnação judicial.

Quais são, então, as efetivas consequências da aceitação da compensação e consequente despedimento?[37] Na nossa perspetiva prendem-se, e de forma muito negativa para o trabalhador,

---

[37] Na opinião de Liberal Fernandes (ob. cit. p. 15) "*a não devolução pelo trabalhador, antes do prazo de propositura da acção impugnatória, da compensação atribuída pelo empregador nos termos do n.° 1 do art. 366.° do CT não o inibe de intervir no processo de impugnação do respetivo despedimento (...) e, consequentemente, de poder beneficiar dos efeitos previstos nos*

com a sanação de irregularidades que possam ocorrer com o procedimento de despedimento ou o afastar do trabalhador dos tribunais sem poder questionar esse despedimento.

Não podemos esquecer que a impugnação judicial envolve, por parte do trabalhador uma grande ponderação, nomeadamente tendo que recorrer aos meios que possa ter ao seu alcance, tal como um advogado ou mesmo a Autoridade para as Condições de Trabalho (ACT). Não estamos propriamente a falar de questões que sejam de conhecimento empírico. Daí não se alcançar o objetivo destes números 4 e 5 do art. 366.° do CT atual(izado).

Com esta nossa análise pretendemos estudar esta presunção de uma forma mais aprofundada com o intuito de contribuir para o estudo de uma figura controversa no Direito do Trabalho, sobretudo a nível doutrinal. Continuamos a defender que é uma figura do nosso ordenamento jurídico muito irregular, sobretudo contendendo com princípios fundamentais da nossa Constituição, que acaba por ter efeitos práticos nefastos na vida dos trabalhadores que passam por estas situações de despedimento coletivo.

Defendemos, assim, que esta ilisão seja real e efetiva numa próxima revisão do CT. Até porque estamos perante um código que determina na grande maioria das suas normas, todos os procedimentos, incluindo, os **prazos** atinentes a esses procedimentos. Mas porque ficou este por determinar? Fica a questão em aberto, finalizando esta análise com as palavras de Monteiro Fernandes, e que nos parecem bastante acertadas: *"Nem assim parece digno de aplauso, de iure condendo, o regime contido nos n.ºs 4 e 5 do art. 366.° CT. O trabalhador despedido fica muitas vezes vem estado de necessidade económica, mesmo se mais tarde vem a ser-lhe reconhecido o direito ao subsídio de*

---

arts. 389.°, n.° 1, alínea a), e 390.°, n.° 1, ambos do CT, ou do direito de ocupação efetiva no caso de ter sido decretada a suspensão do despedimento."

desemprego. (...) Além disso, o efeito puramente económico da solução, sob o ponto de vista do empregador, é praticamente neutro. Se, na sequência da impugnação, o despedimento vier a ser declarado ilícito, terá que pagar muito mais (indemnização, salários de tramitação); se for tido por lícito, a compensação será de novo devida. O regime legal visa unicamente um efeito inibitório da judicialização dos despedimentos – por outras palavras, protegê-los dos tribunais."[38]

---

[38] Fernandes, António Monteiro, ob. cit., pp. 573-574.

O DIREITO À GREVE NO ORDENAMENTO JURÍDICO PORTUGUÊS

NÓTULAS PARA UMA CONSIDERAÇÃO RETROSPECTIVA

DIOGO FIGUEIREDO PERFEITO DIAS FERREIRA

ÍNDICE DE ABREVIATURAS

art. – artigo; arts. – artigos; cfr. – confrontar; cit. – citado; Coord. – Coordenação; ed. – edição; est. cit. – estudo citado; *i.e.* – *id est* (isto é); n.° – número; *op. cit.* – *opus citatum* (obra citada); Org. – Organização; p. – página; pp. – páginas; Prof. – Professor; ss. – seguintes; trim. – trimestre; últ. ob. cit. – última obra citada; *vd.* – *vide* (ver); *v.g.* – *verbi gratia* (por exemplo); vol. – volume

1. Conspecto preliminar

Veio o presente trabalho a lume na circunstância da análise, efectuada em uma das cadeiras de opção do nosso Curso de Mestrado em Direito, da Faculdade de Direito da Universidade de Coimbra, do tema das relações colectivas de trabalho – ou, se se preferir (e com maior quilate de exactidão), do Direito das Relações Colectivas de Trabalho.

Aquando da escolha do tema sobre que iria incidir a nossa investigação tangente à elaboração do relatório final da unidade curricular, antolhou-se-nos sobremaneira pertinente curar da questão do direito à greve, a qual, nos nossos dias, e por mor da grave situação económico-financeira que o país tem atravessado e, decorrentemente, da instabilidade social por ela sempre gerada, veio revestir-se de renovada e flagrante actualidade – sendo certo, porém, que a mesma nunca a perdeu.

Com efeito, a problemática da atribuição, ao trabalhador, de um direito à greve serviu de mote a larga cópia de discussões doutrinais, de alvitres dos mais diversos opinadores e comentadores de circunstância, de reacções mais ou menos apaixonadas dos visados e do cidadão comum, atento espectador da realidade quotidiana. Quantos discursos laudatórios mereceu este vero direito dos trabalhadores... E quantas verrinas o mesmo originou, por banda de censuradores de opinião férrea...

Foi, pois, assim, caldeado nos mares tumultuosos do devir histórico, que o direito à greve germinou, cresceu e frutificou. Foi, pois, assim que algo que «começou por não existir» – para recorrermos a um consabido símile – se veio a alcandorar em um dos mais sacrossantos e inabdicáveis predicados ínsitos à dignidade do trabalhador, e a esta conaturais.

Em face do que visaremos, pois, nas páginas que se seguirão, obrar um retrato sucinto da forma por que é o direito à greve, genericamente falando, considerado no nosso ordenamento jurídico. Uma prévia e dupla advertência se impõe, porém.

Antes de mais, cabe frisar que nos dispensaremos de entrar em minudências caracterizadoras do regímen jurídico actual do direito à greve: interessar-nos-á, tão-somente, tentar esboçar os contornos que estão gizados no nosso direito positivo. Numa palavra, procuraremos exibir qual a «face» que o direito à greve conhece entre nós. Mas – e esta é a segunda parte da supradita advertência – o modo por que procuraremos fazê-lo paga claramente um modesto óbolo a Cronos: iremos bosquejar as raízes do direito à greve no nosso direito nacional, não prescindindo, para tanto, de um passar de olhos mais amplo pelo contexto europeu. Ademais, sempre que o julguemos justificado, faremos breves e pontuais incursões pelo direito comparado.

Ou seja: ver-se-á, nas linhas subsequentes, uma autêntica «viagem no tempo». Partindo do *hic et nunc*, daremos um salto às raízes de tudo, para, depois dessa longa incursão, tornarmos, em remate final, aos nossos dias. Nessa altura, de posse de um adequado enquadramento situacional, estaremos, porventura, em melhores condições de bem compreender a realidade que nos cerca.

O pendor do texto, de índole claramente histórico-jurídica (pois que esta é, aliás, a nossa área de especialização), não prescindirá, por certo, de perscrutações, mais ou menos latas, pela História em geral – mas é seguro que se não perderá pelas veredas longas e sinuosas dos trilhos de Heródoto. Por outro lado, também se não arredará pé do claustro juslaboral, até porque, mais uma vez o dizemos, o nosso intuito, ao cabo de tudo isto, é poder alcançar uma mais nítida compreensão do que seja o direito à greve no nosso direito laboral actual.

Fundados em tais premissas, e não esquecendo o prévio rogo do prestimoso auxílio de Minerva, que, nestas temerárias empresas, há-de sempre vir-nos em socorro, principiemos, pois, o que pretendemos dizer sobre o ponto que aqui nos traz.

2. Breve reflexão inicial: «greve» e «direito à greve», realidades idênticas? Noção de «greve» em sentido juslaboral

Estouvado se antolharia, por certo, o nosso proceder se curássemos de meter ombros à tarefa que nos propomos lograr sem, previamente, deixar consignados alguns postulados de base que devem ter-se por imprescindíveis a um cabal entendimento das considerações que hão-de subjazer-lhes.

Assim é que ocorrerá falar, antes de mais nada, de algumas generalidades, pontos de partida dos nossos ulteriores desenvolvimentos. E, nestas coisas, «há lá nada melhor» (Vitorino

NEMÉSIO) do que começar pelo princípio... Perguntemos, pois, o que seja o direito à greve.

A definição que avançaremos, para já, reclamar-se-á, ainda, do cunho das realidades incipientes. Se se quiser: aqui deixamos um «diamante em bruto» (ressalvando-se a naturalíssima e inarredável dose de modéstia para com o desluzido fulgor das considerações que faremos...), de cuja lapidação o resto do texto buscará encarregar-se. Porém, não poderá ele, por outra banda, prescindir deste passo primeiro e decisivo.

Numa perspectiva *de iure condito*, o direito à greve vem a consubstanciar-se em uma legitimada e juridicamente reconhecida manifestação de recusa da prestação laboral por um conjunto de trabalhadores, tipicamente inserta em situação conflitual e pré-ordenada à persuasão da entidade empregadora, no sentido da prossecução de determinadas finalidades reclamadas pelos seus promotores[1].

No fundo, assistimos aqui a algo que vem já do princípio do mundo: aquilo que a uns satisfaz poderá a outros não agradar

---

[1] Da muita literatura que sobre o ponto é possível compulsar, *vd.*, por exemplo, MARIA DO ROSÁRIO PALMA RAMALHO, *Tratado de Direito do Trabalho – Parte III – Situações Laborais Colectivas*, 1.ª edição, Almedina, Coimbra, 2012, pp. 411 ss., e *Lei da Greve Anotada*, 1.ª edição, Lex, Lisboa, 1994, pp. 12 ss., ANTÓNIO MONTEIRO FERNANDES, *Direito do Trabalho*, 16.ª edição, Almedina, Coimbra, 2012, pp. 748 ss., e *A lei e as greves – Comentários a dezasseis artigos do Código do Trabalho*, Almedina, Coimbra, 2013, *maxime* pp. 19 ss., JORGE LEITE, *Direito da greve (Das lições ao 3.° ano da FDUC, ed. de 1992/93)*, Serviços de Acção Social da Universidade de Coimbra – Serviço de Textos, Coimbra, 1994, *passim*, BERNARDO DA GAMA LOBO XAVIER, *Direito da greve*, Editorial Verbo, Lisboa, 1984, *passim*, ANTÓNIO MENEZES CORDEIRO, *Manual de Direito do Trabalho*, 1.ª edição, Almedina, Coimbra, 1991, pp. 357 ss., e, na doutrina estrangeira, MÁRCIO TÚLIO VIANA, *Direito de Resistência – Possibilidades de autodefesa do empregado em face do empregador*, LTr – Editora Ltda., São Paulo, 1996, pp. 283 ss., e BERNARD TEYSSIÉ, *La grève*, Dalloz, Paris, 1994, pp. 1 ss.

completamente, e vice-versa[2]. Assim é que, muito naturalmente, os interesses da entidade empregadora podem, a todo o tempo, não se antolhar integralmente coincidentes com aqueloutros perseguidos pelos trabalhadores, sendo a inversa também verdadeira. Perante tal facto – cuja evidência, de tão manifesta, seria quase estulto derramar nestas linhas –, assiste-se a uma verdadeira tomada de posições de ambas as partes, sendo certo que, quando a situação de um dos lados atinge, no entendimento dos seus membros, proporções que se não afiguram aceitáveis, ou que bolem com as suas mais vivas aspirações, há o recurso a mecanismos de manifestação do decorrente desagrado e de incisiva persuasão do lado oposto, no sentido da satisfação de determinadas pretensões[3]. Desta forma, temos a greve.

---

[2] E não é este um dos magnos problemas do Direito? Ante a escassez de recursos, e os desejos e aspirações que legitimamente se hão-de reconhecer ao ser humano, o *ius* terá a espinhosa missão de obrar a possível compatibilização dos dois pólos em presença, dando o seu contributo muito próprio, e essencial, para que o homem se transforme em autêntico «homem-pessoa», imbricado numa *societas* interpessoal e inter-relacional. Para mais profundas reflexões sobre um tema que, aliás, se nunca poderá considerar inteiramente reflectido, *vd.* FERNANDO JOSÉ BRONZE, *Lições de Introdução ao Direito*, 2.ª edição, Coimbra Editora, Coimbra, 2006, pp. 32 ss.

[3] Em idêntico sentido, ORLANDO TEIXEIRA DA COSTA, «Derecho de huelga», *in Civitas – Revista Española de Derecho del Trabajo*, n.º 49, Septiembre/Octubre 1991, pp. 693-704. Com efeito, este ilustre magistrado brasileiro afirma, a dado passo (p. 693): «(...) [l]as relaciones de trabajo son antagónicas, pero no necesariamente conflictivas. En una sociedad que erija la competencia como uno de sus valores principales, es natural que el agravamiento de ciertas situaciones acabe por desencadenar la abstención del trabajo como forma concreta de presión de los trabajadores contra los patronos (...)» (sublinhado no original). Também seguindo semelhante orientação, *vd.* BERNARDO DA GAMA LOBO XAVIER, *Direito da greve*, cit., pp. 1 ss. (sublinhando este Autor que «(...) [n]a sociedade industrial, trabalha-se com alguém submetido às mesmas vinculações e sujeito à mesma condição, formando-se assim grupos solidários, surgidos pela laboração simultânea na mesma empresa, na mesma actividade ou na mesma profissão. E a óptica patronal

Releve-se-nos o simplismo da explicação, apenas tolerável (e usando de acendrada dose de complacência...) por nos situarmos, aqui, em um capítulo propedêutico, tosco e rude, como convém a uns «primeiros passos» dados em qualquer actividade[4]. Mas, em todo o caso, prossigamos mais um pouco.

Uma das coisas mais impressivas na figura da greve é, de facto, o seu aparente carácter a-jurídico: ela parece, à vista desarmada, uma coisa ilícita, postulando, afinal, uma abstenção da prestação de trabalho – ou seja, atentando contra aquele que será um dos deveres primeiros (senão o dever primeiro) do trabalhador[5]. Poderemos, porventura, i-la desenterrar ao campo-

---

relativamente ao trabalho é também a de uma gestão de massas. Não é pois de estranhar que desde há muito se tenham constituído organismos de defesa dos interesses desses grupos de trabalhadores, que intentam a minimização da desigualdade económica em que estes à partida se encontram e a atenuação dos próprios esquemas de desnivelamento contratual que a subordinação jurídica peculiar do contrato de trabalho supõe (...)» – cfr. *op. cit.*, pp. 2-3; sublinhado no original).

[4] Vendo bem, talvez que o simplismo não seja de tamanha monta – cfr. a explicação, globalmente coincidente, da origem dos «conflitos colectivos» (no seio dos quais haveremos, por força, de considerar a greve) que nos apresenta ANTÓNIO MENEZES CORDEIRO, *Manual de Direito do Trabalho*, cit., pp. 357-359.

[5] Aliás, razão de existir do próprio contrato de trabalho... Relembre-se a noção presente no art. 11.° do nosso Código do Trabalho, segundo a qual o contrato de trabalho vem a ser «(...) aquele pelo qual uma pessoa singular se obriga, mediante retribuição, a prestar a sua actividade a outra ou outras pessoas, no âmbito de organização e sob a autoridade destas» (o sublinhado é nosso). Notava bem MÁRIO PINTO («O Direito perante a greve», *in Análise Social*, ano 4, n.° 13, 1.° trim. 1966, pp. 48-73) que, para muitos, a greve seria sempre uma realidade completamente dissociada das cercanias do Direito – é dizer, uma realidade que o Direito não logra absorver, «juridicizar» (expressão usada pelo Autor), muito embora a possa proibir, tolerar ou erigir à dignidade de direito dos trabalhadores. Por exemplo, CARNELUTTI (que o mesmo Autor convoca) sempre terá visto a greve como realidade mesmo anti-jurídica, por contraposição com os meios que o Direito faculta aos trabalhadores para dirimir os litígios em questão. Ademais, doutrina houve que

-santo das relíquias *praeter-ius*. E talvez que não procedamos desavisadamente indo por esse caminho. De facto, se em certa perspectiva olharmos, poderemos divisar a greve como uma vera realidade de génese extrajurídica, a que o Direito ofereceu o seu conchegante amplexo – ou talvez não, e antes fosse o *ius* a impor-lhe as férreas grilhetas do carcereiro, tentando refrear-lhe os ímpetos selváticos e anárquicos. Fosse como fosse, para esta impostação das coisas, a greve antolhar-se-ia como «(...) um não-direito sem barbárie, porque controlado na sua delimitante assimilação (...)»[6].

Mas é evidente que nem só desta perspectiva se faz a compreensão da greve enquanto direito juridicamente tutelado. Sem afastar a bondade da orientação *supra* exposta (pois que é, ademais, verosímil a radicação da greve na originária conflitualidade social que sempre está presente na dinâmica inter-estratificação societária), sempre afirmaremos que outros fundamentos serão aduzíveis. Desde logo, aqueles que vêem no diálogo e no «conflito» – aqui tomado num claríssimo sentido construtivo – algo de ínsito e conatural ao funcionamento da *societas* e, aliás, imprescindível ao bom andamento desta. Nessa medida, a greve, posto que contida dentro dos limites que lhe pré-assinala, com-

---

considerava a greve manifestamente inadequada, porquanto o trabalhador teria um meio muito mais simples ao seu alcance para fazer valer a sua posição: a resolução do contrato de trabalho (perspectiva, como é bom de ver, que sacrificava notoriamente nas aras das concepções liberais da relação laboral, vendo o trabalhador e o empregador como entes postados exactamente ao mesmo nível, e dotados, na prática, de idênticos poderes negociais, como em qualquer vulgar relação obrigacional).

[6] António Castanheira Neves, «Considerações a propósito do direito à greve», *in Digesta – Escritos acerca do Direito, do pensamento jurídico, da sua metodologia e outros*, Coimbra Editora, Coimbra, 1995, pp. 429-432 (p. 430).

preensivelmente, o Direito, será, sem mais, uma realidade a que caberão irrefragáveis foros de juridicidade[7].

Se não quisermos raiar tão longínquos quadrantes de evanescência e, opostamente, pretendermos rasar os verdejantes campos da juridicidade, também aqui nos não faltarão, decerto, posições fundamentadoras da greve como algo que, em certa medida, se assume como realidade jurídica. É interessante, a propósito, notar o parecer de PEDRO ROMANO MARTINEZ[8], o qual efectua um paralelismo com o Direito Civil[9] e, muito especificamente, com o instituto da alteração das circunstâncias (cfr. art. 437.° do Código Civil), que considera como uma autêntica «válvula de escape» para os contraentes que, vendo-se acossados por uma transformação radical das circunstâncias em que fundaram a sua decisão de contratar, e não sendo curial, à face dos critérios de justiça cabíveis ao caso *sub iudice*, impor-lhes o prosseguimento da consabida regra *pacta sunt servanda*[10], pretendem a

---

[7] Se bem o interpretamos, parece ser esta, *grosso modo*, a orientação de CASTANHEIRA NEVES, no estudo citado – cfr., *maxime*, pp. 431-432.

[8] Cfr. o seu *Direito do Trabalho*, 3.ª edição, Almedina, Coimbra, 2006, pp. 1160-1162.

[9] Não será de mais relembrar que, para a generalidade da nossa doutrina, o Direito do Trabalho se antolha como uma espécie de Direito Privado Especial, tendo o Direito Civil como ponto de partida (o qual assume o papel de Direito Privado Geral ou Comum). Sobre o ponto, cfr., *v.g.*, PEDRO ROMANO MARTINEZ, «A justa causa de despedimento – Contributo para a interpretação do conceito indeterminado de justa causa de despedimento do art. 9.°, n.° 1 LCCT», *in* ANTÓNIO MOREIRA (Coord.), *I Congresso Nacional de Direito do Trabalho – Memórias*, Almedina, Coimbra, 1998, pp. 173-180 (*maxime*, p. 173, *ab initio*).

[10] Segundo a qual «os contratos são para ser cumpridos» – e cumpridos pontualmente, via de regra... Sobre o exacto sentido da expressão «cumprimento pontual» dos contratos, *vd.* JOÃO DE MATOS ANTUNES VARELA, *Das Obrigações em Geral*, vol. II, 7.ª edição, Almedina, Coimbra, 1997, pp. 14 ss. Mas é claro que uma moderna compreensão da juridicidade já se perfila receptiva a uma obtemperação de tal princípio, sempre que os contornos do

desvinculação do contrato que firmaram, com o fito primordial de não haver de arrostar com prejuízos de monta advenientes da manutenção daquela relação obrigacional que, inopinadamente, passara a revelar-se-lhes molesta. Pois bem, segundo o mesmo Autor, também a greve é reacção contra uma alteração anormal de circunstâncias, tendendo a modificar a conformação da execução do contrato em presença – aqui, um contrato de trabalho, com tudo o que isso significa quanto à especial face e às *nuances* diferenciadoras que este conhece face ao contrato obrigacional *tout court* – em face daquela mesma alteração, a fim de coadunar ambos os pólos desta tensão dialéctica. A diferença magna entre ambas as realidades – a figura civilística da alteração das circunstâncias e a figura juslaboral da greve – estaria apenas na legitimidade que a esta última se reconheceu com vista à sua manifestação de guisa extrajudicial, bem ao contrário da alteração das circunstâncias, só operável por recurso aos tribunais.

Que dizer? Registemos, tão-somente, ser opinião atendível, mas não ser incontroversa[11]. Bosquejemos, ainda, mais alguns trilhos.

Quer-nos parecer, analisando ainda muito pela rama o caudal problemático que se nos depara, que o *punctum crucis* de toda a discussão tangente à natureza jurídica do direito à greve se poderá localizar na questão seguinte: será a greve uma realidade de origem extrajurídica, que o Direito veio recobrir com o manto fúlgido da juridicidade, ou será ela, opostamente, uma criação jurídica, com todos os predicados que, *ipso facto*, se lhe hão-de reconhecer? Pedindo de empréstimo as rútilas palavras de um

---

caso concreto o aconselhem – e a isto mesmo foi o nosso Código Civil de 1966 sensível.

[11] Não será assim, desde logo, para MARIA DO ROSÁRIO PALMA RAMALHO, cuja posição discordante o Autor refere, em nota (cfr. PEDRO ROMANO MARTINEZ, *Direito do Trabalho*, cit., p. 1160, nota 2, e a indicação bibliográfica que da mesma consta).

muito insigne jurista, GONÇALVES DE PROENÇA: será a greve um «poder jurídico (conferido pela ordem jurídica)» ou um «direito natural que a ordem jurídica se limita a reconhecer»[12]?

Arredando-nos prudentemente de qualquer veemente e definitiva tomada de posição em semelhante *vexata quaestio*, sobre que tanto a doutrina tem escrito e debatido, apenas faremos notar, segundo a percepção que o ponto nos suscita, que a propensão para o recurso à greve, enquanto meio persuasivo ao dispor dos trabalhadores, é algo praticamente conatural à natureza das coisas, para repisarmos ideia já aflorada *supra*. E também não será menos verdade que a História nos dá páginas impressivas de situações de antagonismo, de fricção entre os dois lados desta «contenda», que vieram a constituir o fermento que fez crescer a figura do direito à greve, juridicamente tutelado[13].

Ou seja: não podemos – embora, repita-se, não tomando definitiva posição por qualquer das orientações expendidas – deixar de reconhecer algum acerto àqueles que vêem as origens da greve em formas primevas, rudimentares, de exercício dos direitos; é dizer, em modos de actuar que poderão reconduzir-se à justiça privada[14]. Com efeito, se o patrão não procedia para

---

[12] Cfr. JOSÉ JOÃO GONÇALVES DE PROENÇA, «O direito à greve (análise doutrinal)», *in Revista Jurídica da Universidade Moderna*, ano I, n.° 1, 1998, pp. 65-109 (pp. 103-104).

[13] Não entraremos, para já, em maiores desenvolvimentos quanto a isto, que os faremos muito em breve, em sede própria. Fique, tão-somente, no momento, esta ideia preliminar.

[14] Onde haveremos de buscar, afinal, a raiz de muito do nosso Direito Penal (e também do Direito Civil, na área relativa à responsabilidade civil, a qual, em épocas pregressas, se associava indistintamente à responsabilidade penal), que, paulatinamente, se foi aperfeiçoando para formas outras de resolução de conflitos. Mas todos sabemos que já existiu o tempo da pena de talião (*talis esto*), e de expedientes penalizadores quejandos. Aliás, a evolução que daí se processou para o sistema das *compositiones* (em que o agressor «comprava» ao ofendido o seu direito à vingança – à célebre *vindicta privata* –) foi, a muitos títulos, notável. Sobre o ponto, *vd.*, por todos, JORGE

com os seus subordinados da guisa mais curial, em determinada situação concreta, o meio mais imediato (e, porventura, mais eficaz) de que estes dispunham para fazerem valer as suas aspirações, os seus anseios, era a paralisação da sua actividade, a interrupção da sua prestação, a fim de que, sentindo na pele os efeitos adversos que isso poderia ter em termos produtivos, fosse a entidade patronal mais sensível à auscultação das necessidades e aspirações do pessoal que labutava, e lhes desse adequada solução. E não eram – realce-se também – umas necessidades ou aspirações quaisquer, mas aquelas que buliam directamente com o seu *status* sócio-laboral[15].

Portanto, não poderemos deixar de ver na greve o produto de uma evolução jus-histórica complexa, de apropriação, por banda do Direito, de uma realidade que, podendo, é certo, comportar já, na sua própria essencialidade, algo de ínsito ao valor da *iustitia* de que o *ius* se não poderá privar de comungar, era, no entanto, quase integralmente, um puro facto sociológico,

---

de Figueiredo Dias, *Direito Penal. Parte Geral – Tomo I – Questões Fundamentais. A Doutrina Geral do Crime*, 2.ª edição, Coimbra Editora, Coimbra, 2007, pp. 45-46 e *passim*, e Rui de Alarcão, *Direito das Obrigações* (com a colaboração de Joaquim de Sousa Ribeiro, Jorge Sinde Monteiro, Almeno de Sá e José Carlos Brandão Proença), ed. dactilografada e policopiada, Coimbra, 1983, pp. 215-217.

[15] O que não impediu que, historicamente, greves e manifestações similares houvesse por motivos extrínsecos à prestação laboral (mormente por motivos políticos). Porém, hodiernamente, a generalidade da doutrina orienta-se no sentido de excluir tais condutas do âmbito do conceito de «greve» para efeitos jurídicos, considerando como tais apenas aquelas que hajam por base questões atinentes à situação juslaboral em presença. Aventando, porém, a hipótese – se bem vemos – da admissibilidade de certos tipos de «boicote» (uma «recusa concertada em negociar com determinada pessoa, alvo da pressão» – *vd.* a sua radicação histórico-etimológica *infra*, na nota 42), por aplicação, na medida do possível, de certas normas tangentes ao direito à greve, cfr. António Menezes Cordeiro, *Manual de Direito do Trabalho*, cit., pp. 375-376.

que conhecia manifestações rudemente cinzeladas, que só com o devir dos tempos foi tomando um aspecto mais congruente, mais polido, e pôde, enfim, transpor as portas, não do Inferno de DANTE, mas do específico mundo da juridicidade.

Por isto se nos antolha arguta a observação de GONÇALVES DE PROENÇA, quando distingue a «greve» *tout court* – como «puro facto sociológico» – do «direito à greve», figura que a ordem jurídica se encarregou de gravar na talha dourada de um dos retábulos que a compõem[16-17]. Este último é o produto, juridicamente decantado, de séculos de devir histórico, e como tal o haveremos de considerar[18].

---

[16] Cfr. JOSÉ JOÃO GONÇALVES DE PROENÇA, «O direito à greve (análise doutrinal)», cit., pp. 66-68. BERNARDO DA GAMA LOBO XAVIER (*Direito da greve*, cit., p. 62) também distingue um «conceito jurídico-constitucional de greve» de um «sentido sociológico» da mesma, frisando que ambos não podem coincidir. Eis porque, entre outras coisas, se não poderá haver a greve por um conceito «aberto» do ponto de vista jurídico, como alguns autores chegaram a propugnar.

[17] De resto, julgamos que o puro facto de haver certos tipos de greves – como as ditas «greves atípicas» – que não são admitidos pelo nosso Direito demonstra à saciedade a existência de uma clara fronteira entre a «greve» enquanto realidade sociológica – e conceito, por tal razão, mais lato, englobante de uma considerável panóplia de realidades – e o «direito à greve», verdadeira encarnação jurídica do dito fenómeno sociológico. Se é verdade que o *ius* sorve da realidade da vida o ar que respira e a seiva que o alimenta – coisa que sempre defendemos, e que, modestamente, não vemos razões para arredar –, não menos verdadeira se antolhará a ideia segundo a qual nem a tudo poderá ele ser permeável. Pelo contrário, há algo de impositivo na sua missão, algo que recolhe as notas dimanadas da muito própria consideração da normatividade jurídica.

[18] O reconhecimento – e decorrente admissibilidade – pelo Direito de um «direito à greve» não retira a esta, por certo, o carácter de «acção directa», exercitável de guisa extrajudicial, um pouco ao arrepio, pois, dos cânones mais sagrados da normatividade vigente. Por isso se há-de entender, assim, o seu exercício como estando subordinado a certa ordem de postulados, sem cuja verificação se não poderá, honestamente, falar de «greve» em sentido jurídico.

Também não haveremos de olvidar ser a greve uma forma de «conflito colectivo» de trabalho – isto para dizermos que ela não é «filha única», posto que talvez se possa dizer, em certo sentido, «filha primogénita». Com efeito, o conflito colectivo – *lato sensu* – afirmou-se historicamente como o «motor» decisivo em diversas áreas do Direito do Trabalho, havendo-se manifestado como factor imprescindível de melhoramento das condições de vida e de trabalho dos subordinados e, bem assim, de maior nivelamento das relações laborais, por meio, sobretudo, do reconhecimento de direitos ínsitos à pessoa do trabalhador e desta inalienáveis. Pois bem, de entre a vasta panóplia de conflitos colectivos de trabalho (que, segundo ROMANO MARTINEZ, se poderão dividir em conflitos colectivos «de interesses» ou económico-sociais, intentando a substituição de normas jurídicas vigentes, que aos trabalhadores se afiguram inadequadas, por outras, mais consentâneas com a sua situação, e em conflitos colectivos «de direito» ou jurídicos, apenas bulindo com a interpretação e aplicação da normatividade vigente, não sendo esta posta em causa, pelo que, via de regra, acolherão tais litígios adequada guarida em sede judicial[19]), a greve vem a ser, porventura, a sua modalidade mais fúlgura, e que maior impacto logra alcançar, qual voz teatral amplificada pela *persona* dos actores greco-latinos[20].

---

[19] Cfr. PEDRO ROMANO MARTINEZ, *Direito do Trabalho*, cit., pp. 1153--1154.

[20] Claro que podemos enumerar várias outras modalidades de conflitos colectivos de trabalho, nem todas, aliás, toleradas pelo nosso Direito, como sejam o boicote, a sabotagem, etc. Para uma referência a este assunto, cfr. PEDRO ROMANO MARTINEZ, *Direito do Trabalho*, cit., p. 1155, e JOSÉ JOÃO GONÇALVES DE PROENÇA, «O direito à greve (análise doutrinal)», cit., pp. 80-81 e 93-95. MENEZES CORDEIRO (*Manual de Direito do Trabalho*, cit., pp. 363 ss.) define-nos «conflito colectivo» como «(...) <u>uma oposição de interesses e de opiniões</u>, ocorrida <u>entre grupos</u> e para os quais <u>não há via estadual de composição</u> (...)» (sublinhado no original). Quanto às notas que hão-de definir,

Rejeitamos, por outro lado, explicações como a do ilustre magistrado brasileiro ORLANDO TEIXEIRA DA COSTA, o qual parece pretender que a figura jurídica do «direito à greve» é um corolário de certas «leis» evolutivas da juridicidade, mecanicamente aplicáveis, pois, ao devir jus-histórico[21]. Sem embargo de postularmos, por nossa banda, que – como, de resto, já o dissemos – o «direito à greve» é produto evidente de um largo processo evolutivo inserto nos caminhos intertemporais da História do Direito, nem por isso defenderemos que desta impostação das coisas se infiram «regras» pretensamente universais que expliquem, com uma simplicidade que quase almeja alcandorar-se à linearidade

---

concretamente, um «conflito colectivo» de índole especificamente laboral, o mesmo Autor aponta-nos três critérios possíveis: um «critério subjectivo» (segundo o qual os conflitos serão laborais quando os lados em confronto sejam trabalhadores e empregadores), um «critério objectivo» (de acordo com o qual o conflito colectivo laboral se pauta pela natureza igualmente laboral das questões que ao mesmo subjazem) e, por fim, um «critério instrumental» (que postula a existência de uma «luta laboral colectiva», entendida como «(...) perturbação intencional das relações de trabalho, conduzida por um dos agentes laborais (...)» – cfr. *op. cit.*, p. 366). Dos três, entende MENEZES CORDEIRO ser este último o que verdadeiramente singulariza os «conflitos colectivos laborais».

[21] É o que nos sugere o Autor no seu artigo «Derecho de huelga», cit., p. 694, quando diz: «(...) osaría reafirmar que su evolución también está sujeta a una ley científica, que podría ser expresada como el tránsito del delito al derecho (...)». Por certo a generalidade da doutrina reconhece o diuturno périplo que a «greve», *qua tale*, houve de percorrer desde a concepção segundo a qual ela se afiguraria, *sine dubio*, como um delito até aqueloutra que a consagra, em certo sentido, como um direito irrefragável dos trabalhadores. Não obstante, isso nos não autorizará, se bem vemos, a utilizar a forma de expressão que ficou registada: por um lado, porque tal impostação do problema o cercaria, por certo, do «manto diáfano» de uma visão positivista e anacrónica do Direito; por outra banda, e como também se diz em texto, pela razão de a evolução jus-histórica do «direito à greve» não ter sido, em nada, linear, muito pelo contrário, tendo conhecido cambiantes distintos nos vários países, em processos altamente volúveis e contingentes (haja em vista, desde logo, o caso português).

dos enunciados das ciências exactas, o *statu quo* hodiernamente visível. Ademais, a evolução histórica da figura aqui considerada fez-se de múltiplas vicissitudes, de avanços e recuos, que nos não consentem formulações de pendor explicativo demasiadamente definitivas e excludentes[22].

Se quisermos, enfim, colocar um (necessário...) ponto de ordem nas considerações que vimos expendendo, sempre diremos que, numa primeira análise que do problema fazemos, retiramos as conclusões seguintes: em nosso modesto entendimento, abjuramos aquelas concepções que pretendem fundar a greve (*rectius*, o «direito à greve») no próprio Direito, como se aí ela houvesse surgido *ab ovo*[23]; postulamos, diversamente, a circunstância de a greve se haver forjado na dura realidade da vida quotidiana, como uma forma de justiça privada, e foi, pois, a partir daí que, graças à força modeladora do devir histórico, ela veio a alcandorar-se em direito, juridicamente tutelado.

Não obstante, terá sido aquela primeira concepção, que fez entroncar o «direito à greve» numa radicalidade jurídica, em interconexão com outros direitos laborais pelo Direito reconhecidos e tutelados, que veio a contribuir para que o mesmo seja,

---

[22] Não deixamos, porém, de dar razão a TEIXEIRA DA COSTA quando aponta a raiz extrajurídica da greve – ademais, citando palavras de JEAN CRUET, segundo o qual os trabalhadores haveriam transformado, em razão da sua luta tenaz ao longo de gerações, «um delito generalizado num direito». Cfr. o est. cit., p. 694.

[23] Não faltam, porém, orientações que isto defendam, ou que meramente o sugiram: até, se bem nos parece, as próprias convenções da Organização Internacional do Trabalho sobre o tema se orientam, de certa forma, nesse sentido (considerando, inclusive, o direito à greve como um «corolário indissociável» do direito de associação sindical – cfr. JEAN-MAURICE VERDIER, «Débat sur le droit de grève à la Conférence internationale du travail», *in Droit Social*, n.° 12, Décembre 1994, p. 968, e MÁRIO C. PINTO, «Greve – Aspectos jurídicos», *in Polis – Enciclopédia Verbo da Sociedade e do Estado*, vol. 3, Editorial Verbo, Lisboa/São Paulo, 1985, col. 117).

hoje, consagrado em algumas sedes, e por vária doutrina, como vero direito fundamental[24]. Assim é que, na segunda metade do século XX (e muito embora certos documentos de importância basilar no que aos direitos humanos tange, como, desde logo, a Declaração Universal dos Direitos do Homem, de 1948, sejam omissos quanto a isto), tal direito recebeu honras de consagração em textos de flagrante relevo jus-internacional, como sejam a Carta Social Europeia (1961) ou o Pacto Internacional sobre os Direitos Económicos, Sociais e Culturais, da Organização das Nações Unidas (1966). Mais recentemente, é de salientar a expressa previsão constante do art. 28.° da Carta dos Direitos Fundamentais da União Europeia (2000).

Mas não foi só aqui que se assistiu a esta consagração: também diversos textos constitucionais o fizeram, como (pioneiramente, segundo nos informa TEIXEIRA DA COSTA) a Constituição Mexicana de 1917, seguida das Constituições da Argentina, da Espanha, da Itália, do Paraguai, do Peru, das Filipinas, da Suécia, do Suriname, do Uruguai, da Venezuela, da Costa Rica, da Nicarágua, do Brasil (de 1988) e, claro está, da nossa própria (cfr., desde já, o seu art. 57.°, n.° 1)[25].

Claro que, em face desta evidência, nos poderemos perguntar qual o valor de semelhantes disposições constitucionais, mormente no caso português. É ponto que remetemos para desenvolvimentos em altura própria[26]. Para já, bastemo-nos com isto: a nossa Constituição de 1976, havendo consagrado, inequivocamente, o «direito à greve», fê-lo de guisa prudente, abstendo-se

---

[24] Cfr. ORLANDO TEIXEIRA DA COSTA, «Derecho de huelga», cit., p. 695.

[25] Também na Constituição Francesa de 1958 surge uma referência ao «direito à greve», posto que apenas no seu preâmbulo, que não propriamente no articulado (herança, de resto, da anterior Constituição, de 1946) – cfr. ORLANDO TEIXEIRA DA COSTA, «Derecho de huelga», cit., p. 695.

[26] Cfr., *infra*, *sub* 4.

de avançar qualquer tipo de definição[27], e nem sequer se aventurando no campo da regulamentação, relegando tais questões para legislação especial. Por que razão o fez? Talvez, segundo a opinião de certos autores, visando remeter o olhar do intérprete-aplicador para a greve enquanto «realidade social», deixando, portanto, de certa forma, ao arbítrio do julgador a densificação do conceito enquanto realidade susceptível de recepção pelo universo da juridicidade (e, desde logo, cometendo-lhe, por tal via, a delicada operação de destrinça entre a greve «lícita» e a greve «ilícita»)[28].

Bom, aqui chegados, cremos que, para enquadramento propedêutico do tema, estas linhas bastarão (até porque tornaremos ao conceito actual de «direito à greve» no ordenamento jurídico português adiante, e não queremos, para já, desvelar muito mais, sob pena de virmos a ser reprovavelmente redundantes no nosso discurso). Talvez nos faça falta, apenas, uma noção de «greve» – se é que realidades deste jaez se deixam espartilhar nos pomposos contornos de uma lapidar formulação. Mas, como em tudo na vida, é-nos necessário partir de alguma coisa, porquanto «do

---

[27] Nem na lei ordinária a achamos, em boa verdade, limitando-se o Código do Trabalho a corroborar o quanto dispõe a Constituição (cfr. o seu art. 530.°, n.° 1). Com efeito, o legislador parece ter querido furtar-se ao risco de, empreendendo uma densificação do conceito, poder incorrer em manobras virtualmente inconstitucionais, porque sempre potencialmente restritivas ou excessivamente pré-determinadoras desta prerrogativa constitucionalmente consagrada (assim, José João Gonçalves de Proença, «O direito à greve (análise doutrinal)», cit., p. 79, e Pedro Romano Martinez, *Direito do Trabalho*, cit., pp. 1162-1163).

[28] Cfr. António Monteiro Fernandes, *Direito do Trabalho*, 16.ª edição, Almedina, Coimbra, 2012, pp. 748 ss. Aí, o Autor chama, desde logo, à colação a problemática, doutrinalmente controvertida, de qual seja a concepção de «greve» plasmada na nossa Constituição: «greve-liberdade» ou «greve-direito»? É um ponto que convocará a nossa atenção na devida altura (cfr., *infra*, *sub* 4.).

nada só resulta o nada»[29]. Assim, permita-se-nos que adoptemos a definição proposta por Bernardo Lobo Xavier, que tem a virtude de ser simples e, simultaneamente, dizer o que há de essencial: «(...) paralisação do trabalho por um grupo de trabalhadores com a finalidade de fazer pressão sobre o oponente às reivindicações comuns (...)»[30].

---

[29] Cfr. Fernando José Bronze, *Lições de Introdução ao Direito*, cit., p. 19, em paráfrase a Bertolt Brecht.

[30] Cfr. Bernardo da Gama Lobo Xavier, «A greve no Direito da Europa ocidental», *in Revista de Direito e de Estudos Sociais*, n.os 1-2-3-4, ano XXXVIII, Janeiro-Dezembro de 1996, pp. 45-75 (p. 52). Maria do Rosário Palma Ramalho (*Tratado de Direito do Trabalho – Parte III – Situações Laborais Colectivas*, cit., p. 427) apresenta a seguinte noção de greve: «(...) abstenção colectiva e concertada [da] prestação de trabalho por um conjunto de trabalhadores com vista à satisfação de objectivos comuns (...)» – como se vê, essencialmente idêntica à que apresentamos em texto (e salientando, até, a nota de tal abstenção ser concertada, o que se antolha como uma das suas mais frisantes características). Praticamente igual é, também, a de Pedro Romano Martinez: «(...) abstenção concertada da prestação de trabalho a efectuar por uma pluralidade de trabalhadores com vista à obtenção de fins comuns (...)» (cfr. o seu *Direito do Trabalho*, cit., p. 1163). Com distintas *nuances* se nos mostra a definição avançada por Mário C. Pinto, «Greve – Aspectos jurídicos», cit., col. 111: «(...) coalizão de trabalhadores subordinados, recorrendo à suspensão (ou alteração) da prestação de trabalho, com o fim de exercerem um efeito de pressão com vista à obtenção de decisões favoráveis aos interesses colectivos (profissionais) dos trabalhadores grevistas (...)». Reputando-a, embora, de acendrada nitidez e de meridiana clareza, resolvemos não a adoptar por pensarmos que a mesma abre a porta a realidades outras, que, por nossa parte, tendemos a não considerar no âmbito do direito à greve, que centramos na suspensão ou abstenção da prestação laboral (apesar de o Autor reconhecer, adiante, consistir a «greve própria» na «(...) suspensão temporária, colectiva e simultânea da prestação do trabalho, com abandono dos postos de trabalho (...)» – cfr. art. cit., col. 115). Para além disso, cremos que a menção aos interesses colectivos profissionais poderá antolhar-se demasiadamente restritiva, arredando, por exemplo, as greves que, embora imbuídas de motivações políticas, têm sobretudo em vista interesses dos trabalhadores, relegando aquelas para um segundo plano – e, de facto, Mário Pinto parece afastar liminarmente do conceito jurídico de

3. A greve em Portugal: panorama histórico-jurídico

Procederemos, pois, no presente capítulo, a uma análise global da evolução que a figura da greve conheceu no nosso país. Seguindo a metodologia que encontramos em diversas obras de índole geral, principiaremos por uma muito genérica descrição do quadro histórico envolvente, ainda sem grandes preocupações de esmiuçar os campos jurídicos, tarefa a que nos dedicaremos logo depois, com a minúcia que nos parecer conveniente.

3.1. *Sucinto escorço histórico*

Baldada seria qualquer tentativa que aspirasse a um mínimo grau de proficiência na definição das raízes históricas do direito à greve em Portugal se se não procedesse previamente, como compete, a um rápido relance de olhos pelos dados que a História – genericamente falando, ainda não propriamente em perspectiva jurídica – tem para nos ofertar[31].

Primeiro que tudo, e usando de conhecido símile: a «greve», como conflito colectivo de trabalho, «começou por não existir». Tempos houve em que disso se não falava – em que nisso se não pensava, sequer. Não obstante, a sua raiz fundante vem já de

---

greve qualquer tipo de greve política (cfr. art. cit., col. 112, embora reconhecendo a dificuldade adveniente de, não raro, a greve mesclar fins profissionais e políticos), com o que discordamos. Para desenvolvimentos de algumas ideias que aqui ficam, desde já, consignadas, cfr. *infra*, *sub* 4.

[31] Sobre a capitalidade de que se reveste a análise das condições histórico-sociais que propiciaram a formação do Direito do Trabalho em geral, cfr. já Manuel Carlos Palomeque Lopez, *Direito do Trabalho e Ideologia – Meio século de formação ideológica do Direito do Trabalho espanhol (1873-1923)* (tradução portuguesa de António Moreira, com a colaboração de Natália Fragoso e de Teresa Coelho Moreira), Almedina, Coimbra, 2001, p. 16.

muito longe, tão longe que o seu surgimento se vê obnubilado pela noite dos tempos.

Segundo algumas opiniões, poderíamos já ver arquétipos da greve nas revoltas de trabalhadores sucedidas no Antigo Egipto, quando aqueles se recusaram a prosseguir os trabalhos da construção do túmulo do faraó Ramsés III, em alegado protesto contra a irregularidade do pagamento dos salários e os maus-tratos costumados. Outros há que tendem, inclusive, a ver no conhecido episódio bíblico do Êxodo do povo hebreu do Egipto (inserto, como bem se sabe, no Antigo Testamento) mais um afloramento, posto que necessariamente imberbe, da figura actual da greve[32].

Se assim continuarmos procedendo, por certo que a História nos fornecerá fértil material com que alimentar as mais díspares conjecturas – mormente, e para não sairmos ainda muito da Antiguidade, no que a Roma diz respeito (e mesmo na Grécia podemos localizar situações similares), onde foram bem visíveis as revoltas de escravos (com especial realce para a de 73 a.C., onde pontificou a bem célebre figura de Spartacus[33]), sinal claro da falência em que começava a cair o sistema económico esclavagista[34].

E até mesmo na Idade Média nos será fácil topar com múltiplas situações de conflito entre servos e senhores (suseranos), haja em vista o estado de submissão extrema em que aqueles se

---

[32] Assim, Jorge Leite, *Direito da greve...*, cit., p. 9, nota 1. Cfr., outrossim, Ronald Amorim e Souza, *Greve & locaute – Aspectos jurídicos e económicos*, com prefácio e notas de direito português do Prof. António Monteiro Fernandes, Almedina, Coimbra, 2004, p. 43.

[33] Ou Espártaco, se se quiser utilizar a forma aportuguesada. Prosseguindo velho hábito nosso – de preferir, salvo algumas excepções, a forma original –, consignamos em texto a versão latina.

[34] Mais detidas referências sobre o ponto poderão colher-se em António José Avelãs Nunes, *Os Sistemas Económicos – Génese e Evolução do Capitalismo*, Serviços de Acção Social da Universidade de Coimbra – Serviço de Textos, Coimbra, 2009, pp. 53 ss.

achavam relativamente a estes, autenticamente esmagados por um sem-número de exacções (ou prestações de índole senhorial, como a anúduva, a corveia, as banalidades, os dízimos, etc.) que lhes sorviam o magno produto do seu labor. Também não ignoramos que a época medieva foi singularmente fértil em conflitos sociais, mormente em alturas de crise profunda (como o foi, generalizadamente, o século XIV)[35], e vários deles terão tido origem nas próprias «corporações de artes e ofícios», opondo os artífices aos «mestres».

Porém, o problema que se põe é este: poderemos ver aqui, em sucessos de épocas históricas tão distintas, veras origens daquilo que, hodiernamente, conhecemos por «greve»? Ou terá sido esta de geração mais recente?

Pois bem: não negando que a figura actual da «greve» haja de radicar em uma conflitualidade quase natural entre subordinantes e subordinados, que vem já da origem dos tempos, e sendo certo que a prática da suspensão da prestação laboral, como via reivindicativa, também não é nova, sempre se afirmará, no entanto, que a «greve», na acepção por que hoje a conhecemos, vem a ser um fenómeno tipicamente capitalista; é dizer, a greve surgiu aquando da implementação do modelo económico capitalista, que lhe serviu de fértil campo[36-37]. E não nos será difícil compreender esta ideia.

---

[35] Lembre-se, ademais, que a própria crise portuguesa de 1383-85, radicada na questão sucessória suscitada pela morte de D. Fernando I, já foi considerada como tendo motivações mais profundas, ou seja, como expressão lídima de uma autêntica luta de classes, entre a aristocracia senhorial empobrecida, a burguesia florescente e as hostes populares (a «arraia-miúda», de que nos falava FERNÃO LOPES) – *vd.*, por todos, JOSÉ HERMANO SARAIVA, *História Concisa de Portugal*, 21.ª edição, Publicações Europa-América, Mem Martins, 2001, pp. 97-103 e 114-122.

[36] Até já CAETANO D'ANDRADE ALBUQUERQUE (*Direito dos operarios: estudos sobre as «grèves»*, Imprensa da Universidade, Coimbra, 1870), escrevendo numa época de absoluta escassez doutrinal (pelo menos, em Portugal)

no que à análise da problemática jurídica da greve tange, isto reconhecia (sem embargo, é certo, das concepções ideológicas – notoriamente de índole liberal, como era timbre da época – ínsitas ao seu texto). Dêmos-lhe a palavra: «(...) [q]uerer achar a todo o momento analogias entre os dados que a vida actual nos offerece e um ou outro phenomeno que encontramos na historia da antiguidade, sem attender ás circunstancias diversissimas das épocas, ao mui differente alcance que os acontecimentos vão tendo com o decorrer das gerações, parece-nos um principio de critica errado, e um engano grave para o historiador (...)» (cfr. *op. cit.*, p. 117 – manteve-se, na transcrição, a grafia original). No mesmo sentido – o de que as greves, como hoje as conhecemos, são fenómenos eminentemente provindos do capitalismo saído da Revolução Industrial –, cfr. Mário Pinto, «O Direito perante a greve», cit., p. 48, e «Greve – Aspectos jurídicos», cit., col. 111, Ronald Amorim e Souza, *Greve & locaute...*, cit., pp. 43-46, Bernardo da Gama Lobo Xavier, *Direito da greve*, cit., p. 17 (diz, aliás, este Autor: «(...) a greve encontrou naturalmente o seu terreno de eleição na sociedade capitalista emergente da revolução industrial, depois de liquidado o quadro económico e social do processo produtivo artesanal e corporativo e a solidariedade que o enformava (...)»), Maria do Rosário Palma Ramalho, *Tratado de Direito do Trabalho – Parte III – Situações Laborais Colectivas*, cit., p. 413 (aliás, conexionando-as com a estrutura de subordinação ínsita à relação juslaboral, pelo que, nessa ordem de ideias, se não podem haver por «greves», em sentido próprio, os conflitos laborais protagonizados por escravos na Antiguidade Clássica nem, tão-pouco, as manifestações de servos – ou mesmo no seio das corporações – durante a Idade Média, pois que se cura, em ambos os casos, de vínculos bem diferentes), e Márcio Túlio Viana, *Direito de Resistência...*, cit., pp. 285-286. Salientando que mesmo o Direito do Trabalho, genericamente falando, vem a ser «(...) uma categoria cultural fruto do sistema capitalista industrial (...)», onde surge o verdadeiro conflito entre trabalho e capital, assente na essencial relação de troca força de trabalho/salário (traduzível, no fim de contas, em «(...) um conflito social de carácter estrutural (...)»), *vd.* Manuel Carlos Palomeque Lopez, *Direito do Trabalho e Ideologia...*, cit., pp. 17-19.

[37] Sem prejuízo do que afirmamos, não deixaremos, no entanto, de realçar que já no século V uma lei do Imperador Zenão (do Oriente) interditava reuniões de artífices tendentes à definição de acordos que redundassem na suspensão da actividade – *vd.* Francisco Liberal Fernandes, *A obrigação de serviços mínimos como técnica de regulação da greve nos serviços essen-*

Foi, de facto, a Revolução Industrial, grandemente impulsionada pela invenção da máquina a vapor (por JAMES WATT, em 1769) e, outrossim, por várias outras inovações mais ou menos contemporâneas[38], as quais contribuíram largamente para o advento da produção em série[39] (um dos fulcros do novo sistema económico), que trouxe consigo, verdadeiramente, o capitalismo[40] (ao mesmo tempo a que se assistiu, nitidamente, à ascensão da burguesia, detentora da propriedade dos meios de produção, pregoeira da ideologia liberal e acérrima defensora da livre-iniciativa), e, quase correlatamente, o fenómeno da greve.

---

ciais, 1.ª edição, Coimbra Editora, Coimbra, 2010, p. 27 (em texto e na nota 10, *ibidem*).

[38] Como a *spinning-jenny*, de HARGREAVES (1765), e a *water-frame*, de ARKWRIGHT (1769). Não se esqueça, outrossim, a precedência da chamada Revolução Agrícola, a qual se consubstanciou como um dos factores que contribuíram para a autêntica «explosão demográfica» então verificada e, consequentemente, para o notável aumento de mão-de-obra que veio a ser empregada na indústria florescente.

[39] A produção em série está, de facto, intrinsecamente conexionada com a ideia, tão corrente no capitalismo, da «satisfação de necessidades». Mas – note-se bem – não das simples e básicas necessidades do ser humano (nota, de resto, característica de qualquer sistema económico). Trata-se, aqui, de buscar a satisfação de necessidades como mero expediente para a busca do lucro, esse sim, o magno objectivo. Peçamos de empréstimo as palavras de um grande Mestre de Coimbra: «(...) O que interessa [no capitalismo] é o lucro. O que interessa, pois, é que <u>os consumidores sintam necessidades, para que, sentindo-as, comprem produtos e os capitalistas lucrem, vendendo--os.</u> As necessidades <u>deixam de ser, portanto, o fim da actividade económica; transformam-se em simples meio de obter lucros.</u> Não há necessidades? Se as não há, criam-se, isto é, convencem-se os consumidores a comprar os produtos. Daí a publicidade, o reclamo (...)» (TEIXEIRA RIBEIRO, *apud* ANTÓNIO JOSÉ AVELÃS NUNES, *Os Sistemas Económicos...*, cit., p. 23, nota 10 – o sublinhado é nosso).

[40] Para uma mais minuciosa exposição sobre o ponto, cfr. ANTÓNIO JOSÉ AVELÃS NUNES, *Os Sistemas Económicos...*, cit., pp. 148 ss. *Vd.*, outrossim, MANUEL CARLOS PALOMEQUE LOPEZ, *Direito do Trabalho e Ideologia...*, cit., pp. 19-24.

No entanto, não se pense que esta surgiu exactamente como hoje se nos apresenta à vista. Muito pelo contrário.

Inicialmente, a greve não se diferençava visivelmente da generalidade dos movimentos reivindicativos levados a efeito pelo operariado maltratado e descontente da grande indústria. As condições de trabalho inumanas que por longo tempo se praticaram (ambientes insalubres, escassez de alojamento e falta de condignidade deste, exploração despudorada do trabalho infantil e feminino, baixos salários, ausência de protecção social, etc.), directamente associadas à escalada de desenvolvimento industrial a que amiudadamente se assistiu na Europa desde os finais do século XVIII até meados do seguinte, foram o mote decisivo para que os trabalhadores, sujeitos ao mais cruel dos tratamentos, encetassem uma tenaz acção reivindicativa, tendente à melhoria do seu *modus vivendi* – erguia-se, com ímpeto, o «Movimento Operário»[41].

Sucedeu, pois, o expectável: as primeiras – e mais rudimentares – formas dessa reivindicação tomaram aspectos severos, frequentemente violentos, claramente demonstrativos da falta de organização das massas, mas também do seu estado de saturação e de descontentamento. Vamos, pois, encontrar, nessas manifestações primitivas, o gérmen daquilo que viria a ser a greve, sendo, porém, certo que, com o passar do tempo, esta se eman-

---

[41] Foram, sobretudo, três os fundamentos do «Movimento Operário»: a) formação, como natural decorrência do sistema de produção capitalista tal-qualmente foi implantado a partir de meados do século XVIII, de uma classe operária, de flagrante homogeneidade em termos de desempenho das suas tarefas (contrastando com os antigos mesteres medievos, que se diferençavam entre si, para além do domínio da globalidade do processo produtivo pelo mesmo trabalhador); b) surgimento de uma «consciência de classe»; c) percepção, pelo operariado, da clamorosa inexistência de quadros jurídicos, políticos e sociais que provessem às suas necessidades. Cfr. Manuel Carlos Palomeque Lopez, *Direito do Trabalho e Ideologia...*, cit., pp. 24-25.

ciparia, decididamente, de práticas que coetaneamente surgiram, tais como o boicote, a sabotagem[42], etc.

Por certo que a greve, nos seus primórdios, aliou, ao aspecto frisante da paralisação da prestação laboral, notas de acção violenta, de combate à visível exploração patronal. No entanto, a evolução histórica veio dissociá-la dessoutras formas reivindicativas, dando-lhe o cunho muito próprio que, actualmente, a caracteriza. Não se julgue, porém, haver sido isso um processo rápido, muito menos linear. Não foi assim, nem pouco mais ou menos. E conheceu cambiantes vários, de acordo com a situação de cada país[43].

---

[42] Lembra-nos a origem etimológica destes termos José João Gonçalves de Proença, «O direito à greve (análise doutrinal)», cit., pp. 94-95. Com efeito, «boicote» provém, segundo consta, do nome de certo capitão inglês (Boycott) da época da Revolução Industrial, que soía infligir os mais cruéis maus-tratos aos trabalhadores subordinados, razão por que estes, certa vez, se sublevaram e o aprisionaram, impedindo-o, pois, de dar as suas instruções e de controlar o trabalho. Por sua vez, «sabotagem» provirá do termo francês *sabot*, traduzível por «tamanco», espécie de calçado com que os trabalhadores atiravam para o interior dos maquinismos dos equipamentos fabris, o que fazia com que estes encravassem. Formas de reivindicação, como se vê, rudes e violentas, a par com muitas outras que a História regista, como a destruição de máquinas a vapor, por tantos «acusadas» de roubar o trabalho aos braços humanos (veja-se o célebre caso do movimento luddista, em Inglaterra, cerca de 1811, nome que advém de um dos seus putativos chefes, Ned Ludd) – mas nem por isso menos compreensíveis, havendo em consideração o cenário social coevo. *Vd.*, também, a propósito, Manuel Carlos Palomeque Lopez, *Direito do Trabalho e Ideologia...*, cit., pp. 25-26.

[43] Ademais, a própria consideração que, actualmente, as legislações nacionais fazem da figura da greve, e o estatuto que lhe conferem (proibição/mera tolerância/direito), depende largamente das concepções reinantes em cada país, da sua vivência sócio-profissional, dos seus condicionalismos político-económicos, etc. Assim, já Mário Pinto, «O Direito perante a greve», cit., pp. 55-57, e José João Gonçalves de Proença, «O direito à greve (análise doutrinal)», cit., pp. 68-69.

E não se pense, por outra banda, que a greve, ao nascer, foi recebida pelos poderes públicos com ramos de oliveira e cortejos de oferendas... Muito pelo contrário. Naturalmente malquista pelo poder régio ínsito às monarquias absolutas, não era mais querida pela ideologia liberal dimanante, desde logo, da Revolução Francesa de 1789. Eis que, logo em 14 de Junho de 1791, a célebre *Loi Le Chapelier* (assim chamada em homenagem ao seu redactor, o advogado e deputado LE CHAPELIER) proíbe todo o tipo de coalizões patronais e operárias, contra elas cominando as mais severas repressões[44]. Curava-se, evidentemente, de uma forma de afirmação da burguesia girondina directamente saída da Revolução, afastando mais alguns dos escolhos que a mesma tinha à sua plena afirmação. Por outro lado, marcava mais um ponto de ruptura com o sistema herdado do *Ancien Régime*, porquanto varria, de uma assentada, quaisquer resquícios que pudesse haver das velhas «corporações» – herança venerável da Idade Média –, susceptíveis de constituir pólo germinador de futuros sindicatos[45].

---

[44] Para uma sumária descrição desta lei, cfr. ANTÓNIO JOSÉ AVELÃS NUNES, *Os Sistemas Económicos...*, cit., pp. 190-194. *Vd.*, também, referências em BERNARD TEYSSIÉ, *La grève*, cit., p. 2, e, entre nós, em CAETANO D'ANDRADE ALBUQUERQUE, *Direito dos operarios: estudos sobre as «grèves»*, cit., p. 138 (salientando o facto prévio de, em 15 de Fevereiro de 1791, haver já a Assembleia Nacional francesa abolido as corporações provindas do *Ancien Régime*, facto que não haverá sido estranho à aprovação desta lei, como em texto também adiante referimos), e em FRANCISCO LIBERAL FERNANDES, *A obrigação de serviços mínimos...*, cit., p. 28 (em texto e na nota 14, *ibidem*). Como salienta MARIA DO ROSÁRIO PALMA RAMALHO, «(...) leis do mesmo tipo foram aprovadas um pouco por toda a Europa, pela mesma época (...)» – caso, *v.g.*, dos *Combination Acts* ingleses de 1799 e 1800, que interditavam as associações patronais e, outrossim, as coligações (cfr., da Autora, *Tratado de Direito do Trabalho – Volume III – Situações Laborais Colectivas*, cit., p. 30, em texto e nota 12).

[45] Posto que, note-se, se não possa ver nas «corporações de artes e ofícios» medievais uma espécie de «antepassado directo» daquilo que vieram a

Assistia-se, pois, a uma lapidar afirmação da mais decantada mentalidade liberal, acoimando-se a greve de delito contra princípios basilares – «(...) uma acção contrária à ordem pública, à segurança do Estado e aos princípios jurídicos em que assentava a ordem económica – a liberdade individual e a liberdade de concorrência –, isto é, uma conduta que violava as regras que presidiam à determinação das condições de trabalho e que garantiam o exercício da livre iniciativa económica (...)»[46].

---

ser os sindicatos. Em boa verdade – e, desde logo, no caso português, como já salientava, e bem, CAETANO D'ANDRADE ALBUQUERQUE, *Direito dos operarios: estudos sobre as «grèves»*, cit., pp. 140 ss. –, as corporações acusaram, quase sempre, o timbre do controlo estadual, que superiormente regulamentava os principais aspectos atinentes ao exercício das várias profissões, para além de que visavam elas, sobretudo, a defesa dos interesses da respectiva profissão, globalmente considerada, não se voltando, por conseguinte, para os concretos interesses dos trabalhadores adstritos à mesma. É claro que um sindicato (salvo, quanto ao controlo por banda estadual, o exemplo dos Estados corporativos, onde se verificou uma autêntica «estatização» sindical, passe a expressão), na acepção com que hodiernamente lidamos, se não pode reconduzir a semelhante caracterização. Cfr., também, de guisa muito clara, MARIA DO ROSÁRIO PALMA RAMALHO, *Tratado de Direito do Trabalho – Parte III – Situações Laborais Colectivas*, cit., pp. 28-29.

[46] FRANCISCO LIBERAL FERNANDES, *A obrigação de serviços mínimos...*, cit., p. 29. Aliás, como salienta este Autor, a reacção estadual às coalizões de trabalhadores – em formas ainda incoincidentes com o vero fenómeno grevista – tem raízes mais fundas, em *ordonnances* francesas do século XVI, no Código Penal prussiano de 1794, no *Act for regulating the journeymen tailors* inglês de 1720, etc. – cfr. *op. cit.*, pp. 27-28. A própria *Loi Le Chapelier* declarava, no seu art. 4.°, que «[s]e, contra os princípios da liberdade e da constituição, os cidadãos ligados às mesmas profissões, artes e ofícios tomarem entre si deliberações e convenções tendentes a recusar concertadamente ou só a um preço determinado fornecer o concurso da sua indústria ou das suas actividades, as ditas deliberações e convenções, acompanhadas ou não de juramento, serão declaradas inconstitucionais, atentatórias da liberdade e da declaração dos direitos do homem e de nenhum efeito (...)» (*apud* ANTÓNIO JOSÉ AVELÃS NUNES, *Os Sistemas Económicos...*, cit., pp. 191-192).

O *Code Pénal* napoleónico, de 1810, veio, quase sem surpresa, herdar esta impostação das coisas, vedando a existência de qualquer tipo de coalizões, fossem elas operárias ou patronais (art.^{os} 414.° a 416.°, em parágrafo relativo à *«violation des règlements relates aux manufactures, au commerce et aux arts»*), conquanto se apresentasse claramente mais brando no tratamento usado para com estas últimas[47].

---

[47] Com efeito, o art. 414.° postulava que *«toute coalition entre ceux qui font travailler des ouvriers, tendant à forcer injustement et abusivement l'abaissement des salaires (...) sera punie d'un emprisonnement de six jours à un mois, et d'une amende de deux cents francs à trois mille francs»*. Repare-se em que a pena cominada (neste caso, contra a entidade patronal, e apenas quando se trate de tentativa «injusta e abusiva» de baixar salários) – prisão de seis dias a um mês, abstraindo dos valores da multa – é notavelmente mais baixa do que aquela que se aplicava às coalizões de operários. Veja-se o art. 415.°: *«[t]oute coalition de la part des ouvriers pour faire cesser en même temps de travailler, interdire le travail dans un atelier, empêcher de s'y rendre et d'y rester avant ou après de certaines heures, et en général pour suspendre, empêcher, enchérir les travaux (...) sera punie d'un emprisonnement d'un mois au moins et de trois mois au plus»*, sendo certo que *«[l]es chefs ou moteurs seront punis d'un emprisonnement de deux ans à cinq ans»*. Portanto: um a três meses de prisão, limites estes elevados, no que aos chefes ou cabecilhas se referia, para dois a cinco anos. E atente-se, ainda, no art. 416.°: *«[s]eront aussi punis de la peine portée par l'article précédent et d'après les mêmes distinctions, les ouvriers qui auront prononcé des amendes, des défenses, des interdictions ou toutes proscriptions sous le nom de damnations et sous quelque qualification que ce puisse être, soit contre les directeurs d'ateliers et entrepreneurs d'ouvrages, soit les uns contre les autres»*. No mesmo artigo, repare-se, por fim, nesta disposição, especialmente acintosa, aplicável aos chefes dos movimentos grevistas: *«(...) les chefs ou moteurs du délit pourront, après l'expiration de leur peine, être mis sous la surveillance de la haute police pendant deux ans au moins et cinq ans au plus»* (todos os sublinhados são, evidentemente, nossos). Segundo nos dá nota BERNARD TEYSSIÉ, estas disposições do *Code Pénal* não vieram a traduzir-se em «letra-morta»: entre 1825 e 1864, foram proferidas cerca de dez mil condenações por «delito de coalizão» (cfr. o seu *La grève*, cit., p. 2).

Mas é evidente que este *statu quo* haveria de sofrer transformação, a partir de meados do século XIX, porquanto não foi mais possível, ao ideário liberal, obnubilar completamente o correr dos tempos, o aprofundamento do «Movimento Operário», o surgimento, em toda a sua força, da «Questão Social», os apelos, provenientes de todos os flancos, para que se desse mais atenção à situação do operariado. Nesse sentido, a Inglaterra começou a ensaiar alguns interessantes passos, contemporizando com formas pacíficas de actividade reivindicativa por banda dos trabalhadores – ou seja, alargando os direitos de reunião e de associação, o que haveria de culminar, mais tarde, na legalização dos sindicatos (*trade unions*), já no último quartel de Oitocentos. Por outro lado, a França, por meio da célebre *Loi Ollivier* (25 de Maio de 1864), que deu nova redacção aos arts. 414.° a 416.° do *Code Pénal* de 1810, veio a permitir as coalizões, quer operárias, quer patronais, posto que apenas se assumissem formas pacíficas, isentas de actos violentos ou ofensivos[48]. Outros países lhe seguiriam os passos[49].

---

[48] Cfr., a propósito, CAETANO D'ANDRADE ALBUQUERQUE, *Direito dos operarios: estudos sobre as «grèves»*, cit., p. 139. De acordo com BERNARD TEYSSIÉ, foram, essencialmente, três as razões que estiveram na base da elaboração da *Loi Ollivier*: por um lado, as proibições de greve que então vigoravam haviam redundado em efeitos contraproducentes, incentivando a sua prática por banda dos trabalhadores, em vez de contribuírem para a sua dissuasão (o próprio ÉMILE OLLIVIER, seu relator, dizia que proibir o recurso à greve era «inflamar o desejo»); por outra banda, a greve antolhava-se como a única forma de que os trabalhadores dispunham de fazer frente ao poder económico do empregador; por fim, considerou-se que proporcionar semelhante «válvula de escape», maugrado todos os efeitos que daí pudessem advir, seria incomparavelmente melhor do que retrair um sem-número de tensões sociais, as quais poderiam, a certa altura, redundar em efeitos bem mais devastadores e profundos. Porém, cabe realçar que esta lei apenas permitiu a greve, e não consagrou qualquer direito à mesma. Cfr. BERNARD TEYSSIÉ, *La grève*, cit., p. 2.

[49] Como nos dá nota FRANCISCO LIBERAL FERNANDES, *A obrigação de serviços mínimos...*, cit., pp. 42-43: a Alemanha em 1869, com o *Gewerbe-*

Os casos ibéricos foram mais serôdios, posto que alinhando, ao fim e ao cabo, por idêntico diapasão. Repare-se no facto de a vizinha Espanha apenas haver aprovado a sua primeira *Ley de huelgas y coligaciones* em 27 de Abril de 1909[50], a qual assim rezava, no seu art. 1: «*Tanto los patronos como los obreros, pueden coligarse, declararse en huelga y acordar el paro para los efectos de sus respectivos intereses, sin perjuicio de los derechos que dimanen de los contratos que hayan celebrado*»[51]. É interessante notar, ainda, nesta Lei espanhola de 1909 (de timbre já ligeiramente progressista para a sua época, tendo em vista a circunstancialidade envolvente[52]), a salvaguarda de sectores fundamentais, prevendo, *v.g.*, como decorrências da actividade grevista nesse âmbito, os cortes de luz e água (art. 5.°, § 1.°) ou a privação de artigos de consumo essencial ou geral (art. 6.°), pelo que, em casos tais, impunha uma obrigação de pré-

---

ordnung desse ano, e a Itália em 1889, com o Código Penal desse ano (mais conhecido como *Codice Zanardelli*).

[50] Que veio revogar o art. 556 do Código Penal espanhol de 1870, o qual rezava, no seu § 1.°: «[o]s que se coligarem com o fim de encarecer ou embaratecer abusivamente o preço do trabalho ou regular as suas condições serão castigados, sempre que a coligação tiver começado a executar-se, com a pena de arresto maior» (*apud* Manuel Carlos Palomeque Lopez, *Direito do Trabalho e Ideologia*..., cit., p. 103).

[51] Previa, aliás, a mesma Lei penas contra quem usasse de violência (ou de outros meios de coacção) com o fito de instituir ou manter qualquer tipo de coalizão ou greve, ou, por outro lado, de forçar a adesão de outrem (cfr. art.os 2 e 3). Da mesma forma, seria punido aquele que tentasse reprimir, por meio de violência, qualquer coalizão ou greve (art. 2).

[52] Diferentemente, Manuel Carlos Palomeque Lopez, *Direito do Trabalho e Ideologia*..., cit., p. 103 (considerando as garantias dimanantes da lei absolutamente insuficientes, o que, aliás, foi opinião de alguns sectores da opinião pública espanhola – mormente, da que manifestava tendências mais acendradamente socialistas – da época, que se opunham, *v.g.*, à obrigatoriedade de pré-aviso, nos moldes em que fora consagrada, bem como às penalizações impostas àqueles que procurassem persuadir outros a aderir à greve).

-aviso, devendo a realização da greve ser comunicada às autoridades com certa antecedência (oito ou cinco dias, conforme as situações)[53].

Os factos que ficam expressos vêm, parece-nos, corroborar uma ideia-base a que já aludimos e que queremos deixar clara: a greve, tal-qualmente a concebemos hoje, foi um produto resultante de um larguíssimo processo de evolução histórica, que a foi cinzelando *pari passu*, até desembocarmos no resultado que aí está.

Passemos, de seguida – e nisto demoraremos um considerável bocado –, ao caso português, o qual, ademais, merecerá, e já de um ponto de vista mais estritamente jurídico, uma análise de certo quilate de pormenor no ponto subsequente.

O andar mais pachorrento do fenómeno grevista no nosso país há-de buscar a sua explicação, por certo, no facto de a industrialização se haver processado, também aqui, mais devagar. Não queremos, com isto, significar que tenha havido ausência de manifestações ou coalizões de trabalhadores antes da decidida industrialização portuguesa (e dizemos «decidida» *cum grano salis*, porque sempre muito aquém, como bem se sabe, dos Estados mais progressivos da Europa) – infirmar-se-á prestes semelhante ideia atentando no que diz José Tengarrinha, o qual nos dá conta de conflitos laborais desta índole em 1628 (fiandeiras do Porto, com dimensão considerável), 1668 (operários têxteis da Covilhã), 1732 (trabalhadores da construção do Palácio-Convento de Mafra, reivindicando o pagamento dos salários em atraso) e 1754 («obreiros do ofício de alfaiate» de Lisboa, pelo pagamento dos serões de trabalho)[54]. Porém – e seguindo aquilo

[53] O texto integral da mesma pode ver-se, *v.g.*, em Manuel Carlos Palomeque Lopez, *Direito do Trabalho e Ideologia...*, cit., pp. 188-190.

[54] Cfr. «As greves em Portugal: uma perspectiva histórica do século XVIII a 1920», *in Análise Social*, vol. XVII (67-68), 1981, 3.°-4.°, pp. 573-601 (pp. 582-583). O Autor alerta-nos, porém, desde logo, para a escassez de

que o mesmo Autor salienta, e bem, no seu estudo –, é fora de dúvida que, para as concepções que sustentavam o *Ancien Régime*, a greve se antolharia como algo puramente subversivo e avesso à irrefragável ordem das coisas, sendo facilmente identificável com uma simples agitação, uma desordem[55], que urgia combater por meios repressivos. Mas também é verdade que, não raro, os trabalhadores não chegaram a usar de violência: simplesmente suspenderam a prestação laboral, com intentos reivindicativos (naquilo que poderíamos considerar, se nos é permitido um símile de tal maneira lato, como uma vivência moderna da greve *avant la lettre*, quase idêntica à compreensão hodiernamente predominante).

De resto, constatamos que, até meados do século XIX, os mais visíveis conflitos laborais andam, sobretudo, de roda de actividades do sector primário (caso dos jornaleiros e dos pescadores), com a excepção da greve dos operários do Arsenal, em Lisboa, em 1829[56]. Será, pois, apenas a partir do dobrar da primeira para a segunda metade de Oitocentos que Portugal virá a conhecer, com maior intensidade, o fenómeno grevista *proprio*

informações no período anterior a 1870. Tomemos de empréstimo palavras suas: «[a] greve não era, então, um facto socialmente significativo, não constituía matéria de interesse para os leitores dos jornais, haveria também a preocupação de não divulgar tais factos para não estimular a instabilidade social» (cfr. est. cit., p. 582).

[55] José Tengarrinha (est. cit., p. 582) regista a utilização das expressões «motim», «bernarda» e «tumulto» (as duas últimas, mormente a partir do terceiro quartel do século XIX). O termo «bernarda», especialmente curioso, tem a sua raiz histórica em uma revolta popular havida em Braga, no ano de 1862, em reacção contra o aumento de impostos, a qual ficou conhecida pelo epíteto de «revolta da Maria Bernarda».

[56] E, outrossim, de algumas coalizões de operários da indústria já no final da primeira metade do século, como as dos vidreiros da Marinha Grande e aquelas que se verificaram, em 1849, em fábricas de fundição e serralharia de Lisboa. Cfr. José Tengarrinha, «As greves em Portugal: uma perspectiva histórica do século XVIII a 1920», cit., p. 583.

sensu, isto é, a greve forjada pelo capitalismo, a greve dimanada da vaga industrializadora que só então veio banhar (e, mesmo assim, apenas tepidamente) o solo lusitano[57]. Ademais, se há conclusão que pode retirar-se de uma análise global do movimento reivindicativo laboral português pré-1870 é a da ausência de organização, de coerência; é dizer, curava-se, mormente, de movimentos de cariz espontâneo, de reacções de um salariato mal pago e desprovido de protecção social, que se via a braços com um trabalho insano e, como se não fora isso cruz bastante pesada, com a espada de Dâmocles da precariedade pendendo, a todo o tempo, sobre as suas cabeças desprotegidas[58].

A segunda metade do século XIX foi, como se sabe, uma época de expansão industrial para Portugal – não é sem razão que vários comentadores dizem que só então o nosso país conheceu a sua «primeira Revolução Industrial», ao passo que muitos dos Estados mais desenvolvidos da Europa (e mesmo extra-europeus, caso dos Estados Unidos e do Japão) se postavam já na linha da frente de uma «segunda Revolução Industrial». As convulsões político-sociais da primeira metade do século terão, decerto, refreado os ímpetos progressistas de certas camadas da sociedade portuguesa, cujas ideias não tiveram, então, campo fértil para desabrochar. Invasões Francesas, ocupação inglesa, Guerra Civil de 1832-34: factos bem conhecidos,

---

[57] Dizia o eminente Professor Fernando Emygdio da Silva que o movimento grevista em Portugal se poderia situar, quanto à sua origem temporal, precisamente por volta de 1852, ano da aprovação do nosso primeiro Código Penal, que proibia as coligações de trabalhadores, como melhor se verá *infra*. Salientava, no entanto, a fraca intensidade desse mesmo movimento nos primeiros tempos – o que terá já ficado perceptível por aquilo que fomos dizendo em texto, e melhor se compreenderá com o seguimento das considerações que expendemos. Cfr. Mário Pinto, «O Direito perante a greve», cit., p. 61, nota 6.

[58] Neste sentido, José Tengarrinha, «As greves em Portugal: uma perspectiva histórica do século XVIII a 1920», cit., p. 584.

os quais, acrescendo a um reinado (de D. MARIA II) pautado por fortíssima instabilidade a todos os níveis (que nem a mão férrea e decidida de um COSTA CABRAL logrou extirpar...), redundaram no agravamento do atraso crónico que separava o nosso país da Europa progressista. A Regeneração, a partir de 1851, tendo-se traduzido numa certa acalmia do cenário político (posto que com todos os males que, evidentemente, hão-de reconhecer-se-lhe[59]), veio criar condições propícias a um decisivo – posto que modesto – arranque industrial (partindo, aliás, de ideias já aventadas aquando do cabralismo, como a da implementação do caminho-de-ferro, fundamental para o fomento do comércio interno e externo e para a melhoria significativa da circulação de pessoas e bens, cujo primeiro troço foi inaugurado em 1856), com picos expansionistas, como foi o caso da década de 1870[60]. Não será, pois, de admirar que a essa evolução, em sentido ascendente, haja correspondido um autêntico – e, em certo sentido, «inovador», tendo em vista o cenário português – «surto grevista», de que também JOSÉ TENGARRINHA nos dá precisa nota: treze greves em 1871 e trinta e três (!) em 1872, acontecimentos também influenciados, decerto, pelos sucessos internacionais do «Movimento Operário» (*maxime*, pelo episódio da «Comuna de Paris»)[61].

[59] Para um nítido retrato do que foram esses tempos da Regeneração, e de toda a envolvência político-social que uma adequada análise dos mesmos imporá, *vd.*, por todos, OLIVEIRA MARTINS, *Portugal Contemporâneo*, vol. II, Publicações Europa-América, Mem Martins, 1996, *passim*.

[60] O célebre «salto dos anos 70», como lembra JORGE LEITE, *Direito da greve...*, cit., p. 19.

[61] Cfr. JOSÉ TENGARRINHA, «As greves em Portugal: uma perspectiva histórica do século XVIII a 1920», cit., pp. 585-586. Também não será alheio a este assomo do movimento grevista o facto de as associações de trabalhadores, até aí de manifesta incipiência e de carácter vincadamente mutualista (desde logo, o caso do Centro Promotor de Melhoramentos das Classes Laboriosas, fundado em 1852), haverem passado a ter algumas notas de certo teor

A uma continuidade mais ou menos regular da trajectória económica do país veio a suceder o «sobressalto» da década de 1890, sobretudo após o «Ultimatum» inglês, de 12 de Janeiro desse ano, que originou uma profunda reacção patriótica a vários níveis, traduzível, *inter alia*, em um vero repúdio dos produtos ingleses, e, bem assim, após a bancarrota de 1891, a qual obrigou a um conjunto de medidas relançadoras da economia, com destaque para o novo regime pautal de 1892, claramente proteccionista (aliás, aspiração antiga da nossa classe empresarial[62]). Década novamente expansionista, não viria a ser menos fervilhante do ponto de vista dos conflitos colectivos de trabalho, atentas, aliás, as movimentações ao nível sindical, com a proliferação de organizações (a que correspondeu, outrossim, a primeira regulamentação oficial sobre o ponto, concretizada por meio do Decreto de 9 de Maio de 1891) e a realização de congressos. Eram tempos de crescimento do operariado (também pela razão, certeiramente anotada por Jorge Leite[63], da «redescoberta» do continente africano, do abalançamento do país no sentido da sua

---

verdadeiramente sindicalista – caso da Fraternidade Operária. Por outro lado, foi também por essa época que as ideias socialistas começaram a campear com maior força entre nós (desde logo, com a fundação do Partido Socialista Português, em 1875, onde pontificaram José Fontana e Antero de Quental), ao mesmo tempo que o ideário republicano, que já tinha conhecido fugazes cintilações em tempos prévios (lembre-se o célebre livro *A Conspiração das Hidras*, de 1848, da autoria de José Estêvão, Oliveira Marreca e Rodrigues Sampaio, onde o tema era já ligeiramente aflorado), revivescia com considerável pujança, mormente após a fundação, logo em 1876, do Partido Republicano Português. Cfr. o est. cit., p. 591, e, bem assim, Jorge Leite, *Direito da greve*..., cit., pp. 18 ss.

[62] Cfr. Jorge Leite, *Direito da greve*..., cit., p. 20.

[63] Cfr. *Direito da greve*..., cit., p. 21 – onde o Autor nos dá conta do notório aumento do número de operários: de cerca de cem mil, em 1881, para obra de quinhentos mil, no dealbar do século XX, com fortíssima concentração nos pólos industriais de Lisboa e Porto (pelo que não será de admirar que, espacialmente, hajam sido esses os fulcros do movimento grevista português

exploração, a fim de se não ver «atirado para debaixo do tapete» – passe a expressão – de uma poderosa Europa que, na Conferência de Berlim de 1884-85, quisera retalhar a África a seu bel-prazer, «a régua e esquadro», dando vazão aos mais insaciáveis ímpetos colonizadores), em que o afã industrializador trazia ante os olhos da sociedade em geral o triste e desolador reverso da medalha: uma classe proletária depauperada e misérrima, que vivia inumanamente. Pedimos vénia para citar aqui as palavras de um notável Mestre de Coimbra, o Doutor Marnoco e Souza, que nos dá, em um artigo de há cem anos, uma descrição vivíssima desse estado de coisas:

> «(...) O desenvolvimento da grande indústria agravou consideravelmente a condição do operariado. A população dos campos acumulou-se em bairros insalubres e anti-higiénicos, em volta das fábricas. Os salários, por causa da larga oferta do trabalho, baixaram consideravelmente. O *chômage* tornou-se um flagelo constante, visto a nova indústria não calcular bem as necessidades do mercado, produzindo frequentemente em excesso. Os menores e as mulheres foram empregados nas fábricas, em virtude da simplificação do trabalho, devida às máquinas, contribuindo assim, com a sua concorrência, para deprimir ainda mais a taxa do salário.
>
> Deste conjunto de circunstâncias derivou, como é fácil de vêr, a miséria e a extenuação da classe operária. Apesar do seu trabalho fatigante, os operários não chegavam a ganhar o suficiente para viver. Os dias de trabalho eram duma duração excessiva, sendo em média de 13 a 14 horas, mas havendo profissões onde chegavam a 16 e 17, e encontrando-se oficinas em que se exigiam aos operários, todos os dous ou tres dias, 24 horas de trabalho consecutivo! Os menores começavam a trabalhar nas ofi-

---

coevo – assim, José Tengarrinha, «As greves em Portugal: uma perspectiva histórica do século XVIII a 1920», cit., pp. 586-587).

cinas aos oito anos, mas frequentemente já aí eram empregados, como auxiliares, aos 4, 5 e 6 anos. Estas creanças chegavam de tal modo fatigadas ao fim da semana, que se viam obrigadas a passar o domingo no leito! (...)»[64].

Isto ajuda a explicar a tendência claramente crescente do movimento grevista[65], a qual se agravou com a agonia do regímen monárquico (primeira década do século XX) e, decididamente, após a Implantação da República (5 de Outubro de 1910). Esta, tendo trazido consigo, quase de supetão, uma inédita lei da greve[66], veio abrir as portas de par em par a um movimento

[64] Marnoco e Souza, «Caracteres da legislação operária», *in Boletim da Faculdade de Direito da Universidade de Coimbra*, ano I, n.° 3, Novembro de 1914, pp. 95-109 (pp. 95-96). O cenário, impressivamente traçado pela distinta pena do eminente Professor da nossa Faculdade, conduziu àquilo a que soía designar-se «pauperismo», termo que traduzia, pois, o estado de miséria generalizada que grassava nas classes trabalhadoras, e contra o que amplamente pugnou o notável Mestre, sobretudo no desempenho das funções de Presidente da Câmara Municipal de Coimbra, onde pôs em prática um autêntico «socialismo municipal» – cfr. Mário Júlio de Almeida Costa, *História do Direito Português*, 4.ª edição (com a colaboração de Rui Manuel de Figueiredo Marcos), Almedina, Coimbra, 2009, pp. 535-536, e Mário Júlio de Almeida Costa e Rui Manuel de Figueiredo Marcos, *A Primeira República no Direito Português*, Almedina, Coimbra, 2010, pp. 58-59. Para uma referência, de idênticos matizes, à situação social vivida em França nos meados do século XIX (com realce para o relato impressionante que dimana do célebre *Rapport Villermé*, um inquérito rigoroso levado a cabo, à época, pelo ilustre médico Dr. Louis-René Villermé), *vd.* António José Avelãs Nunes, *Os Sistemas Económicos...*, cit., pp. 221 ss.

[65] Mais do que os argumentos, demonstram-no-lo os números: 140 greves entre 1871 e 1886; 1428 entre 1887 e 1908; 3068 entre 1909 e 1920. Cfr. José Tengarrinha, «As greves em Portugal: uma perspectiva histórica do século XVIII a 1920», cit., p. 593.

[66] Ponto que, para já, nos dispensamos de pormenorizar, remetendo para o local onde curaremos da sua adequada análise – cfr. *infra*, *sub* 3.2.

reivindicativo de índole claramente «ofensiva»[67]. Com isso buliram factores de vária ordem, como a instabilidade político-social a que a Primeira República se não soube furtar (com repetidas fases de notório aumento do custo de vida e de descontrolo orçamental, excluindo, apenas, a ligeira acalmia do governo de AFONSO COSTA, entre 1912 e 1914), o maior encarniçamento da organização sindical (com a fundação da União Operária Nacional em 1914, convertida, em 1919, na Confederação Geral de Trabalhadores), quantas vezes a raiar o anarco-sindicalismo, o surgimento (em 1921) do Partido Comunista Português, etc.[68]

A revolução de 28 de Maio de 1926, e o regímen ditatorial que a mesma trouxe consigo, a mais da revogação da lei da greve de 1910, veio introduzir um período de feroz contenção do movimento grevista (o qual, no entanto, ainda conheceu algumas cintilações fugazes, mormente nos primeiros anos da nova situação política – com realce, aliás, para aquela que haverá sido a última grande greve antes da plena implementação do Estado Novo: a dos vidreiros da Marinha Grande, em 1934, ferozmente

---

[67] Isto é, que visavam, acima de tudo, a reivindicação de melhores condições de trabalho, por contraposição com as greves «defensivas», que mais não pretendiam do que a manutenção do *statu quo* vigente, ou, se quisermos, o não agravamento, por banda da entidade patronal, das condições laborais. Logo em 1910, mesmo antes da aprovação do decreto que viria a permiti-las, o país presenciou um sem-número de greves (535, segundo nos informa JOSÉ TENGARRINHA, no seu est. cit., p. 600), algumas muito significativas, como as dos trabalhadores dos eléctricos e as dos funcionários das Companhias de Gás e Electricidade de Lisboa e do Porto. Realce-se, outrossim, a greve geral de 1912, de larga repercussão.

[68] Segundo nos informa JORGE LEITE (*Direito da greve...*, cit., pp. 22-23), o Partido Comunista nunca veio a relacionar-se grandemente com a Confederação Geral do Trabalho, em razão, precisamente, do pendor anarco-sindicalista que esta ostentava. A central sindical veio a ser dissolvida em 1927, tendo-se tornado clandestina – sorte que, como bem se sabe, também coube ao PCP, durante os tempos de autocracia.

reprimida). Com efeito, o modelo de organização corporativista instituído pelo Doutor Oliveira Salazar não se compadecia com a existência de greves – nem, tão-pouco, de *lock-outs*, também permitidos pela Primeira República –, orientado, como estava, para uma vera concordância de meios a fim de servir o ideal supremo do «bem da Nação». Logo, por direitas contas, tudo aquilo que pudesse soar a conflito laboral seria, de todo em todo, evitável, porque desconforme com o padrão «aconselhavelmente» proposto para o país[69-70].

Liberdade (*rectius*, direito) de greve, só a viríamos a recobrar após 25 de Abril de 1974 – foi, aliás, uma das primeiras

[69] Para além da proibição da greve e do *lock-out* (que analisaremos com a devida detença *infra*, *sub* 3.2), registou-se aquilo que já designámos por uma verdadeira «estatização» sindical, com o Estado a assumir-se como autêntico controlador dos passos do trabalhador, integrando-o em uma série de organismos corporativos que não saíam da sua magna órbita. Assim é que tínhamos, entre nós, os «sindicatos nacionais», com direcções governamentalmente homologadas (pelo menos durante a maior parte da sua existência), sendo, por outro lado, o patronato representado por «grémios». Para uma caracterização mais detida da organização corporativa portuguesa no período do Estado Novo, *vd.*, por exemplo, Manuel de Lucena, «Neocorporativismo? - Conceito, interesses e aplicação ao caso português», *in Análise Social*, vol. XXI (87-88-89), 1985-3.°-4.°-5.°, pp. 819-865 (pp. 858-860 e *passim*), e Vital Moreira, *Direito Corporativo – Tópicos das lições do ano lectivo de 1971-72 na Faculdade de Direito da Universidade de Coimbra*, Unitas, Coimbra, 1972, *passim*.

[70] Não quer isto dizer, como em texto deixámos expresso, que o período do Estado Novo se haja caracterizado por uma ausência total de movimento grevista em Portugal. Bem pelo contrário. Sucedeu, sim, que as greves existentes foram reprimidas, mas sobretudo ao nível directo, imediato (policial), não tanto (ou não tão frequentemente) em termos judiciais. Lembramos, porque associada à memória colectiva da nossa cidade, a greve dos operários de lanifícios de Gouveia de 1946, a qual implicou o encerramento temporário de duas das principais fábricas têxteis locais. Os trabalhadores envolvidos no movimento foram detidos.

conquistas da «Revolução dos Cravos»[71]. Daí à elevação do direito à greve como uma prerrogativa digna de assento constitucional, em 1976, foi só um passo.

Apomos remate a este breve apontamento de História geral. Para o que nos propomos efectuar, afigura-se-nos suficiente. Passemos, de imediato, àquilo que pretendemos, fundamentalmente, fazer: a caracterização histórico-jurídica (que não já meramente histórica ou sociológico-histórica) desta evolução da greve no nosso país.

3.2. *Quadro evolutivo, histórico-jurídico, da greve em Portugal: da «greve-delito» à «greve-direito» (1852-1976)*

Para esta fase do nosso estudo, avisado se nos antolha tomar partido por uma clássica dicotomia, que vai buscar a sua génese a PIERO CALAMANDREI[72]. Assim é que consideraremos três grandes «sistemas»: o da «greve-delito» (ou «greve-crime»), o da «greve-liberdade» (ou «greve-tolerância») e o da «greve--direito». Explicitemos melhor, de guisa embora perfunctória, a caracterologia ínsita a cada um deles.

---

[71] Realce-se o correspectivo *boom* de actividade grevista que se seguiu à Revolução de Abril, mormente nos anos imediatos – cfr. BERNARDO DA GAMA LOBO XAVIER, *Direito da greve*, cit., p. 23.

[72] *Vd.* MÁRIO PINTO, «O Direito perante a greve», cit., pp. 55 ss., FRANCISCO LIBERAL FERNANDES, *A obrigação de serviços mínimos…*, cit., p. 25 e *passim*, BERNARDO DA GAMA LOBO XAVIER, «A greve no Direito da Europa ocidental», cit., pp. 46-48, e *Direito da greve*, cit., pp. 33-35, JOSÉ JOÃO GONÇALVES DE PROENÇA, «O direito à greve (análise doutrinal)», cit., pp. 69-75, MARIA DO ROSÁRIO PALMA RAMALHO, *Tratado de Direito do Trabalho – Parte III – Situações Laborais Colectivas*, cit., pp. 414-415, e ANTÓNIO MONTEIRO FERNANDES, «Reflexões sobre a natureza do direito à greve», *in* JORGE MIRANDA (Coord.), *Estudos sobre a Constituição*, 2.° vol., Petrony, Lisboa, 1978, pp. 321-333 (pp. 323 ss.).

O primeiro sistema – o da «greve-delito» – terá sido, quase indubitavelmente, aquele por que principiou, na generalidade dos países, o reconhecimento jurídico do fenómeno da greve. Entendamo-nos: de uma fase anterior, em que o Direito, pura e simplesmente, ignorava a greve como fenómeno dotado de autonomia, adscrevendo-o, pois, a figuras como o motim (como, de resto, já mencionámos *supra*), e aplicando-lhe idênticas sanções, passou-se a uma época em que a greve entrou, *qua tale*, no universo da juridicidade. Mas entrou, dizemos, não para que o *ius* a saudasse efusivamente com os epitalâmios cabidos às realidades que se reclamam da marca fúlgida da licitude, e sim para ser havida por facto puramente ilícito e sancionável – só que, agora, previsto *expressis verbis*.[73] Foi uma concepção largamente dominante nas épocas do mais acrisolado liberalismo (é dizer, em grande parte do século XIX, pelo menos), quando se via na greve, como também já referimos atrás, algo de contrário aos princípios basilares da organização estadual – *maxime*, à liberdade de trabalho, à livre-iniciativa económica, etc. Eram, inclusive, tempos em que se considerava (a despeito da posição secundaríssima para que se relegava este pólo tão vital da relação laboral) que o trabalhador teria um potentíssimo meio de reacção ao seu dispor contra um empregador que o não tratasse convenientemente: a resolução do contrato, cuidando-se, ingenuamente (ou talvez não), que o contrato de trabalho seria

[73] Para além da sancionabilidade criminal, haveria, evidentemente, lugar à sancionabilidade civil, porquanto a prática grevista representaria, outrossim, uma violação de deveres ínsitos ao contrato de trabalho (ainda encarado nos moldes genéricos dos contratos obrigacionais, note-se bem). Cfr. Maria do Rosário Palma Ramalho, *Tratado de Direito do Trabalho – Parte III – Situações Laborais Colectivas*, cit., pp. 414-415.

recondutível a um vulgar contrato obrigacional, com absoluta paridade entre as partes[74].

Posição distinta será a adoptada pelo sistema da «greve-liberdade»[75]: aqui, o Direito tolera a greve, aceita a sua realização, aparentemente não a reprime, como se de facto lícito se curasse. Porém, também a não erige a tão augustos alcandores como se poderia supor: na prática, fica muito aquém de uma vera e expectável abertura. Assim é que aquilo que podemos, efectivamente, verificar, nesta impostação das coisas, é um mero emurchecimento da sancionabilidade penal, mantendo-

[74] Mas não só nos regimes políticos de cunho liberal-individualista se adoptou o sistema da «greve-delito». Como bem nota MÁRIO PINTO («O Direito perante a greve», cit., pp. 60-61), também os regimes marxistas e os regimes corporativistas alinharam por idêntico diapasão. Não nos será custoso destrinçar os motivos mais frisantes: para os regimes marxistas, a luta de classes havia apenas servido de meio para atingir o seu claro fim, o do estabelecimento da «ditadura do proletariado», pelo que, uma vez atingida esta, nenhum sentido teriam os conflitos colectivos de trabalho; já na concepção dos regimes corporativistas, que aspiravam a situar-se em um «plano intermédio» (abjurando concepções puramente liberais e individualistas, mas também virando costas ao socialismo dos meios de produção), o mais frutuoso caminho seria, *sine dubio*, o da postergação do conflito colectivo em prol de um modelo colaboracionista, que actuasse tendo em vista os supremos interesses da Nação – é dizer, da comunidade no seu todo –, sob a superintendência do Estado, qual guardião supremo do bem comum. *Vd.*, também, a este propósito, ANTÓNIO MENEZES CORDEIRO, *Manual de Direito do Trabalho*, cit., pp. 360-361.

[75] Postulando (na esteira de MAGANO e ZANGARI) que, em vários casos, a distinção entre «greve-liberdade» e «greve-direito» não é tão líquida como possa, *prima facie*, antolhar-se (até porque, em certos países, que aparentemente apenas consagram a greve como simples «liberdade», a tutela que lhe é dispensada é assaz ampla, quase como se de vero «direito» se tratasse – caso, *v.g.*, da Inglaterra), *vd.* BERNARDO DA GAMA LOBO XAVIER, «A greve no Direito da Europa ocidental», cit., pp. 47-48, e *Direito da greve*, cit., pp. 34-36. No sentido que expendemos em texto, FRANCISCO LIBERAL FERNANDES, *A obrigação de serviços mínimos...*, cit., pp. 43 ss. e 51 ss., e MÁRIO PINTO, «O Direito perante a greve», cit., pp. 59-60.

-se, porém, a correspectiva sanção ao nível civil (obrigacional). Desta forma, um trabalhador não sofrerá sanções de índole penal se fizer greve; mas, visto que, ao fazê-la, inadimple deveres ínsitos ao contrato de trabalho que celebrou (*maxime*, falta ao cumprimento da concreta prestação laboral), poderá, decorrentemente, a entidade empregadora proceder ao seu despedimento, pois que para tanto terá justa causa[76]. Soma: desloca-se o cata-vento do Código Penal para o Livro das Obrigações do Código Civil. Mantém-se, portanto, o carácter sancionatório que já dantes surgia acoplado à prática da greve, em uma solução igualmente aplicada nos regimes liberais, posto que mais serodiamente, em época de pretensa abertura às transformações sociais e aos movimentos reivindicativos. Abertura que, no entanto, se ficava, ainda, por níveis muito modestos, como haveremos de convir...

E arribamos, enfim, ao sistema da «greve-direito», hoje consagrado em diversos países, incluindo Portugal (onde chegamos ao apuro da consagração constitucional[77]). Cura-se, aqui, afinal, do reconhecimento, pelo Estado, da existência dos conflitos colectivos de trabalho – de entre os quais se destaca, como é bom de ver, a greve[78] – como ineliminável dimensão das rela-

---

[76] Segundo LIBERAL FERNANDES (*A obrigação de serviços mínimos...*, cit., p. 46), foi questão controvertida, no âmbito da consideração do sistema da «greve-liberdade», o problema da qualificação dos efeitos advenientes da greve: ou ruptura unilateral do vínculo laboral (entendendo-se, pois, que o trabalhador, com a cessação de trabalho em razão da greve, haveria pretendido denunciar o contrato), ou puro e simples inadimplemento de obrigações conaturais à prestação laboral (susceptível, por esta banda, de gerar a aplicação de sanções disciplinares e, *in extremis*, o despedimento).

[77] Ponto que nos merecerá um apontamento mais detido *infra*, *sub* 4.

[78] «A mais vulgar manifestação do conflito colectivo de trabalho e aquela que mais prende a atenção, ainda que perplexa, dos juristas», nas palavras de BERNARDO DA GAMA LOBO XAVIER, «A greve no Direito da Europa ocidental», cit., p. 45.

ções juslaborais, ao mesmo tempo que se encara com naturalidade a existência e a actividade do movimento sindical[79]. Mais: os conflitos colectivos, quase tidos por ínsitos ao bom funcionamento do sistema, chegam a ser considerados como factos «socialmente úteis e benéficos»[80], porquanto possibilitadores da expressão de determinadas aspirações ou anseios dos trabalhadores, e, nesse sentido, garantes de um pontual reequilíbrio de forças nessa relação desigual que vem a ser, no fim de contas, a relação de trabalho[81]. Aqui já não haverá, pois, lugar a qualquer tipo de sanção pelo facto de o trabalhador fazer greve, pois que esta tem, como seu natural efeito, a suspensão do contrato de trabalho – é dizer, a suspensão de quase tudo aquilo que vá bulir com a efectiva prestação de trabalho, inclusive o próprio dever de prestação laboral (mantendo-se, porém, certos deveres, mais gerais, de lealdade, respeito, boa-fé, etc.). Numa palavra: a paralisação da prestação de trabalho não é, aqui, motivo de sanção para o trabalhador, porque recoberta pela arcada de um direito que a este legitimamente assiste – o direito à greve.

De posse deste esquemático quadro, e ressalvando, uma vez mais, que a transição de uns sistemas para outros se não fez linearmente na generalidade dos países – o que denota, como

---

[79] Como já houvemos ensejo de mencionar, opiniões há que fazem radicar o direito à greve na questão da liberdade sindical, considerando-o como verdadeiro corolário desta – cfr., novamente, JEAN-MAURICE VERDIER, «Débat sur le droit de grève à la Conférence internationale du travail», cit., p. 968.

[80] Paráfrase de expressão de CALAMANDREI, *apud* FRANCISCO LIBERAL FERNANDES, *A obrigação de serviços mínimos...*, cit., p. 54.

[81] Tanto mais que, na situação portuguesa actual, por exemplo, se reconhece apenas o direito à greve, postergando-se um eventual direito ao *lock-out* patronal, o que dá bem ideia da consideração da desigualdade de forças entre ambos os pólos da relação laboral, a qual terá presidido à impostação das coisas que é visível no nosso direito hodierno. Cfr. JOSÉ JOÃO GONÇALVES DE PROENÇA, «O direito à greve (análise doutrinal)», cit., pp. 73-74. A isto tornaremos a aludir *infra*.

dissemos logo no dealbar do presente estudo, o carácter vincadamente histórico-constituendo da figura jurídica da greve e, consequentemente, do direito à greve –, passemos à análise da realidade jus-histórica portuguesa a este respeito.

Pois o que entre nós achamos de mais remoto a respeito da greve, em uma consideração do direito positivado, é a norma plasmada no art. 277.° do Código Penal de 1852[82], que assim rezava:

> «Será punida com a prisão de um a seis mezes, e com a multa de cinco mil réis a duzentos mil réis:
>
> 1.° Toda a colligação entre aquelles, que empregam quaesquer trabalhadores, que tiver por fim produzir abusivamente a diminuição do salario, se fôr seguida do começo de execução.
>
> 2.° Toda a colligação entre os individuos de uma profissão, ou de empregados em qualquer serviço, ou de quaesquer trabalhadores, que tiver por fim suspender, ou impedir, ou fazer subir o preço do trabalho regulando as suas condições, ou de qualquer outro modo, se houver começo de execução.
>
> § unico. Os que tiverem promovido a colligação, ou a dirigirem; e bem assim os que usarem de violencia, ou ameaça para assegurar a execução, serão punidos com a prisão de um a tres annos, e poderá determinar-se a sujeição á vigilancia especial da

---

[82] Aprovado por Decreto de 10 de Dezembro de 1852. Antes disso, é, de facto, difícil toparmos, na nossa legislação, com disposições relativas ao tema em questão, o que bem se pode explicar – e aproveitamos para retomar considerações já expendidas *supra* – com o carácter eminentemente espontâneo, pouco organizado das manifestações ou coligações de trabalhadores e, bem assim, com a sua tendencial associabilidade a realidades outras, já previstas no nosso Direito. Ademais, como, outrossim, já exarámos, as primeiras «greves» (aqui, ainda em sentido não totalmente próprio, evidentemente) verificadas entre nós foram eminentemente agrícolas, apenas se tendo verificado coalizões no seio da indústria bastante mais serodiamente.

policia, sem prejuizo da pena mais grave, se os actos de violencia a merecerem» (os sublinhados são nossos).

Olhemos bem para esta redacção. Atentemos naquilo que ressuma deste artigo, no arranjo das suas expressões, nas soluções adoptadas, na linguagem empregada. O que ele nos faz lembrar? Reparemos, ainda uma vez mais, na sua tessitura, e bosquejemos considerações já expendidas *supra*.

É fácil responder: far-nos-á, decerto, esta norma lembrar os art.os 414.° a 416.° do *Code Pénal* francês de 1810. Terá sido este, em boa verdade, o paradigma inspirador do legislador português de 1852 (como, de resto, o era comummente à época, e em tantas outras coisas, entre nós). O que dizemos, e que rapidamente retiramos de um relance de olhos por ambas as disposições, corrobora-o um ilustre comentarista da altura: o Doutor Levy Maria Jordão[83-84]. Ademais, segundo a análise deste, o n.° 1.° do artigo transcrito vedaria as coligações (ou coalizões, se se quiser) de empregadores que visassem a redução abusiva dos salários dos trabalhadores (o que radicaria, por certo, em medidas tomadas em França, logo após a Revolução de 1789, contra as prerrogativas das antigas corporações de raiz medieva). Já quanto ao n.° 2.°, que quase fala por si, o mesmo insigne jurista observa que, mesmo à face do direito anterior ao Código, a coligação de trabalhadores aí descrita seria punível (*maxime*, curando-se de resistência dos mesmos à fixação do preço do trabalho por banda das «corporações de artes e ofícios»). Note-se,

---

[83] Cfr. o seu *Commentario ao Codigo Penal Portuguez*, tomo III, Lisboa, 1854, p. 94, *in fine*, e pp. subsequentes.

[84] Não totalmente coincidente – considerando haver exagero dos comentaristas da época, e postulando que o Código Penal de 1852 se haverá, sobretudo, louvado nos princípios que deram forma ao *Code Pénal* francês de 1810 –, cfr., na moderna doutrina, Jorge de Figueiredo Dias, *Direito Penal – Parte Geral – Tomo I*..., cit., p. 68.

no entanto, que se não fala, aqui, de «greve», mas de «coligação» de trabalhadores – e «coligação», de acordo com o Autor a que nos vimos reportando, entendida como «(...) concurso praticado entre muitas pessoas para conseguir um mesmo fim (...)»[85], posto que, para efeitos deste n.° 2.°, se devesse entender que tal coligação haveria de ser formada, exclusivamente, por indivíduos de uma mesma profissão; caso não, seria insubsumível à previsão expressa na mesma disposição legal[86]. Aponta, porém, o notável jurista um veemente dedo acusador à tessitura deste último número, porquanto entende dever constar do mesmo o advérbio «abusivamente», presente no n.° 1.° – é dizer, interrogava-se o insigne cultor das letras jurídicas pelo facto de os patrões apenas serem punidos quando pretendessem, abusivamente, produzir a diminuição do salário, não o sendo, obviamente, se essa diminuição resultasse de circunstâncias naturais; ora, estando assim postas as coisas, por que razão se não aplicava semelhante restrição, expressa pelo referido advérbio, aos trabalhadores? A bem dizer, de acordo com tal parecer, apenas deveriam estes ser sancionados quando intentassem, também eles, um aumento abusivo do salário, que não aquele aumento a que, porventura, haveriam jus, por força das circunstâncias[87].

Será, outrossim, interessante colher, a propósito, as reflexões de um outro comentarista – Silva Ferrão – a propósito deste artigo do nosso Código Penal de 1852[88]. Diz-nos, então, estoutro ilustre jurista – reconhecendo, também ele, a influência

---

[85] Cfr. Levy Maria Jordão, *op. cit.*, p. 96 (sublinhado no original).

[86] «(...) [S]e a colligação fôr entre individuos de diversas profissões não existe o delicto (...)», assim nos diz o próprio Levy Maria Jordão – cfr. *op. cit.*, p. 99 (sublinhado no original).

[87] Cfr. Levy Maria Jordão, *op. cit.*, pp. 99-100 (atribuindo o Autor este lapso, se bem o entendemos, a um porventura imperfeito decalque da correspondente disposição do *Code Pénal* francês de 1810).

[88] Cfr. a sua *Theoria do Direito Penal applicada ao Codigo Penal Portuguez*, vol. VI, Imprensa Nacional, Lisboa, 1857, pp. 13 ss.

do Código francês de 1810 no nosso direito de então, mas também a do Código espanhol de 1848[89] – que, em primeiro lugar, era exagerada a aplicação de pena de multa (que acrescia à prisão), mormente quando se reportasse a coligações de jornaleiros, em razão das depauperadas condições de vida em que estes vegetavam – aplicar-se-lhes, pois, a mais da pena de prisão, uma multa, e nos valores preceituados (de facto, assaz elevados, para a época), seria, por certo, uma violência inominável, que, como bem salientava o Autor, teria um resultado evidente: «(...) [o] jornaleiro não só preso, mas multado, é um homem que se arremessa à carreira do crime. É um homem desesperado, perdido, arruinado, que em logar de corrigido, voltará à sociedade sem amor do trabalho, infamado pela condemnação e desejoso talvez de se aproveitar da primeira occasião, que se lhe offerecer, para se vingar da injustiça dos seus concidadãos (...)»[90]. O Autor parece, inclusive, reconhecer já o carácter imensamente constritor de disposição deste jaez, ao dizer: «(...) esse effeito só deve produzir o de o escravisar, recebendo quantas condições forem impostas pelos patrões, justas ou injustas, sem a menor queixa, nem murmurio (...)»[91].

---

[89] Teria, aliás, o Código Penal espanhol influído bastamente na forma ampla por que o legislador penal português proibiu as coligações de trabalhadores – decerto, como também aponta SILVA FERRÃO, assente na preocupação de poderem tais coligações vir a constituir gérmen de sublevações de maior monta. Mas o nosso Código terá ido ainda mais além, ao suprimir, para as coligações de trabalhadores, o referente constituído pelo advérbio de modo «abusivamente», que registava quanto às coligações patronais, o que, de facto, deixava um mais amplo âmbito de punibilidade às primeiras, facto que revertia, sem surpresa, em seu claro desfavor, e em notório benefício do patronato (posição, como vimos, de que também LEVY MARIA JORDÃO comungava). Cfr., do mesmo Autor, o seu *op. cit.*, *maxime* pp. 16 e 23.

[90] Cfr. SILVA FERRÃO, *op. cit.*, p. 14.

[91] Cfr. SILVA FERRÃO, *op. cit.*, p. 15.

Tanto assim é que, mais adiante no seu comentário ao artigo em menção, SILVA FERRÃO, que é também crítico relativamente às penalizações previstas para as coalizões patronais, dirige enérgica e violenta argumentação contra a repressão das coligações de operários. Parte, é certo (como seria, de resto, de esperar, atento o pensamento dominante à época), de uma base profundamente liberal – o trabalhador, enquanto «senhor» da sua força de trabalho, teria todo o à-vontade para se desvincular, para buscar outro emprego, que mais o satisfizesse –, mas não deixa, no entanto, de verberar, e com alguns fundamentos bem justos, a norma do n.° 2.° do art. 277.° do Código Penal de 1852, considerando-a, se bem o interpretamos, como atentatória da liberdade pessoal (e mesmo da liberdade económica, ao arrepio do que outros consideravam: na verdade, o Autor parece propender para a opinião segundo a qual o facto de os trabalhadores se coligarem a fim de reivindicar um aumento de salário, ou, caso o não logrem, de cessar o seu trabalho para determinado empregador, buscando, decorrentemente, outra actividade, será absolutamente conforme a esse princípio). Embora reconheça que, em seu entender, tais coligações seriam prejudiciais – para os trabalhadores, para os patrões, para a economia em geral –, considera o insigne jurista, ainda assim, que vedar tal possibilidade aos trabalhadores seria «(...) proclamar a escravidão dos operarios, torna-los servos da officina (...)»[92]. Ou seja: a lei penal só deve-

---

[92] Cfr. SILVA FERRÃO, *op. cit.*, p. 21. Ademais, defendia claramente que nunca se poderia postular a ideia de que tais coligações seriam causadoras de dano aos patrões: os trabalhadores «(...) [u]sam do seu direito, e quem assim procede póde não causar proveito, mas não damno algum a terceiro (...)» – *ibidem*, p. 22. É claro que semelhante argumentação, hoje em dia, seria susceptível de algumas reticências – por vezes, mesmo quem está dentro do seu direito pode, eventualmente, causar dano a outrem, ponto é que haja abuso de direito. Mas também não ignoramos que, à época, esta doutrina do abuso de direito, hoje autêntico «dado adquirido» (embora prestando-se a larguíssima controvérsia doutrinal e jurisprudencial...), ainda não havia feito a sua

ria punir eventuais violências ou intimidações – à semelhança do que já sucedia, ademais, na Inglaterra –, mas nunca por nunca cercear, por completo, a hipótese de coligação dos trabalhadores. Concluía, enfim, o ilustre comentarista pela desejabilidade de revogação deste artigo do Código[93].

Em suma: constata-se que, à face do nosso Código Penal primaz, a greve – ainda vista como «coligação» de trabalhadores, o que, de certa forma, revestia um sentido mais amplo[94] – era, pura e simplesmente, havida como delito, e como tal compe-

vera aparição no universo da juridicidade, e que a pura concepção liberal dos direitos se orientava, de facto, no sentido de que «quem está no seu direito não faz injúria» (sendo aqui «injúria», como facilmente se depreenderá, no sentido de acto injurídico). Ainda assim, e reconhecendo o seu claro timbre oitocentista, não poderemos deixar de reconhecer o acerto global da tese de SILVA FERRÃO, a qual indiciava já, se bem nos parece, uma certa abertura doutrinal no sentido do abandono do sistema da «greve-delito».

[93] Cfr. SILVA FERRÃO, *op. cit.*, p. 26.

[94] Chamando a nossa atenção para o ponto, FRANCISCO LIBERAL FERNANDES, *A obrigação de serviços mínimos...*, cit., pp. 30-31, nota 23. Aí, o Autor salienta – e bem – que, *ab initio*, se consideravam indistintamente os conceitos de coligação e greve – a bem dizer, só se conhecia o primeiro, visto que a segunda apenas com o correr dos tempos veio a autonomizar-se. Uma coligação seria, de facto, e a fazer fé nos critérios que dimanavam do nosso direito positivo, qualquer acção colectiva que tendesse a exercer a sua influência sobre a prestação de trabalho, suspendendo-a ou impedindo-a, ou sobre o preço do trabalho. A greve, tal como a entendemos hoje, não vem a ser exactamente isso; pode ser implicada pela coligação, mas não é uma coligação, no sentido preciso desta. De resto, o emprego do termo terá surgido durante o século XIX, advindo do nome da antiga *Place de Grève*, em Paris (actual *Place de l'Hôtel-de-Ville*), local onde os trabalhadores caídos no *chômage* soíam passear-se, a fim de serem contratados por alguém, pois que era, outrossim, frequente os patrões ali se dirigirem em busca de pessoal disponível para o serviço. Era, também, aí que se concentravam aqueles que se desentendiam com a respectiva entidade patronal, aguardando a chegada de mensageiros desta, com o intuito de proceder a negociações para o regresso ao trabalho, ou, caso contrário, buscando um novo emprego. Sobre o ponto, cfr. JOSÉ JOÃO GONÇALVES DE PROENÇA, «O direito à greve (análise doutrinal)»,

tentemente punida. Com idêntico figurino veio, incolumemente, a transitar para o (reformado) Código Penal de 1886[95], cujo art. 277.° assim dispunha:

> «Será punida com a prisão de um a seis meses, e com a multa de 5$000 a 200$000 reis:
>
> 1.° Toda a coligação entre aqueles que empregam quaisquer trabalhadores, que tiverem por fim produzir abusivamente a diminuição do salário, se fôr seguida do comêço de execução;
>
> 2.° Toda a coligação entre os individuos de uma profissão, ou de empregados de qualquer serviço, ou de quaisquer trabalhadores, que tiver por fim suspender, ou impedir, ou fazer subir o preço do trabalho, regulando as suas condições, ou de qualquer outro modo, se houver comêço de execução.
>
> § único. Os que tiverem promovido a coligação ou dirigirem, e bem assim os que usarem de violência ou ameaça para assegurar a execução, serão punidos com a prisão de um a dois anos, e poderá determinar-se a sujeição à vigilância especial da polícia, sem prejuizo da pena mais grave, se os actos de violência a merecerem».

---

cit., p. 65, e, com uma mais desenvolvida explicação, RONALD AMORIM E SOUZA, *Greve & locaute...*, cit., pp. 15-17.

[95] Aprovado por Decreto de 16 de Setembro de 1886, o qual assentou na Nova Reforma Penal de 1884. O Código de 1886 veio a ser, em boa verdade, «(...) uma simples consolidação legislativa (...)» de vária legislação surgida posteriormente à aprovação do Código de 1852, cujas insuficiências em múltiplos pontos eram manifestas – e ainda mais se foram tornando com o passar do tempo, e com a evolução das concepções filosófico-jurídicas e políticas que exerciam maior influência sobre o Direito Penal (cfr. MÁRIO JÚLIO DE ALMEIDA COSTA, *História do Direito Português*, cit., pp. 471-475, e JORGE DE FIGUEIREDO DIAS, *Direito Penal – Parte Geral – Tomo I...*, cit., pp. 69-71 – este último Autor salientando claramente, em nota, haver sido o Código de 1886 mera reforma do anterior).

Como facilmente se intuirá, trata-se, tirante a natural e cabida actualização ortográfica e uma ou outra sibilina *nuance* que bem passariam despercebidas ao comum observador, do art. 277.º do Código de 1852, apenas com a diferença no seu parágrafo único: a pena de prisão aí prevista, que era, dantes, de um a três anos, passa a ser de um a dois anos. Mais não fez o legislador – nem sequer houve ensejo de corrigir a redacção em termos de ordenação do eixo sintagmático, no sentido que já SILVA FERRÃO apontara: com efeito, no seu n.º 2 – aquele que, de longe, mais nos interessa –, o encadeamento textual quase que dá a entender referirem-se os verbos «suspender» e «impedir» à expressão «preço do trabalho», quando, em boa verdade, os mesmos pretendem aludir, pura e simplesmente, ao referente «trabalho», como bem se compreenderá[96]. Cura-se, evidentemente, de um apontamento hoje despiciendo, até mesmo do ponto de vista jus-histórico. Apenas o reproduzimos na medida em que pode dar bem a ideia da continuidade – criticável, em vária medida, atentos, aliás, os subsídios que a doutrina, mesmo a nacional, já então ia dando – verificada ao nível do nosso direito positivo: é dizer, prosseguia-se no sistema da «greve-delito».

Prosseguia-se, dizemos, no sistema da «greve-delito», e ao arrepio – repisamos – daquilo que se ia fazendo lá fora (relembre-se que já a França e a Inglaterra, por exemplo, haviam tolerado as greves), e até mesmo dos sinais de alguma tímida doutrina nacional que ia dando, paulatinamente, os primeiros passos. Já falámos alguma coisa de LEVY MARIA JORDÃO e, sobretudo, de SILVA FERRÃO. Mas é mister salientar, outrossim, a tese claramente inovadora (a que, ademais, já fomos fazendo algumas referências) de CAETANO D'ANDRADE ALBUQUERQUE, o qual, em

[96] Assim, SILVA FERRÃO, *op. cit.*, p. 19. Haver-se-á tratado, porventura, de uma translação imperfeita do *Code Pénal* francês de 1810, que falava em *«(...) suspendre, empêcher, enchérir les travaux (...)»*.

1870, já dizia, muito claramente: «(...) [n]ão é pois um *ultimatum* belicoso a *grève*; a voz do operario, que a petição traduz, não se levanta ameaçadora e subversiva (...)»[97].

É interessante revisitarmos, aqui, o essencial da posição apresentada por este jurista da segunda metade de Oitocentos, na sua tese de Doutoramento em Direito pela Faculdade de Direito da Universidade de Coimbra. Fundava, em boa verdade, CAETANO D'ANDRADE ALBUQUERQUE a sua posição na consideração da greve como vero direito dos operários (*rectius*, trabalhadores); porém, filiava-o em uma derivação do direito de petição, donde extraía, outrossim, o carácter pacífico e organizado que a greve deveria revestir. Nesta ordem de ideias, se, num sistema monárquico-constitucional, como era o nosso, o direito de petição seria, por certo, uma das traves-mestras em que o mesmo se estribava[98], lógica seria a sua aplicação ao universo do proletariado. Sem embargo, não deixava o Autor, posto manifestasse a sua simpatia pela figura da greve, de concebê-la em moldes que forçosamente a afeiçoavam a uma compreensão do *statu quo* estritamente apegada aos cânones ideológico-políticos então ainda muito em voga entre nós. Pois se é verdade que a sua tese faz, em certa medida, a apologia da greve, enquanto direito

---

[97] CAETANO D'ANDRADE ALBUQUERQUE, *Direito dos operarios: estudos sobre as «grèves»*, cit., p. 32.

[98] Dizia o Autor, numa das suas conclusões: «(...) a justiça reclama, entre os primeiros direitos que se devem respeitar no homem social, o pleno e liberrimo exercicio do direito de petição (...)» (cfr. *op. cit.*, p. 231), respondendo, pois, à primeira parte do argumento proposto para a sua tese, a qual era: «(...) [a]s reuniões pacificas de operarios, geralmente conhecidas pelo nome de *grèves*, deverão ser tidas como actos revolucionarios ou como um justo exercicio do direito de petição? (...)». Em outro lado da sua tese, também referia ser o direito de petição «(...) um direito absoluto, preexistente a qualquer constituição e a toda a lei (...)» (*op. cit.*, p. 59), e naturalmente inerente ao sistema de governo representativo.

quase conatural à condição do operariado[99], não menos evidente se antolha a repulsa que lhe causa o facto da cessação do trabalho com fins reivindicativos – cessação essa, aliás, «(...) prejudicial e anti-economica (...)»[100] –. Para obviar a tal, propõe, então, a adopção de sistemas de arbitragem, de mediação entre patrões e operários, como estavam sendo experimentados, por exemplo, na Inglaterra[101]. Utilizando as suas palavras, diríamos: «(...) as juntas syndicantes eleitas d'entre patrões e operarios são o melhor modo de as evitar e de harmonisar os interesses de uma classe com o augmento de exigencias da parte da outra (...)»[102]. Ou seja, e se bem compreendemos o essencial do seu pensamento: almejava-se um modelo de greve quase «idílico», que não carecesse da cessação da prestação laboral para se afirmar, que consistisse, tão-somente, na exposição, por banda do

---

[99] Sobretudo neste passo, que se transcreve: «(...) devem os operarios ter o direito plenissimo de reunião, de discussão e de petição; devem, se forem desattendidos, ter ainda o direito de suspender os trabalhos, como justo protesto contra a desconsideração que se lhes fez, em quanto se não providenciar para esses casos, creando um tribunal que os escute; devem, em fim, ser considerados na mesma plana dos seus patrões em quanto ao direito de livremente advogar os seus interesses (...)» (cfr. *op. cit.*, p. 109). Perante a consideração global do seu pensamento, não pode deixar de causar-nos certa estranheza este apelo, assim feito, à «suspensão dos trabalhos» em certas situações. Apenas encontramos explicação no facto de, aqui, se dizer constituir semelhante proceder uma reacção ao desrespeito dos direitos – mormente, do de petição – que ao operariado inerem, e, por outro lado, apenas enquanto inexistisse um tribunal que analisasse tais casos, pelo que nos permitimos supor que a criação de «juntas sindicantes», como o Autor adiante propõe, viria, pois, tornar obsoletas quaisquer acções que visassem a suspensão da prestação laboral.

[100] Cfr. CAETANO D'ANDRADE ALBUQUERQUE, *Direito dos operarios: estudos sobre as «grèves»*, cit., p. 231.

[101] *Vd.*, a título de exemplo, a descrição que o Autor faz do processo seguido em Inglaterra, no *op. cit.*, a pp. 222 ss.

[102] Cfr. CAETANO D'ANDRADE ALBUQUERQUE, *Direito dos operarios: estudos sobre as «grèves»*, cit., p. 232.

operariado, das suas aspirações, e numa ulterior concertação de posições, em «junta sindicante», entre representantes de ambos os lados – patronato e operariado.

Era, por certo, uma perspectiva tímida e, em diversos pontos, mesmo periclitante; no entanto, continham-se já, aqui, alguns fundamentos aproveitáveis para futuros desenvolvimentos. O simples facto de, desde logo, se abrir portas à possibilidade de os trabalhadores poderem «dizer de sua justiça», expor as suas pretensões, sem por isso serem sancionados, era já de muita valia, apenas vindo confirmar o anacronismo em que caía, fatalmente, o sistema da «greve-delito» – mesmo entre nós[103].

Mas o correr do tempo é inexorável; e assim o foi também para a realidade portuguesa, que, um ano após a *Ley de huelgas e coligaciones* espanhola, vê surgir a sua primeira «lei da greve», materializada no Decreto de 6 de Dezembro de 1910, uma das inovações de monta trazidas pelo novo regímen republicano. Analisemos um pouco mais detidamente este diploma, e tentemos perceber por que razão uma «lei» que veio revogar expressamente o art. 277.° do Código Penal de 1886[104], permi-

---

[103] Também outros Autores, de inigualável coturno, foram acerbos na sua crítica ao art. 277.° do Código Penal, por vários motivos: Ruy Ennes Ulrich (1906), que apontava em tal disposição «(…) uma verdadeira série de dislates, de iniquidades e de confusões jurídicas (…)», para além de qualificá-la como «(…) uma verdadeira vergonha (…)», e Fernando Emygdio da Silva (1912), o qual, para além de acoimar a norma em questão como «(…) verdadeira mancha num país civilizado e progressivo (…)», dizia expressamente que «(…) [o] Código Penal, não reconhecendo o direito à greve, procurou apenas servir os interesses de uma política de reacção (…)» – *apud* Jorge Leite, *Direito da greve…*, cit., p. 25. Aliás, segundo curiosa nota que nos dá Francisco Liberal Fernandes (*A obrigação de serviços mínimos…*, cit., p. 34, nota 29), até já Silvestre Pinheiro Ferreira, em 1844, manifestara uma opinião desfavorável ao sancionamento daquilo a que chamava «conloios industriaes», considerando tais sanções como verdadeiro «abuso de poder»…

[104] No seu art. 14.° – «(…) [f]ica revogado o artigo 277.° do Codigo Penal e toda a demais legislação em contrario (…)» –, indo, pois, de encontro

tindo não só a greve como também o *lock-out*, veio a ser qualificada pela generalidade dos trabalhadores como um verdadeiro «decreto-burla»[105].

Pois bem: era, em primeiro lugar, expectável que o novo regímen tomasse uma medida deste teor, não apenas em homenagem aos seus postulados ideológicos, mas também, e decididamente, dando ouvidos aos ecos da doutrina jurídica nacional e estrangeira, àquilo que se ia fazendo lá fora e, outrossim, ao facto de, muito embora a legislação anterior coarctasse a possibilidade de greve, os trabalhadores nunca haverem abdicado dessa via reivindicativa, como mostram à saciedade os dados estatísticos disponíveis[106]. Por outro lado, não se ignorava que mesmo os nossos tribunais muito raramente haviam aplicado a norma constante do art. 277.° do Código Penal (quer do de 1852, quer do de 1886, como se viu), a qual, assim, não passara de «letra-morta»[107]. Portanto, antolhavam-se imprestáveis quais-

ao voto que outrora expressara SILVA FERRÃO: o de que se não intrometesse a lei penal na questão das coligações de trabalhadores. Cfr. o *op. cit.* do mesmo Autor, p. 22.

[105] Cfr. JORGE LEITE, *Direito da greve...*, cit., p. 26, nota 23, e FRANCISCO LIBERAL FERNANDES, *A obrigação de serviços mínimos...*, cit., p. 47, nota 65.

[106] Cfr. JOSÉ TENGARRINHA, «As greves em Portugal: uma perspectiva histórica do século XVIII a 1920», cit., pp. 585 ss.

[107] A expressão é de LUIZ DA CUNHA GONÇALVES, *apud* FRANCISCO LIBERAL FERNANDES, *A obrigação de serviços mínimos...*, cit., pp. 35 (em texto e nota 33) e 47-48 (*maxime*, nota 66). Cfr., outrossim, JORGE LEITE, *Direito da greve...*, cit., p. 25, nota 22, *in fine*, JOSÉ JOÃO GONÇALVES DE PROENÇA, «O direito à greve (análise doutrinal)», cit., p. 69 (dizendo ter-se aplicado, entre nós, um sistema de «greve-liberdade» entre 1867 – data da entrada em vigor do Código Civil de SEABRA – e 1911), e BERNARDO DA GAMA LOBO XAVIER, *Direito da greve*, cit., pp. 24-25, o qual, em face desta evidência, não hesita em afirmar que «[n]ão se aplicando as disposições do Código Penal, a situação "de facto" durante a Monarquia, se não era propriamente de liberdade, era a de tolerância da greve, ainda que em rigor a greve fosse ilícita (...)» (cfr. *op. cit.*, p. 25 – sublinhado no original).

quer veleidades de opor a uma sociedade em crescente mutação paradigmas bafientos de timbre passadista: a greve aí estava, e melhor seria reconhecê-la e conferir-lhe regulamentação adequada[108].

Isso tentou fazer o Decreto de 6 de Dezembro de 1910, provindo do Ministério do Fomento do Governo Provisório da República Portuguesa, sobraçado por MANUEL DE BRITO CAMACHO[109]. No entanto, este diploma legislativo – no qual achamos

---

[108] Como, de resto, o legislador já havia feito quanto a outros pontos de suma importância atinentes ao mundo laboral: *vd.* os casos do Decreto de 14 de Abril de 1891 (complementado pelo Regulamento de 16 de Março de 1893), que veio regular o trabalho de menores em estabelecimentos industriais, contendo, outrossim, disposições sobre o trabalho feminino (inclusive acerca da condição da mulher grávida e puérpera), da Lei de 15 de Agosto de 1889, respeitante aos tribunais de árbitros avindores, os quais haveriam competência para tratar de litígios advenientes da execução de contratos ou convenções de serviço em assuntos industriais e comerciais, do Decreto de 9 de Março de 1893 (sobre bolsas de trabalho, a que veio acrescer o Regulamento de 25 de Maio de 1893 e, mais tarde, a Lei de 17 de Fevereiro de 1914), do Decreto de 21 de Outubro de 1907, respeitante à penhorabilidade dos salários de operários e serviçais, do já referido Decreto de 9 de Maio de 1891, sobre associações profissionais, do Decreto de 24 de Junho de 1911, que curava do trabalho nocturno das mulheres, etc. Para uma visão global desta dispersa legislação laboral que, assim, também entre nós se ia paulatinamente conglomerando, em massa informe e, não raro, desconexa, cfr. MARNOCO E SOUZA, «Caracteres da legislação operária», cit., pp. 98-100 e *passim* (aliás, postulando a necessidade, já na altura, de haver entre nós um Código do Trabalho, que lograsse reunir as principais matérias tangentes a tais assuntos). Dando, por sua vez, conta da copiosa (se atentarmos no contexto da época) legislação operária saída da Primeira República (a qual, em lata medida, viria, infelizmente, a conhecer muito reduzida aplicação prática), cfr. MÁRIO JÚLIO DE ALMEIDA COSTA e RUI MANUEL DE FIGUEIREDO MARCOS, *A Primeira República no Direito Português*, cit., pp. 57-73.

[109] Para uma súmula das novidades trazidas por este Decreto – as quais, já de seguida, merecerão a nossa análise detida –, cfr., outrossim, MÁRIO JÚLIO DE ALMEIDA COSTA e RUI MANUEL DE FIGUEIREDO MARCOS, *A Primeira República no Direito Português*, cit., pp. 64-65.

muitos pontos de contacto com a *Ley de huelgas* espanhola de 1909 – tentou adoptar uma espécie de «solução de compromisso», isto é, uma postura contida, que permitisse a greve mas que, concomitantemente, lhe não franqueasse as portas de par em par, atenta a instabilidade social herdada dos últimos tempos da Monarquia, que se previa (acertadamente, como o tempo viria a confirmar) poder agravar-se subsequentemente.

De facto, o art. 1.° do citado Decreto assim rezava: «É garantido aos operarios, bem como aos patrões, o direito de se colligarem para a cessação simultânea do trabalho». Formulação simples e escorreita, que, a mais de persistir em um arcaísmo – a ideia de «coligação», que, como vimos, se perfilava mais lata do que a de «greve» *proprio sensu* –, previa, no fundo, não apenas a greve, mas também o *lock-out*[110], facto que, desde logo, seria susceptível de merecer a reprovação generalizada da classe operária[111]. Mas não se ficava por isso. À semelhança da lei espa-

---

[110] Do *lock-out* não curaremos nós, apenas a ele fazendo menção porque vindo a talho de foice. No fundo, vem a traduzir-se, segundo MENEZES CORDEIRO, numa «(...) exclusão maciça de trabalhadores da empresa, como modo de fazer pressão laboral, política ou económica (...)» (cfr. o seu *Manual de Direito do Trabalho*, cit., p. 417). Ou, se quisermos adoptar a (prolixa) noção consignada, actualmente, no nosso Código do Trabalho (cfr. art. 544.°), vem a ser «qualquer paralisação total ou parcial da empresa ou a interdição do acesso a locais de trabalho a alguns ou à totalidade dos trabalhadores e, ainda, a recusa em fornecer trabalho, condições e instrumentos de trabalho que determine ou possa determinar a paralisação de todos ou alguns sectores da empresa, desde que, em qualquer caso, vise atingir finalidades alheias à normal actividade da empresa, por decisão unilateral do empregador». Para uma mais detida caracterização desta figura, *vd.*, por exemplo, ANTÓNIO MENEZES CORDEIRO, *Manual de Direito do Trabalho*, cit., pp. 417-424, e ANTÓNIO MONTEIRO FERNANDES, *Direito do Trabalho*, cit., pp. 798-806, e *«Lock-out»*, *in Polis – Enciclopédia Verbo da Sociedade e do Estado*, vol. 3, Editorial Verbo, Lisboa/São Paulo, 1985.

[111] MONTEIRO FERNANDES diz estarmos aqui perante uma «visão simétrica do conflito laboral» – cfr. o seu *A lei e as greves...*, cit., p. 11.

nhola do ano anterior, proibia os piquetes de greve (art. 3.°)[112], reprimia acerrimamente o uso de violências, ameaças ou qualquer tipo de coacção (art. 2.°)[113], postulava a obrigatoriedade de aviso prévio às entidades competentes, caso se tratasse de serviços de interesse público, como fornecimento de géneros de primeira necessidade, luz ou água e transportes colectivos (arts. 4.°, 5.° e 6.°), e vedava por completo a possibilidade de greve aos «(...) funccionarios, empregados ou salariados do Estado ou dos corpos administrativos (...)», sob pena de «(...) demissão ou despedida do serviço (...)» (art. 10.°), posto que ressalvando o natural direito de recurso dessa decisão (§ 2.° do mesmo artigo).

Perante estes passos, dados de forma tão timorata, não admira que os trabalhadores hajam qualificado o Decreto de 6 de Dezembro de 1910 como um «decreto-burla». Ademais, o mesmo encerrava com o voto expresso de ser sujeito «(...) á apreciação da proxima Assembleia Nacional Constituinte (...)» (art. 13.°), a qual, no entanto, quase que por sobre ele passou como «por vinha vindimada»: quem esperava a constitucionalização de um virtual «direito à greve» pôde bem desenganar-se, que isso se não verificou. O art. 3.° da Constituição Política de 1911, a mais de prever o direito de reunião e associação (n.° 14.°, posto que remetendo a regulamentação do seu exercício para legislação especial), era completamente omisso sobre o ponto,

[112] «Os que perturbarem a ordem publica (...) no proposito reconhecido de imporem a alguem a acceitação ou a desistencia de uma colligação organizada para os fins de que trata o artigo 1.°, incorrerão na pena de prisão correccional até tres meses».

[113] «Os que tentarem formar, manter ou impedir as colligações operarias ou patronaes de que trata o artigo anterior, servindo-se de violencias ou ameaças, e de qualquer forma exercerem coacção que diminua a liberdade dos operarios ou dos patrões no exercicio legal do seu trabalho ou da sua industria, quando o facto não constitua delicto a que corresponda no Codigo pena mais elevada do que a estabelecida neste decreto, com força de lei, serão punidos com prisão correccional até seis meses, e multa correspondente».

havendo, porém, a ressalva do art. 4.º: «A especificação das garantias e direitos expressos na Constituição não exclue outras garantias e direitos não enumerados, mas resultantes da forma de governo que ella estabelece e dos principios que consigna ou constam de outras leis». Isto serviu para alguma doutrina tentar refrear os ímpetos verrinosos dirigidos contra a alegada omissão do texto constitucional, tendo até Marnoco e Souza postulado que a Constituição apenas poderia albergar direitos que a todos coubessem, que não aqueles que apenas aproveitassem a uma determinada classe – ou seja, ela não proibia a greve; esta apenas não teria «(...) cabimento num Codigo politico (...)»[114].

Questão interessante, e por vária doutrina levantada, em face da tessitura deste diploma, vem a ser a da possibilidade de, no fundo, o Decreto de 6 de Dezembro de 1910 não ter, como soía considerar-se, apenas consagrado um sistema de «greve-liberdade», de mera «tolerância» (como, aparentemente, veio fazer), mas um autêntico paradigma de «greve-direito». É sabido – já o dissemos também, *supra* – que, num sistema de «greve-liberdade», a greve, em si, é tolerada, ou, se se quiser, não é reprimida criminalmente; porém, não constituirá ela, *ipso facto*, direito do trabalhador, que poderá vir a ser sancionado – civilmente, já não em sede penal – se tal prática adoptar, coisa que se não verifica no sistema da «greve-direito». Pois bem: a nossa «lei da greve» de 1910 apenas prescrevia sanções para agentes do Estado ou dos corpos administrativos, que não para os demais trabalhadores. Quanto a estes, de facto, não se previa qualquer tipo de inadimplemento do contrato de trabalho que pudesse advir do facto da greve, nem, tão-pouco, eventuais sanções que com algum incumprimento se conexionassem. Razões, muito em resumo, que levavam já Emygdio da Silva, à época,

---

[114] *Apud* Francisco Liberal Fernandes, *A obrigação de serviços mínimos...*, cit., p. 49, em texto e nota 72.

a defender que a greve apenas suspendia o contrato de trabalho (liberando, conseguintemente, o trabalhador do dever de prestação laboral e dos demais deveres correlatos), e que podem, de certa forma, fazer-nos pender para uma eventual consagração de um vero «direito à greve»[115]. Por nossa banda – embora modes-

[115] Neste sentido, cfr. FRANCISCO LIBERAL FERNANDES, *A obrigação de serviços mínimos...*, cit., pp. 48-51 (citando, aliás, uma decisão da Secção do Contencioso do Conselho Superior das Colónias, de 1927, que claramente postulava não poder atribuir-se à abstenção da concreta prestação laboral a intenção de abandono do posto de trabalho por banda do trabalhador, muito pelo contrário, antolhando-se a greve como causa justificativa dessa abstenção – porque, ademais, reconhecida pelas autoridades; por outra banda, estriba-se numa diferença que a nossa lei apresentava face à lei espanhola, visto que esta, no seu art. 1, acautelava expressamente os direitos que dimanassem dos contratos celebrados – *vd. supra*, na transcrição que dela fizemos –, conduzindo à sancionabilidade da abstenção de prestação laboral por motivo de greve, coisa que o nosso Decreto de 1910 não fazia). Adoptando idêntica orientação, para além de LIBERAL FERNANDES, cfr. MÁRIO PINTO, «O Direito perante a greve», cit., p. 62 (dizendo expressamente: «(...) [e]m 1910, o Decreto de 6 de Dezembro revogou expressamente o art. 277.° do Código Penal (...), consagrando o direito de greve (...)»), BERNARDO DA GAMA LOBO XAVIER, *Direito da greve*, cit., p. 25 (afirmando: «(...) [d]o sistema do decreto [de 6 de Dezembro de 1910] e da própria qualificação dada à greve parece poder concluir-se que aos grevistas não poderia ser juridicamente aplicada qualquer sanção contratual pelo facto da greve. Daí que se possa dizer que a legislação republicana configurava a greve como direito (...)» – sublinhado no original), ANTÓNIO MONTEIRO FERNANDES, *A lei e as greves...*, cit., pp. 11-12 (cujo discurso nos aponta no sentido expresso), e *Direito do Trabalho*, cit., p. 765 (onde o Autor diz claramente: «(...) [r]econhecido que fora o direito de greve (...) pelo Dec. de 6-12-1910 (...)»), JOSÉ JOÃO GONÇALVES DE PROENÇA, «O direito à greve (análise doutrinal)», cit., p. 77 (dizendo que o sistema da «greve-direito» passou a vigorar nos finais do século XIX e princípios do século XX – certamente, aludindo às tendências que socialmente se verificavam nesse sentido –, tendo sido «(...) consagrado legalmente em 1910 (...)»), e MÁRIO JÚLIO DE ALMEIDA COSTA e RUI MANUEL DE FIGUEIREDO MARCOS, *A Primeira República no Direito Português*, cit., p. 65 (onde afirmam os ilustres Autores que, maugrado o «silêncio da lei», «(...) esboçava-se o nítido vislumbre de que a penalização laboral no sector privado não

tamente o expressemos, em face do minguado tempo que nos foi possível dedicar à problematização desta e doutras questões –, não cremos que a tanto se tivesse afoitado o legislador republicano, sempre delicado mantenedor de um equilíbrio assaz instável na «corda bamba» das questões laborais. Pelo menos, pensamos que se não terá querido consagrar, *lato sensu*, um «direito à greve», com toda a dimensão que hoje se lhe reconhece[116]. Não obstante, é questão que merece mais cuidada e vagarosa ponderação.

Os acontecimentos sociais viriam, em boa medida, a frustrar toda a prudência de que se usou na regulamentação da greve por meio do aludido Decreto de 1910. A vaga grevista da Primeira República, quase incontrolável, bem o demonstra. Com o *coup d'État* de 28 de Maio de 1926, e o consequente ingresso num regímen de ditadura militar, o nosso primeiro diploma legisla-

representava um acto de incumprimento do contrato (...)», pelo que «(...) [a] greve não se erigia em causa de despedimento»). Para além destas opiniões, um outro argumento será, porventura, aduzível, de certa forma tangente ao chamado «elemento histórico» da interpretação das leis: na base do Decreto de 6 de Dezembro de 1910 esteve um outro, de 31 de Outubro do mesmo ano, que, curando da nomeação de uma comissão (provisória) de cidadãos para apreciação de eventuais dissensões entre patrões e assalariados, reconhecia, logo no seu primeiro parágrafo: «Attendendo a que a Republica Portuguesa, em harmonia com as ideias expressas no seu programma e largamente affirmadas, acceita, como principio, o direito á greve, assunto este que, todavia, carece de ser profundamente ponderado (...)» (sublinhado no original).

[116] No sentido de que a Primeira República consagrou, em boa verdade, uma mera «liberdade de greve» – ainda não «direito à greve», *proprio sensu* –, se bem o entendemos, PEDRO ROMANO MARTINEZ, *Direito do Trabalho*, cit., p. 1158 (aí se dizendo: «[a]pós a implantação da República, pelo Decreto de 6 de Dezembro de 1910, a greve foi entendida e aceite como liberdade. Os trabalhadores tinham a liberdade de recorrer à greve para reivindicarem as suas pretensões. O Decreto de 1910 foi o primeiro passo para se chegar à situação actual da greve entendida como um direito dos trabalhadores» – o sublinhado é nosso).

tivo a reconhecer a greve veio a soçobrar, havendo sido revogado pelo Decreto n.° 13.138, de 15 de Fevereiro de 1927.

Este diploma de 1927 – resposta do novo Governo aos movimentos, simultaneamente grevistas e contestatários da implantação da ditadura, que se seguiram à revolução de 28 de Maio, e que viriam a prolongar-se, com altos e baixos, até cerca de 1934 (pelo menos, no que aos mais visíveis diz respeito)[117] – apenas veio revogar o Decreto de 6 de Dezembro de 1910 (cfr. o seu art. 3.°[118]). Nada mais fez, nem sequer repristinou expressamente o art. 277.° do Código Penal de 1886 – vigente à época – que o Decreto republicano havia revogado[119]. Por outro lado, também se não veio proibir, *expressis verbis*, a greve, pelo que se nos podem suscitar dúvidas acerca de qual fosse o sistema vigente em Portugal após esta alteração. Alguns autores – mormente, aqueles que postulam que o Decreto de 1910 veio instituir um autêntico sistema de «greve-direito» – consideram que o «direito à greve» existente na Primeira República, inopinadamente dessorado do seu suporte legal, veio a transformar-se em um sistema de «greve-liberdade», atenta, ademais, a ausência de qualquer proibição expressa pelo novo diploma de 1927. É verdade que, sob a égide deste último, não resultavam quaisquer sanções criminais para o exercício da greve, o que, de *per si*

---

[117] O próprio preâmbulo o dá a entender: «Exigindo a situação anormal criada pelos últimos acontecimentos medidas tendentes a evitar a repetição de tam nefastos abusos, que tam profunda e justamente alarmaram o País (...)». Já no corpo do diploma se alude aos «(...) movimentos revolucionários do mês de Fevereiro corrente (...)» (art. 1.°), procedendo-se à dissolução das unidades do Exército e da Guarda Nacional Republicana que neles houvessem tomado parte.

[118] Assim rezava: «É revogado o decreto de 6 de Dezembro de 1910, que, para cessação de trabalho, regulou o exercício de se coligarem operários e patrões».

[119] Até o seu art. 4.° apenas declarava: «Êste decreto entra imediatamente em vigor e revoga toda a legislação em contrário». Nada mais.

só, se perfilará como um indício ponderoso no sentido de que não vigoraria, então, um sistema de «greve-delito». Porém, não podemos deixar de aventar, outrossim, a possibilidade de, *v.g.*, se haver tratado de uma «lacuna» da lei, de uma lei que, afinal, fora preparada como resposta pronta do novel regímen ditatorial, ainda imberbe e carecido do suporte ideológico-doutrinal e legislativo que, *a posteriori*, o viria a conformar como Estado Novo, a uma miríade de movimentos grevistas, anarco-sindicalistas e revoltosos – autêntica amálgama informe que, contudo, partilhava, quase sempre, do mesmo intuito contra-revolucionário –. Julgamos ser admissível pensar que o legislador, no afã de tentar pôr cobro à agitação sociopolítica que cada vez mais grassava no país, pode ter crido ser suficiente a mera revogação do Decreto de 1910, assim se extirpando do ordenamento jurídico a possibilidade aberta (por mais cautelosa que pudesse ser, em certa medida) aos movimentos grevistas. E será, igualmente, de supor uma – pelo menos – «tácita» repristinação do regímen constante do Código Penal, até mesmo apelando, neste ponto, para o «espírito da lei»[120].

Fosse como fosse, era evidente a intenção repressiva trazida pelo novo *statu quo*, num claro regresso, pressuroso, ao sistema da «greve-delito». E assim veio a suceder. O ano de 1933 trouxe a «entrada em cena» de alguns dos diplomas basilares da estruturação jurídica do Estado Novo – a Constituição Política e o Estatuto do Trabalho Nacional –, feito bem à imagem e segundo

---

[120] Ademais, autores como Luiz da Cunha Gonçalves e, mormente, Pedro Soares Martinez advogavam a instituição, pelo diploma de 1927, de uma vera e real proibição da greve. E, por outro lado, o preâmbulo do Decreto-Lei n.° 23.870, de 18 de Maio de 1934, que veio regular em pormenor a greve e o *lock-out*, e que já de seguida analisaremos cabalmente, rezava, a dado passo: «(...) É certo que o Código Penal – artigo 277.° –, pune a greve e que êste artigo está em vigor por fôrça do disposto no artigo 3.° do decreto n.° 13:138, de 15 de Fevereiro de 1927, que revogou o decreto de 6 de Dezembro de 1910 (...)».

os moldes preconizados pelo seu obreiro, o Doutor Oliveira Salazar.

É por demais evidente que, no seio de um sistema de índole corporativista, onde o Estado se arvorava em defensor supremo do bem comum, onde se postulava a concórdia social, a conjugação de esforços para a consecução de fins comuns a toda a comunidade-Nação, e em que, sobretudo, se procurava conter toda e qualquer ordem de movimentos reivindicativos ou contestatários (ou de que pudessem advir tendências «subversivas», contrárias ao poder estabelecido), a greve (e, bem assim, o *lock-out*) não poderia ter lugar – seria sempre havida por factor de «(...) perturbação da vida económica e da vida social (...)»[121]. Logo, deveria dar-se-lhe enérgico combate, o que, de facto, o legislador de então fez (e não só ele...).

Basilarmente, a Constituição Política de 1933 (aparentemente beneficiando de larga legitimação popular, dimanada do plebiscito desse ano) firmou, em vários dos artigos que a compunham, princípios que, afirmando-se como directrizes orientadoras da nova visão económico-social preconizada para o país, colidiam frontalmente com qualquer veleidade de aceitação da greve. Nesse sentido, tínhamos o art. 35.° («A propriedade, o capital e o trabalho desempenham uma <u>função social</u>, em regime de <u>cooperação económica e solidariedade</u>, podendo a lei determinar as condições do seu emprêgo ou exploração <u>conformes com a finalidade colectiva</u>») e, mais especificamente, os art.os 24.° («A <u>suspensão concertada</u> de <u>serviços públicos ou de interêsse colectivo</u> importará a <u>demissão dos delinqüentes</u>, além de outras responsabilidades que a lei prescrever»[122]) e 39.° («Nas <u>relações económicas entre o capital e o trabalho</u> não é permitida

---

[121] Do preâmbulo do Decreto-Lei n.° 23.870, de 18 de Maio de 1934.

[122] Coisa que, de resto, não era inteiramente nova, pois que já o próprio Decreto de 6 de Dezembro de 1910 interditava a greve aos agentes do Estado ou dos corpos administrativos. Aqui, apenas se alarga o âmbito da previsão

a suspensão de actividade por qualquer das partes com o fim de fazer vingar os respectivos interêsses»)[123].

Movendo-se no seio deste enquadramento teórico, o Estatuto do Trabalho Nacional, lançador dos fundamentos da política estado-novista em matéria de organização laboral, veio densificar aquilo que se já depreendia de uma leitura atenta da Constituição Política. Rezava, com efeito, o seu art. 9.°, que transcrevemos, atenta a sua inegável importância para a matéria em estudo:

> «É acto punível a suspensão ou perturbação das actividades económicas:
>
> 1.° Pelas emprêsas patronais, singulares ou colectivas, nos seus estabelecimentos, escritórios ou explorações económicas, sem motivo justificado e com o objectivo único de obter vantagens da parte do pessoal empregado, ou dos seus fornecedores de matérias primas, produtos ou serviços, ou do Estado ou corpos administrativos;
>
> 2.° Pelos técnicos, empregados ou operários, com o fim de conseguir novas condições de trabalho ou quaisquer outros benefícios ou ainda de resistir a medidas de ordem superior conformes com as disposições legais.
>
> O Regimento das Corporações estabelecerá as penalidades correspondentes a êste acto.»

(constitucional) aos serviços que se recobrissem do aspecto do «interesse colectivo».

[123] Ressalvamos que, evidentemente, os sublinhados são nossos, e que a transcrição teve por base o «Projecto de Constituição Política da República Portuguesa» publicado no *Diário do Governo*, 1.ª série, n.° 43, de 22 de Fevereiro de 1933. Na indicação dos artigos mais relevantes, quer da Constituição Política de 1933, quer do Estatuto do Trabalho Nacional, seguimos de perto a indicação dada por Mário Pinto, «O Direito perante a greve», cit., pp. 62-63.

Para além deste, refira-se, ainda, o art. 23.° do mesmo Estatuto: «O direito ao trabalho é tornado efectivo pelos contratos individuais ou colectivos. Nunca o pode ser pela imposição do trabalhador, dos organismos corporativos ou do Estado, salvo, no que respeita a êste último, o direito que lhe assiste, em caso de suspensão concertada de actividades, de usar de todos os meios legítimos para compelir os delinqüentes ao trabalho» (o sublinhado é nosso). E, ainda, os arts. 11.° (repetição da parte fundamental do art. 35.° da Constituição Política) e 37.° (repetição, *ipsis verbis*, do art. 24.° da Constituição Política).

Convirá, agora, antes de pôr alguma ordem nas nossas ideias, chamar à colação mais dois diplomas legais. O primeiro é o Decreto-Lei n.° 23.203, de 6 de Novembro de 1933, que, recolhendo reminiscências da situação político-social assaz tensa que ainda não havia sido de todo dissipada, veio punir os crimes de rebelião. Porém, em inciso do seu art. 2.° (concretamente, no n.° 4.° deste artigo), declarava ser igualmente punido o crime de «(...) encerramento de fábricas ou oficinas e a suspensão ou cessação de trabalho de qualquer indústria, sem causa legítima». Vinha, pouco depois, o § único do mesmo artigo dispor: «Nos casos do n.° 4.° dêste artigo a pena abrangerá sòmente os mandantes, dirigentes, instigadores e organizadores ou os que pratiquem violências contra as pessoas ou propriedade alheia, mas a estes só lhes será aplicada a pena estabelecida neste decreto se outra mais grave não tiver lugar pelos actos praticados e suas conseqüências».

Já o segundo diploma – o mais relevante para a análise que estamos empreendendo – é o célebre Decreto-Lei n.° 23.870, de 18 de Maio de 1934, o qual, obviando a um inconveniente até então insuprido pelo legislador estado-novista – a falta evidente de disposições que especificamente regulassem a greve e o *lock-out* –, veio oferecer uma panóplia de disposições a propósito destes dois «delitos». Para além de um profuso preâmbulo, em que, como seria expectável, nos dá uma plena justificação, à luz dos princípios informadores do sistema corporativo, da proibição da greve e do *lock-out* – meios reivindicativos aparentemente caídos em desuso, a partir do momento em que o Estado intervém na regulação da economia, dirimindo os conflitos entre patronato e operariado, impondo um cenário de concórdia e plena cooperação[124], e, ademais, sujeitando a generalidade das controvérsias surgidas em ambiente laboral à jurisdição dos tribunais de trabalho –, este diploma oferece todo um universo sancionatório, que é pródigo em prever, com apurado detalhe, as diversas *nuances* de que o fenómeno grevista poderia recobrir-se (até abrangendo algumas formas de «greve revolucionária», já raiando os intentos políticos). É, outrossim, de salientar o corpo de normas exclusivamente dedicado aos «funcionários públicos» e àqueles (mormente, os «dirigentes técnicos, empregados ou operários») que laborassem em «emprêsas de interêsse colectivo e (...) quaisquer outras, singulares ou colectivas, que se destinem ao abastecimento e satisfação das necessidades gerais e impreteríveis das populações» (arts. 13.° a 16.°). Veja-se, igualmente, o art. 21.°, que impunha a interdição de direitos políticos, por período «não inferior a dois anos nem superior a dez»,

---

[124] O seguinte parágrafo do preâmbulo resume tudo isto lapidarmente: «A satisfação das necessidades associativas dentro do Estado; a existência dos sindicatos nacionais e dos grémios; a nova concepção corporativa do Estado; a disciplina jurídica das relações do capital e do trabalho por meio dos contratos colectivos, verdadeiras leis, no sentido material, aplicáveis às respectivas categorias; a criação e o funcionamento efectivo dos tribunais do trabalho, justiça pública legal e regular com competência para a resolução dos litígios que se refiram às relações colectivas do trabalho – a organização nacionalista do Estado Novo, numa palavra, exige que se proïba e se puna com rigor a coligação patronal – *lock-out* – e a coligação operária – greve –, em qualquer das suas formas». Também o cita, para além de outros passos relevantes do mesmo preâmbulo, FRANCISCO LIBERAL FERNANDES, *A obrigação de serviços mínimos...*, cit., pp. 38-39, nota 41.

àqueles que houvessem sido condenados por algum dos delitos apontados (com ressalva dos casos previstos nos arts. 11.° e 12.° do mesmo diploma legal). No mais, abstemo-nos de citar outras disposições, porquanto já terá ficado clara a orientação global deste Decreto-Lei; por outro lado, o mesmo apenas ostenta um «comprido» catálogo sancionatório. Apenas transcrevemos, pela sua representatividade, o art. 2.°, permitindo-nos remeter, no mais, para o diploma em si:

> «Os técnicos, empregados ou operários – rezava, pois, o art. 2.° – que, em número de três ou mais, abandonarem colectivamente o trabalho, ou o prestarem de modo a perturbar a sua regularidade ou continuïdade, com o objectivo único de impor aos patrões novas condições de trabalho ou a concessão de quaisquer benefícios, de resistir a medidas de ordem superior conformes com as disposições legais, de opor-se à modificação dos contratos existentes ou de obter ou impedir uma diversa aplicação dêsses contratos e usos vigentes, serão punidos com a pena de multa de 50$ a 1.000$.
>
> § único. Nos casos previstos neste artigo a pena de multa pode ser substituída pela pena de prisão correccional até um ano.» [125]

Em suma, e sintetizando algo que se desprende muito facilmente da concatenação destas disposições legais que fomos colhendo, anotemos o que segue, p. 315, *in fine*.

A greve e o *lock-out* eram, pois, nitidamente, realidades não queridas e completamente postergadas pela organização corporativa. Tanto assim era que a própria Constituição Política de 1933, para além de afirmar solenemente os princípios fundamentais que à mesma presidiam, procedia, ela própria, a um enérgico afastamento dessas possibilidades reivindicativas. Assim o fazia

[125] Abstemo-nos de transcrever o art. 1.°, que proibia o *lock-out*.

também, por sua vez, o Estatuto do Trabalho Nacional, o que não poderia deixar de ser, atento o carácter de «mola real» que este desempenhava enquanto à organização laboral no seio do Estado corporativo – é, ademais, notória a interpenetração normativa entre estes dois suportes legislativos do Estado Novo. Só por isto, já se concluiria que o regímen autoritário português: 1) havia a greve por delito (retornava-se, conseguintemente, ao velho sistema da «greve-delito»); 2) em consequência, tratava os grevistas por «delinquentes», havendo em consideração a multiplicidade de condutas integráveis no «delito» em questão; 3) reconhecia ao Estado, por previsão expressa do Estatuto do Trabalho Nacional, a possibilidade de compelir os grevistas ao trabalho, usando de «todos os meios legítimos» (art. 23.°, já citado). Os Decretos-Leis n.os 23.203 e 23.870 mais não vieram – sobretudo este último – do que densificar algo que já estava plenamente consumado: Portugal voltava a conhecer – e de que maneira! – o sistema da «greve-delito»[126].

---

[126] Sobre a questão de a greve ser havida, outrossim, como justa causa de despedimento, cfr. o Despacho do Subsecretário de Estado das Corporações de 18 de Dezembro de 1942, então publicado no *Boletim do Instituto Nacional do Trabalho e Previdência*, n.° 24, ano IX, p. 635. Sucintamente, considerava o mesmo que, sendo o «integral cumprimento» das cláusulas constantes do contrato de trabalho condição pressuponente da vigência do mesmo, e atentando a greve contra a «prestação efectiva» do serviço dos empregados e assalariados, obrigação fundamental que sobre os mesmos impendia, seria, pois, tal circunstância «fundamento de rescisão dos contratos de trabalho dos grevistas por parte das entidades patronais», dando, portanto, lugar ao despedimento «sem o direito de qualquer indemnização». Aliás, alargava-se o âmbito desta consideração, não apenas aos casos de efectivo abandono do trabalho, mas também às situações em que, havendo embora comparência no local de trabalho, se não verificasse o devido rendimento. O referido Despacho pode ser consultado em J. Silva Tavares (Org.), *Direito ao Trabalho*, vol. II, 2.ª edição, 1966, pp. 142-143.

E, quanto ao período do Estado Novo, não há, cremos, muito mais de relevante a exarar em termos legislativos – atentas, até, as dimensões que devem presidir a este estudo, e que já estamos, de certa forma, extrapolando aqui e acolá. Apenas salientaremos uma problemática suscitada, em 1966, por MÁRIO PINTO, a qual, hoje em dia, se não reveste de grande importância, posto que, na altura, fosse assaz desafiante em termos reflexivos. Bulia a mesma com o facto de, em 1945, o Decreto-Lei n.º 35.015, de 15 de Outubro desse ano, protagonizando uma das alterações ao Código Penal de 1886 que se fizeram no consulado do ilustre Doutor MANUEL CAVALEIRO DE FERREIRA à frente do Ministério da Justiça, haver introduzido modificações em vários artigos e na própria ordenação sistemática. Assim, passámos a ter um art. 170.º que dispunha o seguinte:

> «O encerramento de fábricas ou oficinas e a suspensão ou cessação do trabalho de qualquer serviço do Estado, ou de serviços concessionários, bem como de qualquer indústria, sem causa legítima, são punidos com prisão correccional até seis meses.
>
> § único. Os que incitarem, promoverem ou organizarem o encerramento, cessação ou suspensão serão punidos com a pena de dois a oito anos de prisão maior celular, ou, em alternativa, com a de degrêdo temporário».

Cura-se de redacção alterada *a posteriori*, já nos tempos do insigne Doutor ANTUNES VARELA como Ministro da Justiça, por meio do Decreto-Lei n.º 41.736, de 17 de Julho de 1958. Ficou assim:

> «O encerramento de estabelecimentos comerciais ou industriais e a suspensão ou cessação do trabalho em qualquer serviço do Estado, serviços concessionários ou em outros de interesse público, bem como de qualquer actividade económica, sem causa legítima, são punidos com prisão.

§ 1.° Os que incitarem, promoverem ou organizarem o encerramento, cessação ou suspensão serão punidos com a pena de dois a oito anos de prisão maior.

§ 2.° A tentativa e a frustração serão sempre punidas, sendo os actos preparatórios equiparados à tentativa.

§ 3.° Aos condenados pelas infracções previstas neste artigo será aplicada a medida de interdição do exercício da sua profissão, dentro dos limites fixados no § 5.° do artigo 70.°»[127].

Qual o problema que aqui se levantava? Muito simplesmente, o seguinte: o legislador, ao empreender esta reforma do Código Penal, não revogou expressamente a legislação extravagante que sobre a greve dispunha – o Decreto-Lei n.° 23.870, como vimos. Partindo do princípio – como admitia MÁRIO PINTO – de que a previsão deste novo art. 170.° do Código Penal colidia frontalmente com quanto dispunha o aludido diploma, como resolver o dissídio? De entre o lote de soluções que este Autor apresentava, se bem entendemos o seu pensamento, a mais curial seria, porventura, a da consideração de que este artigo do Código Penal não revogara o Decreto-Lei n.° 23.870 quanto às modalidades de greve relacionadas com conflitos colectivos de trabalho – que seriam as «greves próprias», na distinção a certa altura adoptada pelo mesmo ilustre jurista –, às quais continuaria, portanto, a aplicar-se tal diploma legal, até pela razão de as penas nele previstas serem, neste ponto, menos gravosas do que

[127] Para além desta alteração ao Código Penal, é interessante notar, neste diploma de 1958, uma certa disciplinação introduzida na actuação, em casos tais, dos órgãos de segurança pública: era lícito a estes, em caso de greve, determinar, a título preventivo, o encerramento dos locais de trabalho e a interdição do exercício da profissão aos presumíveis responsáveis; porém, tais medidas careceriam sempre de homologação pelo Ministro do Interior, não podendo haver duração superior a seis meses (cfr. art. 2.° do citado Decreto-Lei, e seu preâmbulo).

as preceituadas na correspondente disposição do Código Penal, e não ser justificável substituir todo um regímen jurídico, atirando para um mesmo «recipiente» espécies tão distintas de greve, como seriam a tal «greve própria», tangente aos conflitos colectivos de trabalho, e a «greve imprópria», de motivações eminentemente políticas. Ademais, o art. 170.° incluía-se na secção atinente aos «crimes contra a organização do Estado», expressão que, pudesse embora ser interpretada *lato sensu*, como integrando quaisquer tipos de greves (pois que todas elas, de alguma maneira, iriam contra a organização corporativa que presidia, então, ao Estado), deveria, mais curialmente, ser restritivamente aplicada àqueles crimes que ofendessem, de forma directa, a integridade do Estado, assim se «separando as águas» tão revoltas das várias modalidades de greve. Ou seja: só se aplicaria o art. 170.° do Código Penal às greves «impróprias» (político-revolucionárias), mantendo-se, quanto às greves «próprias», o disposto no Decreto-Lei n.° 23.870. É questão já defunta, motivo por que nos limitamos, apenas, a este breve apontamento[128].

Todo este constritor estado de coisas veio a conhecer o seu término com a revolução de 25 de Abril de 1974. Visando a instauração de um regímen democrático e pluralista, e cuidando de atacar, desde logo, os mais frisantes marcos autoritários herdados de um *statu quo ante* que se pretendia fazer desvanecer[129],

---

[128] Para um enquadramento global da mesma e, outrossim, para maiores desenvolvimentos sobre algo que, à época, muita tinta fez correr em termos doutrinais, em razão da sua intrínseca problematicidade irradiante, cfr. MÁRIO PINTO, «O Direito perante a greve», cit., pp. 65 ss. Realce-se, tão-somente, que, como também refere este Autor, continuava, na altura, a dar-se de barato, as mais das vezes (até mesmo nas próprias colectâneas de legislação laboral), a plena vigência do Decreto-Lei n.° 23.870, quando de greve se falava, muito pouco se ligando, pois, ao art. 170.° do Código Penal.

[129] Cabe, não obstante, referir que, na prática, a legislação anti-greve proveniente do Estado Novo, que analisámos, veio a ter reduzida aplicação prática, em termos jurisprudenciais. De facto, a repressão fez-se, essencial-

o Decreto-Lei n.° 392/74, de 27 de Agosto, veio logo garantir o direito à greve[130]. Porém, como facilmente se calculará, o processo agora reiniciado – de permissão da greve, e mesmo da sua consagração como vero direito dos trabalhadores – não se fez sem tropeços vários, haja em vista o período revolucionário conturbado que se seguiu à Revolução de Abril. Para recorrermos à expressiva formulação de MONTEIRO FERNANDES, este primeiro diploma legislativo do Portugal democrático tinha aspectos de «repetição da história» de 1910[131].

Com efeito, esta nova legislação, proveniente do II Governo Provisório, chefiado por VASCO GONÇALVES, com o Coronel COSTA MARTINS como Ministro do Trabalho, apesar de reconhecer formalmente o direito à greve, logo no seu art. 1.°[132], deu passos prudentes, porventura muito mais prudentes do que seria

mente, no terreno, com recurso à actuação policial – cfr. ANTÓNIO MENEZES CORDEIRO, *Manual de Direito do Trabalho*, cit., p. 380, JORGE LEITE, *Direito da greve...*, cit., p. 39, nota 31, e BERNARDO DA GAMA LOBO XAVIER, *Direito da greve*, cit., p. 27.

[130] Correspondendo, de resto, ao imperativo dimanante do n.° 3 do art. 6.° do Decreto-Lei n.° 217/74, de 27 de Maio (proveniente ainda do I Governo Provisório, ao qual presidia o insigne Doutor ADELINO DA PALMA CARLOS), o qual dispunha que «[o] Governo publicará, no prazo de trinta dias, legislação adequada sobre organizações sindicais de trabalhadores e associações patronais, bem como legislação que regulamente a greve, o *lock-out* e as relações colectivas de trabalho».

[131] Cfr. o seu *A lei e as greves...*, cit., p. 12.

[132] «É garantido aos trabalhadores o direito à greve nos termos do presente diploma», assim dizia o mesmo, revogando-se, consequentemente, os art.os 170.° e 277.° do Código Penal de 1886 – ainda vigente à época, como bem se sabe – e, igualmente, o Decreto-Lei n.° 23.870, de 18 de Maio de 1934 (art. 31.°). Também se admitia o *lock-out*, posto que numa feição meramente defensiva – cfr. o art. 21.° do mesmo Decreto-Lei. Exigências, aliás, expressas no seu preâmbulo: «(...) A ruptura da ordem política vigente até ao dia 25 de Abril implica a revogação do regime de proibição da greve e do *lock-out*, em consonância, aliás, com o reconhecimento das associações sindicais e patronais e dos princípios que encontram expressão adequada no Pro-

a expectativa generalizada daqueles tempos fervilhantes. Vejamos um pouco mais em pormenor.

Antes de mais, e para além do facto de se prever uma «noção da greve» naturalmente restritiva (art. 2.°)[133], interditava-se a sua prática às forças militares e militarizadas, aos magistrados judiciais, às forças policiais e guardas prisionais e aos bombeiros, *ex vi* do seu art. 3.°. Quanto ao «pessoal do sector público», remetia-se, laconicamente, para «legislação especial» (art. 4.°). Seria, outrossim, ilícita a greve realizada na vigência de contratos e acordos colectivos de trabalho, visando a sua modificação, salvo se os mesmos remontassem ao período anterior a 25 de Abril de 1974 (art. 5.°). O art. 6.° estendia, de resto, o labéu da ilicitude às greves fundadas em motivos políticos ou religiosos e às greves de solidariedade não relacionadas com a mesma profissão, excepto se respeitantes a trabalhadores da própria empresa. Também se preconizava um processo de mediação prévia (art. 8.°), com um período de negociações e de tentativa de conciliação entre a entidade patronal e os trabalhadores, recorrendo a comissão *ad hoc* composta por dois representantes de ambos e por um representante do Ministério do Trabalho. Consagrava-se, no art. 11.°, um dever de aviso prévio de sete dias úteis, no mínimo (que passariam a dez dias, no caso das empresas de utilidade

---

grama do Movimento das Forças Armadas, parte integrante da nova ordem constitucional (...)».

133 «Considera-se greve a recusa colectiva e concertada do trabalho tendente à defesa e promoção dos <u>interesses colectivos profissionais dos trabalhadores</u>» (o sublinhado é nosso). Como pode ver-se, assim se delimitava, com acendrado apuro, o âmbito de interesses que poderiam ser licitamente prosseguidos com a greve, algo que, dois anos depois, a nova Constituição viria a postergar, com a afirmação de que «[c]ompete aos trabalhadores definir o âmbito de interesses a defender através da greve, <u>não podendo a lei limitar esse âmbito</u>» (art. 59.°, n.° 2, actual art. 57.°, n.° 2 – o sublinhado é, naturalmente, nosso) – *vd.* as considerações que *infra* se contêm sobre isto.

pública – cfr. o art. 17.°, n.os 1 e 2, do mesmo diploma). Puniam-se os actos de violência, ameaça ou coacção com pena de prisão até seis meses (art. 28.°), para além das demais sanções previstas[134].

De tudo isto, uma simples conclusão rapidamente ressuma: o diploma de 1974 era – como o fora, de resto, o seu remoto avoengo de 1910 – timorato, pelo que veio a ser inconsiderado por uma sociedade em plena vivência pós-revolucionária, e mergulhada em época de efervescência a todos os níveis, buscando a consolidação de um processo que apenas seria genericamente logrado anos depois. Como salienta, também, MONTEIRO FERNANDES, o Decreto-Lei n.° 392/74 «(...) nunca foi respeitado nem cumprido (...)»[135].

Teríamos de aguardar mais um pouco, pelo ano de 1976, para vermos ser dado o passo decisivo: com a aprovação, em 2 de Abril, da nova Constituição da República Portuguesa, assistiu-se, enfim, ao ingresso de Portugal no sistema da «greve-

---

[134] Causavam certo embaraço, em termos de aplicação prática, as disposições constantes do seu art. 16.° (referente aos «efeitos da greve no contrato de trabalho»), pois que, no mesmo, embora se previsse a suspensão do contrato de trabalho por motivo de greve (n.° 1), apenas se salvaguardava a contagem do tempo de suspensão para efeitos de antiguidade (n.° 2), nada se dizendo acerca da remuneração. Ressumava, contudo, do seu espírito – e é esse o procedimento comummente adoptado – que, muito embora o exercício do direito à greve não pudesse ser invocado pelo empregador para a dissolução do vínculo laboral, dele decorreria, ainda assim, a perda do direito à retribuição pelos trabalhadores aderentes. Sobre o ponto, *vd.* ANTÓNIO MONTEIRO FERNANDES, *Direito do Trabalho*, cit., p. 766.

[135] Cfr. *A lei e as greves...*, cit., p. 13. BERNARDO DA GAMA LOBO XAVIER (*Direito da greve*, cit., p. 28) refere que «(...) o diploma era de todo inaplicável a uma situação efervescente: pura e simplesmente não se cumpriu. Os Governos nunca o puderam impor aos sindicatos e dificilmente se pode acreditar que em algum momento o tenham pretendido fazer. Daí que as greves se desenrolassem sem enquadramento jurídico próprio e muitas vezes se exercessem com violências lamentáveis (...)».

-direito», e da forma mais impressiva, com honras de consagração no texto constitucional. Assim o veio fazer o seu art. 59.° (actual art. 57.°), ao mesmo tempo que se proibia, de todo em todo, o *lock-out* (art. 60.°, hoje n.° 4 do art. 57.°)[136]. Negava-se, com semelhante passo, o chamado «princípio da paridade de armas» entre patrões e trabalhadores[137].

Apesar da aparente «ousadia» em termos de consagração de algo que havia muito o aguardava, não deixou, por certo, o legislador constitucional de aparentar, ainda assim, algumas inseguranças, ao cercear, de certa forma, a margem de manobra que à lei ordinária caberia em termos regulativos. Prender-se-ia isto, porventura, com receios – quiçá fundados – de que, se ao legislador ordinário fosse dado «campo aberto», poderia correr--se certo risco de a regulamentação posteriormente emanada vir deturpar o conteúdo deste direito à greve, o que se deveria, pois, salvaguardar[138].

---

[136] Eliminando, pois, em definitivo, quanto a este último, a ligeira abertura ensaiada pelo Decreto-Lei n.° 392/74. De resto, muito embora o texto originário da Constituição de 1976 haja consagrado o direito à greve, fazia-o no âmbito dos direitos económicos, sociais e culturais. A Revisão Constitucional de 1982 veio dar um acrescido contributo para o seu fortalecimento, ao transmudá-lo para o Título II da Parte I, relativo aos direitos, liberdades e garantias, em um capítulo expressamente respeitante aos «direitos, liberdades e garantias dos trabalhadores». Cfr. MARIA DO ROSÁRIO PALMA RAMALHO, *Tratado de Direito do Trabalho – Parte III – Situações Laborais Colectivas*, cit., p. 421.

[137] Cfr., *infra*, nota 147.

[138] Neste sentido, cfr. JOSÉ JOÃO GONÇALVES DE PROENÇA, «O direito à greve (análise doutrinal)», cit., p. 78. MONTEIRO FERNANDES (*A lei e as greves*..., cit., pp. 13-14) faz notar a falta de sintonia entre esta forma de proceder e aquela que, de ordinário, se verifica em outros ordenamentos jurídicos (*maxime*, no francês e no italiano), com «(...) ampla delegação de competência regulatória no legislador ordinário (...)», sem embargo de, na prática, este haver-se furtado a tanto, resumindo-se a sua acção, ao fim e ao cabo, a uma modestíssima tentativa de regulação (sobretudo no campo dos serviços

Faltava, em todo o caso, neste panorama um diploma legislativo que, melhor do que a tentativa tímida de 1974, viesse densificar e concretizar o novo direito que, assim, recebia assento constitucional[139]. E isso foi feito pela Lei n.º 65/77, de 26 de Agosto – a vulgarmente designada «Lei da Greve». Curando do assunto com «(...) uma consistência regulatória que os diplomas antecedentes nunca tiveram (...)»[140], e maugrado todas as imperfeições resultantes, ainda assim, de tempos pouco refeitos do sobressalto político-revolucionário, é fora de dúvida que este diploma de 1977 veio a lograr, de guisa bastante satisfatória, os seus intentos[141] – o que, ademais, se confirma até pelo facto de o

essenciais). Já em Portugal, e apesar da prudência do texto constitucional, o legislador ordinário terá sido, porventura, mais afoito na sua actividade densificadora.

[139] Em muitos ordenamentos jurídicos, de facto, a tendência dominante é a de uma regulamentação «minimalista» do fenómeno da greve, sendo que a lei apenas empreende regular alguns aspectos parcelares (*v.g.*, a questão da prestação dos serviços mínimos) – sintoma, porventura, da origem extrajurídica do fenómeno grevista, e da sua nem sempre fácil absorção pelo Direito. O caso português segue outro rumo (bem ao contrário do que seria expectável, atenta a contenção imposta, em certo sentido, pelo texto constitucional, como dissemos na nota anterior), e desde há bastante tempo, facto que tem revelado «resultados felizes», com uma «grande estabilidade do regime legal da greve», no parecer de MARIA DO ROSÁRIO PALMA RAMALHO (cfr. o seu *Tratado de Direito do Trabalho – Parte III – Situações Laborais Colectivas*, cit., p. 422). Sobre o ponto, cfr., ainda, BERNARDO DA GAMA LOBO XAVIER, «A greve no Direito da Europa ocidental», cit., pp. 49-50.

[140] ANTÓNIO MONTEIRO FERNANDES, *A lei e as greves...*, cit., p. 15, *in fine*.

[141] Tal diploma veio a ser, porém, objecto de alteração, em alguns pontos, por banda da Lei n.º 30/92, de 20 de Outubro, a qual mereceu, em parte, um juízo de inconstitucionalidade pelo Tribunal Constitucional, traduzido no Acórdão n.º 868/96, de 4 de Julho de 1996, publicado no *Diário da República*, 1.ª série-A, n.º 240, de 16 de Outubro de 1996 (inconstitucionalidade essa que, no entanto, se prendeu com questões de ordem meramente formal, atinentes à falta de votação na especialidade de algumas das normas constantes da citada lei).

mesmo haver transitado, na sua essência, quase sem mutações, para o Código do Trabalho de 2003 (art.os 591.° a 606.°), mantendo-se no actual, de 2009 (art.os 530.° a 545.°)[142].

4. Em jeito de conclusão: um breve relance de olhos pela realidade portuguesa hodierna

Havemos por finda a nossa viagem em torno da (acidentada) evolução, no Direito português, do «direito à greve». Cremos que, da generalidade das considerações expendidas, terá defluído, de guisa suficientemente clara, a ideia fundamental que pretendemos demonstrar: a de que tal direito, da forma por que hoje o conhecemos, foi um produto do devir histórico-jurídico, resul-

---

[142] Para uma sumária consideração de idêntico percurso evolutivo – desta feita, no direito brasileiro –, pode ver-se, com proveito, ORLANDO TEIXEIRA DA COSTA, «Derecho de huelga», cit., pp. 697 ss., bem como as notas de MÁRCIO TÚLIO VIANA, *Direito de Resistência...*, cit., pp. 286-288, 295-297 e 301-310. Também aí a caminhada jus-histórica foi tortuosa, feita de avanços e recuos, desde um completo silêncio constitucional em 1824 (Constituição Política do Império), 1891 e 1934 (estas duas últimas, Constituições já do período republicano), posto que com ligeira abertura na legislação penal (a proibição inicial do Código Penal de 1890 foi, pouco depois, morigerada por decreto devido à influência do primeiro Presidente da República, o Marechal MANOEL DEODORO DA FONSECA), até à proibição frontal da Constituição estado-novista de 1937, na esteira do regímen corporativo de GETÚLIO VARGAS, passando, depois, por uma previsão constitucional expressa (enquanto direito) em 1946, a qual, algo estranhamente, se manteve, em parte, na Constituição do período da Ditadura Militar (1967, mesmo após a emenda constitucional de 1969), que apenas vedava expressamente a greve nos serviços públicos e actividades de cariz essencial (mantendo, no mais, a consagração do direito, como dantes). A actual Constituição da República Federativa do Brasil, de 1988, consagra, *expressis verbis*, o direito à greve, em formulação algo inspirada na nossa Constituição de 1976, posto que com algumas apreciáveis *nuances* (como, por exemplo, a aplicação, *in casu*, da teoria do abuso de direito).

tado de um aprimoramento constante (e sempre constituendo, de resto...) de algo que germinou há muito, e cuja «face», como na vida humana sucede, se foi modificando com o passar do tempo.

Cremos, antes de rematar o nosso estudo, ser de não despicienda importância um breve conspecto sobre, precisamente, a «face» com que se nos apresenta o «direito à greve» actualmente, na realidade jurídica portuguesa[143]. Não iremos espraiar-nos longamente por sobre um tema que nos não cabe, até porque isso seria, decerto, «meter fouce em seara alheia». Apenas queremos completar o escorço por nós efectuado com uma fugaz revisitação do quadro presente. Pressuporemos, para tanto, algumas das considerações já exaradas *supra*, no segundo capítulo deste trabalho, e, a partir daí, tentaremos assentar outras ideias.

Antes de mais, diremos, com PEDRO ROMANO MARTINEZ, que a admissibilidade da greve – e, bem assim, a sua elevação à categoria de direito – vem a ser algo conatural aos Estados democráticos e pluralistas, que fazem assentar a sua organização económico-social no modelo da economia de mercado. Com efeito, em semelhante enquadramento, tem a greve uma função relevantíssima, como «instrumento corrector de conflitos», que

---

[143] Uma interessante perspectiva juscomparatística dos ordenamentos jurídicos francês, alemão e italiano oferece-no-la FRANCISCO LIBERAL FERNANDES, «O direito de greve nos ordenamentos francês, alemão e italiano», *in Boletim da Faculdade de Direito da Universidade de Coimbra*, Número Especial – *Estudos em Homenagem ao Prof. Doutor Eduardo Correia*, vol. II, Coimbra, 1984, pp. 327-476. E é, também, ao mesmo Autor que devemos uma análise, de fino pormenor, à tessitura jusconstitucional do direito à greve entre nós: cfr. FRANCISCO LIBERAL FERNANDES, *A obrigação de serviços mínimos...*, cit., pp. 59 ss. Para uma curiosa panorâmica do direito francês (postulando embora a preferibilidade da adopção de estratégias de resolução pacífica dos conflitos colectivos de trabalho – como a conciliação, a mediação e a arbitragem – relativamente ao recurso à greve, ao qual, no entanto, se bem entendemos, não deixa de reconhecer legitimidade), *vd.* as reflexões de BERNARD TEYSSIÉ, *La grève*, cit., pp. 5 ss. e *passim*.

se não pode, de todo em todo, obnubilar[144]. Haveremos, aliás, de reconhecer que, maugrado os avanços que têm sido ensaiados – mesmo ao nível europeu, e com grande destaque – ao nível da concertação social, nunca poderão as organizações de trabalhadores prescindir (até porque isso contribui também, de certa forma, para o êxito de algumas estratégias concertadas) dessa «arma reequilibradora de reserva»[145] que é a greve.

É, de resto, fora de dúvida que o nosso sistema jurídico sufraga semelhante orientação. Desde logo, como dissemos, o

---

[144] Cfr. PEDRO ROMANO MARTINEZ, *Direito do Trabalho*, cit., p. 1159. *Vd.*, outrossim, MARIA DO ROSÁRIO PALMA RAMALHO, *Lei da Greve Anotada*, cit., p. 12, onde a Autora postula que «(...) [a] consideração do direito de greve como um direito dos trabalhadores é comum em diversos sistemas positivos (...), correspondendo à fase mais avançada de recepção do fenómeno da greve pelo ordenamento jurídico – a denominada fase da greve-direito, caracterizada não apenas pela despenalização da figura, como por um enquadramento normativo que confere ao trabalhador um estatuto de imunidade pelo incumprimento da sua prestação laborativa por motivo de greve (...)» (o sublinhado é nosso). Cfr., ainda, MÁRIO C. PINTO, «Greve – Aspectos jurídicos», cit., cols. 117-118 (aí se dizendo, a dado passo: «(...) num segundo caso, que corresponde aos países de democracia política e economia de mercado, a greve é lícita e até mesmo reconhecida como um direito, algumas vezes, embora raramente, nas próprias Constituições políticas. Nestes países, a greve é um meio institucionalizado de autotutela de interesses colectivos de trabalho no seio do subsistema das relações industriais, em que os sindicatos de trabalhadores e de empregadores livremente negoceiam e fixam as condições de trabalho e até mesmo compromissos intersindicais, no exercício da sua autonomia colectiva (...)»).

[145] A expressão, que reputamos feliz, é de BERNARDO DA GAMA LOBO XAVIER, «A greve no Direito da Europa ocidental», cit., pp. 74-75 (o qual faz uso, no seu *Direito da greve*, cit., p. XV, da expressão, similar, «(...) instrumento corrector de desequilíbrio de poderes (...)»). Postula, ademais, o mesmo Autor que os sistemas de resolução de conflitos ao nível institucional – por banda do Estado, sobretudo – carecerão da «(...) suficiente credibilidade junto dos próprios sujeitos de litígio (...)», para além de que não possuem «(...) a maleabilidade e a presteza necessárias para que se possa dispensar a greve» (cfr. est. cit., p. 75).

art. 57.° da Constituição é peremptório a afirmar, no seu n.° 1, que «[é] garantido o direito à greve»[146], algo que o Código do Trabalho, na sua versão vigente, se apressa a corroborar, em termos que não deixam grande margem para dúvidas: «[a] greve constitui, nos termos da Constituição, um direito dos trabalhadores» (cfr. o seu art. 530.°, n.° 1), para além de que se cura de um direito «irrenunciável» (n.° 3, *ibidem*). Atente-se, outrossim, na inserção sistemática do aludido preceito constitucional: cabe no Capítulo III («Direitos, liberdades e garantias dos trabalhadores») do Título II («Direitos, liberdades e garantias») da Parte I («Direitos e deveres fundamentais») da Lei Fundamental, sobre ele esparzindo sua luz, *ipso facto*, o imperativo dimanante do art. 18.°, pelo qual o mesmo preceito incide, de igual maneira, sobre as entidades públicas e privadas, gozando, ainda, de aplicabilidade directa (n.° 1 deste último artigo), só podendo a lei restringi-lo nos casos constitucionalmente previstos e na exacta medida do necessário para a salvaguarda de «outros direitos ou interesses constitucionalmente protegidos» (n.° 2, *ibidem*). Daqui decorrem importantes corolários, que se hão-de reflectir na configuração actual do direito à greve[147].

---

[146] Não foi, porém, sempre pacífica esta compreensão da disposição constitucional em apreço. Prova disso dá-no-la MONTEIRO FERNANDES, que já em 1978 sugeria que o então n.° 1 do art. 59.° da Constituição tanto poderia ser lido à luz de uma concepção de «greve-liberdade» – cfr., a propósito desta asserção e, bem assim, da seguinte, tudo quanto se disse *supra*, *sub* 3.2 – como de «greve-direito», também se inclinando o Autor no sentido da consagração deste último (*vd.* o seu estudo «Reflexões sobre a natureza do direito à greve», cit., pp. 323 ss., *maxime* pp. 331-332). Quanto a BERNARDO LOBO XAVIER, em 1984 considerava ser «(...) indubitável que o legislador constituinte quis consagrar mais do que a liberdade de greve (...)», maugrado a terminologia adoptada pelo texto constitucional, no referente aos direitos, liberdades e garantias, se afigurar amiúde como «(...) artificiosa e incorrecta (...)» (cfr. o seu *Direito da greve*, cit., pp. 29-30).

[147] Cfr., neste sentido, MARIA DO ROSÁRIO PALMA RAMALHO, *Lei da Greve Anotada*, cit., pp. 11-12. As considerações expendidas pela Autora a este pro-

Assim é que, com efeito, não poderia, perante tal impostação das coisas, o Código do Trabalho proceder diferentemente da orientação que adoptou, qual seja a de uma clara remissão, em termos de fundamentação, para a garantia defluente da previsão constitucional, a qual erige a greve à condição de direito. Mas que direito? Com que características? Vejamos.

O facto é que, entre nós, o direito à greve vem a configurar-se como autêntica «realidade bifronte»[148], mesclando, num mesmo conglomerado, uma dimensão colectiva e uma dimensão individual. Se bem virmos, é fulgurantemente candente o problema da sua titularidade. Quem é o titular do direito à greve? O trabalhador, individualmente considerado? Por certo. O trabalhador pode manifestar a sua adesão, sendo certo que, por fazê-lo à luz de um direito que a Constituição lhe confere, a sua relação laboral não poderá sofrer qualquer mácula em sede disciplinar – o contrato de trabalho entende-se suspenso pelo tempo

pósito, ainda à luz da Lei n.° 65/77, de 26 de Agosto, mantêm plena actualidade, pois que, no essencial, o Código do Trabalho acolheu as normas dela constantes, com pontuais modificações. No caso do art. 1.° da «Lei da Greve» de 1977 – correspondente ao actual art. 530.° do Código do Trabalho –, não se registaram quaisquer alterações. *Vd.*, ainda, as mais amplas reflexões que a mesma Autora tece no seu *Tratado de Direito do Trabalho – Parte III – Situações Laborais Colectivas*, cit., pp. 423 ss. (qualificando, ademais, o acolhimento do direito à greve pelo nosso texto constitucional como um facto de «(...) grande significado ideológico e axiológico (...)»), para além das notas de Bernardo da Gama Lobo Xavier, *Direito da greve*, cit., pp. 32-33 e 39 ss. É de salientar, outrossim, a clara tentativa de estabelecimento de um padrão de igualdade material que assim se ensaiou. Com efeito, ao mesmo tempo que se consagra o direito à greve proíbe-se o *lock-out*, pelo que, ainda utilizando palavras de Maria do Rosário Palma Ramalho (últ. ob. cit., p. 425), o legislador recusou o «(...) princípio da paridade de armas nos conflitos laborais colectivos, assumindo, à partida, uma posição de favorecimento dos trabalhadores nestes conflitos e não uma posição formalmente neutral (...)».

148 Expressão usada por Monteiro Fernandes, «Reflexões sobre a natureza do direito à greve», cit., p. 331.

que durar tal adesão à greve (art. 536.° do Código do Trabalho)[149]. Mas, por outra banda, a quem cabe a competência para declarar a greve? Não será às associações sindicais? Sem dúvida, à luz do n.° 1 do art. 531.° do Código do Trabalho[150].

Eis as razões por que subscrevemos as límpidas considerações de BERNARDO LOBO XAVIER, quando diz que «(...) se os sindicatos não podem fazer a greve, também o trabalhador individual não a pode fazer sozinho (...)». Ou seja: «(...) quer os sindicatos quer os trabalhadores individualmente considerados têm, na matéria, direitos, poderes e faculdades, que é correcto designar por direito à greve (...)»[151-152].

---

[149] Nas certeiras palavras de JORGE LEITE, o direito à greve vem a consubstanciar-se em «(...) um direito de paralisação temporária de alguns dos principais efeitos do vínculo jurídico-laboral (o dever de prestar trabalho, o dever de obediência e outros aspectos conexos com o elemento da subordinação jurídica), paralisação que se impõe ao empregador (a outra parte do referido vínculo) colocado, para estes efeitos, numa posição de sujeição jurídica (...)» (cfr. o seu *Direito da greve...*, cit., p. 35). Razões por que alguns autores entendem dever classificá-lo, para usar da terminologia civilística, como um «direito potestativo» (como o fazem MARIA DO ROSÁRIO PALMA RAMALHO, *Tratado de Direito do Trabalho – Parte III – Situações Laborais Colectivas*, cit., p. 424, e ANTÓNIO MONTEIRO FERNANDES, «Reflexões sobre a natureza do direito à greve», cit., pp. 328-329).

[150] Podendo, eventualmente, dar-se o caso de ser a assembleia de trabalhadores a decidir o recurso à greve, nos termos constantes do n.° 2 do art. 531.° do Código do Trabalho.

[151] Cfr. o seu estudo «A greve no Direito da Europa ocidental», cit., pp. 70-72 (posição que, de resto, o mesmo já defendera, desenvolvidamente, em 1984, no seu *Direito da greve*, cit., pp. 225 ss.). Porém, cuida o Autor de frisar que, em boa verdade, se não cura, afinal, de um mesmo «direito à greve», assim considerado, mas de «poderes jurídicos diversos» que acham o seu fulcro na greve enquanto «forma de luta laboral». Há que perguntar, pois, qual a posição jurídica que se pretende abordar: «(...) [s]e é o direito de proclamar a greve, enfraquecendo as vinculações jurídicas que prendem a mão-de-obra à empresa e limitando esta na sua capacidade de gestão do pessoal, bem como a faculdade de propagandear e organizar esta forma de luta, com auxílio de piquetes e outros meios, trata-se aqui, sem dúvida, de estruturas subjectivas

de pertinência sindical. Mas se o direito à greve tem a ver com a greve feita, paralisação verificada e trabalho inexecutado com imunidade contratual, ele é indubitavelmente da titularidade dos trabalhadores individualizados (...)» (*vd.* est. cit., p. 72). Por sua vez, MONTEIRO FERNANDES, desenvolvendo, *a posteriori*, o pensamento de que deixara raízes no seu mencionado estudo de 1978, orienta-se no sentido de considerar a greve um «(...) direito individual na esfera de cada trabalhador (...)», posto que englobando o «(...) elemento colectivo como condição da sua efectivação (...)». É dizer: para esta perspectiva, a greve antolhar-se-á como um «(...) direito do trabalhador singular (...)», embora «(...) instrumentalmente condicionado pela natureza dos interesses tutelados – interesses colectivos, de categoria ou de grupo – em termos de pressupor a coligação ou associação intencional com outros trabalhadores» (cfr. o seu *Direito do Trabalho*, cit., pp. 760-761 – sublinhado no original). Já em *A lei e as greves...*, cit., p. 31, o mesmo Autor afirma que o direito à greve é, por um lado, «(...) um direito individual de cada trabalhador, sindicalizado ou não, embora colectivamente condicionado quanto ao seu exercício. A decisão, a declaração e a gestão da recusa de trabalho são reguladas pela lei, nos artigos seguintes, como expressões do carácter colectivo do exercício deste direito. A adesão, por seu turno, momento tipicamente individual, é onde verdadeiramente se corporiza a greve, concretizando-se o projecto colectivo» (sublinhado no original). MARIA DO ROSÁRIO PALMA RAMALHO entende o direito à greve como «(...) um direito de estrutura complexa, no sentido em que tem uma componente individual e uma componente colectiva, indissociáveis uma da outra e cada uma delas desempenhando a sua função (...)», não sendo, decorrentemente, possível destrinçar, de guisa absoluta, uma componente individual e uma componente colectiva (*vd.* o seu *Tratado de Direito do Trabalho – Parte III – Situações Laborais Colectivas*, cit., p. 503). Também JORGE LEITE a ele alude como «(...) um direito de estrutura complexa, integrado por uma multiplicidade de direitos, de faculdades e de poderes de várias entidades, individuais e colectivas (...)», pelo que o define, quanto à sua titularidade, como «(...) um direito dos trabalhadores enquanto membros de um determinado grupo portador de interesses próprios, cujo exercício pressupõe o concurso dos membros do grupo considerado (...)» (cfr. o seu *Direito da greve...*, cit., pp. 36-37).

[152] Também será avisado ressalvar que a greve, como a entendemos, postula a realização por banda de trabalhadores (e que sejam subordinados, pois que apenas neste âmbito se compreenderá, cremos, a vera motivação que serve de mola real à realização da mesma), pelo que não entrarão, assim,

Outra questão de tomo prende-se com as eventuais restrições que se façam ao direito à greve (que podem fazer-se, à luz do n.º 2 do art. 18.º da Constituição, e que, efectivamente, se adoptam no nosso ordenamento jurídico)[153]. Não pretendendo delas dar aqui ampla nota, faremos apenas uma breve alusão ao facto.

Há que dizer, *à propos*, e preliminarmente, que o nosso direito positivo se furtou, habilmente, a dar uma noção de greve – algo para que, de resto, já chamámos a atenção *supra*. Devemos, desde logo, ter em vista as palavras – obsidiantes, decerto, a cortar cerce quaisquer veleidades em sentido oposto – de MONTEIRO FERNANDES, que nos previnem no sentido de que «(...) da

---

no conceito realidades que, no linguajar corrente, se designam por «greves» sem, essencialmente, o serem – assim, as «greves» de estudantes, de consumidores, etc. Cfr. ANTÓNIO MONTEIRO FERNANDES, *A lei e as greves...*, cit., pp. 31-32 (admitindo a existência de eventuais dúvidas sobre a extensão do direito à greve aos trabalhadores «economicamente dependentes», posto que parecendo afastar essa hipótese), BERNARDO DA GAMA LOBO XAVIER, *Direito da greve*, cit., pp. 56-57, e MARIA DO ROSÁRIO PALMA RAMALHO, *Lei da Greve Anotada*, cit., pp. 13-14. Porém, esta posição não é pacífica, nem mesmo na doutrina estrangeira – *vd.* o que nos diz JOSÉ TENGARRINHA, «As greves em Portugal: uma perspectiva histórica do século XVIII a 1920», cit., pp. 577-578, em texto e, mormente, nota 7, onde alude a GEORGES LEFRANC, que não tem dúvidas em aplicar o termo «greve» às «greves» de estudantes. De qualquer forma, parece-nos evidente (e quase uma *lapalissade*) que só relevarão, no âmbito juslaboral, aquelas greves que iniram aos trabalhadores subordinados – *vd.*, neste sentido, também JOSÉ JOÃO GONÇALVES DE PROENÇA, «O direito à greve (análise doutrinal)», cit., pp. 87-88.

[153] Entram, também, aqui as questões atinentes aos chamados «serviços mínimos» (art. 57.º, n.º 3, da Constituição) – no fundo, resultado evidente do consabido problema da «colisão de direitos», em que o direito à greve há-de conhecer limitações em benefício de outros direitos igualmente atendíveis e com idêntico suporte constitucional. Cfr. MARIA DO ROSÁRIO PALMA RAMALHO, *Tratado de Direito do Trabalho – Parte III – Situações Laborais Colectivas*, cit., pp. 425-426, e, para uma exposição rigorosa e de alta minúcia, FRANCISCO LIBERAL FERNANDES, *A obrigação de serviços mínimos...*, cit., *passim*.

falta de uma definição legal de greve não pode extrair-se nenhum conceito de greve (...)»[154].

Com efeito, da ausência de definição expressa se não poderá extrair, como magna revelação, que se perfilhe, entre nós, uma concepção irrestrita do direito à greve[155], apta a legitimar, porventura, modalidades menos conformes com aquilo que vem sendo o padrão costumado (como certas formas de «greves atípicas»[156]). Como também não será lícito inferir do silêncio da lei ordinária (*in casu*, do Código do Trabalho) mais do que ela,

---

[154] *Vd.* o seu *Direito do Trabalho*, cit., p. 748.

[155] Sobre as restrições ao direito à greve, cfr., também, Bernardo da Gama Lobo Xavier, *Direito da greve*, cit., pp. 91 ss.

[156] Serão «atípicas» aquelas formas de greve que decididamente extrapolam da linha de rumo corrente do direito à greve – em formulação simplista, a abstenção ou suspensão da prestação laboral, sem mais –, assumindo outros cambiantes, como o retardamento da prestação laboral, por excessiva minúcia ou cuidado na prestação das tarefas («greve de zelo»), o simples abrandamento do rendimento exigível (as célebres *«grèves perlées»* da doutrina francesa, entre nós designadas por «greves de rendimento»), etc. Não iremos curar, aqui, deste tema, porque manifestamente exorbitante dos limites pré-traçados ao nosso estudo. *Vd.*, em todo o caso, as considerações de Bernardo da Gama Lobo Xavier, «A greve no Direito da Europa ocidental», cit., pp. 54-60, e *Direito da greve*, cit., pp. 66 ss., de Jorge Leite, *Direito da greve...*, cit., pp. 13-16, de António Monteiro Fernandes, *Direito do Trabalho*, cit., pp. 753-755, e de Maria do Rosário Palma Ramalho, *Tratado de Direito do Trabalho – Parte III – Situações Laborais Colectivas*, cit., pp. 431 ss. (Autora que, no entanto, introduz uma distinção entre os «comportamentos grevistas não abstensivos» – *i.e.*, aqueles que se não traduzem em uma vera abstenção da prestação laboral, apenas envolvendo formas de perturbação da actividade, pelo que não serão, em geral, admissíveis – e os «comportamentos grevistas abstensivos atípicos» – *i.e.*, as greves atípicas *proprio sensu*, sendo certo que, no seu entender, nem todas elas serão inadmissíveis –). Na doutrina brasileira, Márcio Túlio Viana define a greve como «(...) a rutura do cotidiano da prestação de serviços (...)», pelo que o seu conceito tenderá a abranger greves como a de zelo, posto que já não práticas como a sabotagem (cfr. o seu *Direito de Resistência...*, cit., p. 285 – sublinhado no original –, mas também, com mais pormenor, pp. 310-314 e 318-321).

realmente, pretendeu: receber, sem mácula, a orientação consagrada no texto constitucional, sem definir recortes finalísticos que pudessem redundar, no fundo, em inopinadas restrições ao exercício do direito à greve, as quais se revestiriam, por certo, de uma constitucionalidade sempre duvidosa.

Pensamos que o nosso direito positivo pressupõe uma noção de greve idêntica à que já anotámos *supra*, e que coincide, no essencial, com aquela que resulta da reelaboração jurídica de semelhante conceito – caminha-se, portanto, no sentido da consideração da mesma como abstenção ou suspensão da prestação de trabalho (por banda dos trabalhadores) com fins reivindicativos. Tudo o que se dissocie flagrantemente disso – vale por dizer, tudo o que envolva artifícios de diversa ordem, posto que com idênticos fins de reivindicação e protesto, e, outrossim, tudo aquilo que se traduza no emprego de violência ou de actos de coacção liminarmente inadmissíveis, como a sabotagem – se antolhará, decorrentemente, como prática intolerável, de que defluirá, muito naturalmente, para o trabalhador que a ela venha a aderir, a correspondente sanção disciplinar (para além de outras, de diferente jaez, a que possa haver lugar), porquanto se não terá produzido a suspensão do contrato de trabalho, em razão do aludido carácter ilícito do procedimento adoptado[157].

---

[157] Sufragando semelhante orientação, se bem vemos, Bernardo da Gama Lobo Xavier, *Direito da greve*, cit., pp. 61-66 (posto que, por um lado, entendendo que caberá ao legislador a definição e delimitação do conceito de greve, sem quaisquer receios de incorrer, *ipso facto*, em conduta contrária à Constituição, e, por outro, parecendo admitir a admissibilidade de certas «greves abusivas», designadamente a «greve-trombose» e a «greve rotativa»). Ainda sobre o problema da ilicitude de certas formas de greve e suas consequências, *vd.*, do mesmo Autor, «A greve no Direito da Europa ocidental», cit., pp. 65-70. Ademais, como aí se salienta, as práticas pretensamente «grevistas» que se traduzam em algo que vá para além da abstenção da prestação laboral constituirão, afinal, uma inadmissível manipulação, por banda

Concordamos com MONTEIRO FERNANDES quando nos diz que o conceito de greve, posto que flexível, não vem a ser «aberto», «(...) no sentido de que nele caiba uma gama ilimitada e indiferenciada de comportamentos conflituais colectivos dos trabalhadores (...)». Deveremos, portanto, «(...) assumir como pressuposto do regime jurídico da greve um conceito que permite cingir o maior número de modalidades historicamente adquiridas sem cair no vício, denunciado há décadas por um autor italiano, de "tomar como greve aquilo que greve não é" (...)»[158]. E, perante a conduta – prudente, diríamos – adoptada, quer pela Constituição, quer pela lei ordinária, há que apelar para a força densificadora da jurisprudência, a qual, posto que se venha perfilando, neste específico domínio, como assaz parcimoniosa, parece orientar-se, predominantemente, no sentido que

dos trabalhadores, dos caracteres preestabelecidos que a ela hão-de presidir – é dizer, corresponderão a uma inaceitável ingerência na gestão da prestação de trabalho e, bem assim, na própria direcção empresarial, pelo que se não poderá esperar que semelhante conduta seja acobertada pelo beneplácito decorrente da figura da suspensão do contrato (cfr. est. cit., pp. 56-57). Diremos, no fundo, que, neste tipo de situações, estaremos, pura e simplesmente, perante um cumprimento defeituoso da prestação de trabalho, com as consequências que daí decorrem – cfr. MARIA DO ROSÁRIO PALMA RAMALHO, *Lei da Greve Anotada*, cit., p. 15. Anotando, no entanto, a necessidade de se compreender em uma «acepção ampla» a «abstenção de trabalhar», a fim de nela englobar outras formas de luta laboral que se não traduzam numa verdadeira paralisação mas, de facto, numa perturbação da relação laboral, cfr. PEDRO ROMANO MARTINEZ, *Direito do Trabalho*, cit., pp. 1163-1164. Defendendo, por seu turno, que «(...) se afigura contraditória a aplicação de regras e de princípios contratuais a situações colocadas fora do contrato (...)», dado ser a greve «(...) um fenómeno que exorbita, por natureza, da lógica do contrato (...)», o que permitirá concluir pela aceitabilidade de algumas modalidades de «greves atípicas», cfr. JORGE LEITE, *Direito da greve...*, cit., pp. 43-45.

[158] Cfr. o seu *A lei e as greves...*, cit., p. 24, onde cita G. PERA.

pressupomos – ou seja, a greve como abstenção (colectiva, concertada) da prestação laboral[159].

Ponto controvertido é aquele que se prende com o enunciado do n.º 2 do art. 530.º do Código do Trabalho, o qual proclama que «[c]ompete aos trabalhadores definir o âmbito de interesses a defender através da greve» – afinal, mera emanação de disposição constitucional correlata (o n.º 2 do art. 57.º da Lei Fundamental, que diz: «[c]ompete aos trabalhadores definir o âmbito de interesses a defender através da greve, não podendo a lei limitar esse âmbito»). Cura-se, também aqui, de uma prudente «jogada» do legislador constitucional, no sentido de obstar a virtuais limitações ao direito à greve que pudessem ser introduzidas por banda da lei ordinária – e esta, como seria expectável, acolheu, *ipsis verbis*, tal orientação. Isto permite-nos, porém, que suscitemos a seguinte questão: poderá defluir algum tipo de ilicitude em razão dos interesses concretamente prosseguidos por determinada greve?

Não iremos analisar aqui o tema. Apenas faremos notar que, em nosso entender, se enquadrarão no espectro de «interesses» justificadores do recurso à greve todos aqueles que vão bulir, directa ou indirectamente, com a concreta posição dos trabalhadores, ou seja, não apenas os que digam imediatamente respeito às condições inerentes à prestação laboral, mas também aqueloutros que, de alguma maneira, com ela hajam implicações (sendo, nesse sentido, admissível uma greve que proteste contra determinada medida governamental, desde que esta se venha traduzir, por exemplo, em um sensível agravamento da situação dos trabalhadores de determinado sector ou profissão). Aquilo que já não será tolerável é a realização de greves com fins puramente políticos ou – o que se reveste de mais grave carácter – com

---

[159] *Vd.* as notas de jurisprudência nacional e estrangeira que nos oferece Monteiro Fernandes, *A lei e as greves*..., cit., pp. 26-28.

intuitos claramente opostos à envolvência constitucional deste direito (nessa medida, haver-se-ão por ilícitas as greves que contrariem frontalmente os mais sagrados pressupostos do Estado-de-Direito Democrático)[160].

E cremos que, assim, aflorados ficam – posto que de guisa necessariamente perfunctória, mas não cabem no nosso múnus mais amplos desenvolvimentos – os traços gerais de maior relevo que permitem caracterizar a forma por que o direito à greve se acha consagrado, actualmente, no nosso direito positivo. Embora não tentemos – por falta de tempo e, sobretudo, por manifesta limitação de espaço e por coerência científica, que nos não consentem que exorbitemos os naturais contornos delimitadores do trabalho a que nos propusemos – ir mais além,

---

[160] Neste sentido, cfr. MARIA DO ROSÁRIO PALMA RAMALHO, *Tratado de Direito do Trabalho – Parte III – Situações Laborais Colectivas*, cit., p. 446, e JORGE LEITE, *Direito da greve...*, cit., pp. 41-42. Para um mais detido apontamento sobre o ponto (embora de guisa não inteiramente concordante, se bem vemos), *vd.* ANTÓNIO MONTEIRO FERNANDES, *A lei e as greves...*, cit., pp. 35-41, e, bem assim, a síntese (mais antiga) de MARIA DO ROSÁRIO PALMA RAMALHO, *Lei da Greve Anotada*, cit., pp. 16-19 (sobretudo no que tange à licitude das greves políticas – havendo que distinguir, aqui, conforme fizemos, as greves políticas «puras» e as «mitigadas», apenas devendo permitir-se estas últimas, porque imbricadas com a realidade juslaboral – e de solidariedade). Realce-se, ainda, que alguns autores chegam a falar num eventual «abuso do direito» à greve, aplicando, também aqui e em certas situações manifestamente extrapoladoras das fronteiras jusconstitucionalmente admissíveis para esta figura, tal recurso provindo do Direito Civil (cfr. BERNARDO DA GAMA LOBO XAVIER, «A greve no Direito da Europa ocidental», cit., pp. 60-63, e *Direito da greve*, cit., pp. 81-84 [aliás, citando uma opinião de VAZ SERRA nesse sentido], e – assinalando que a greve deverá obedecer aos princípios do «último recurso», da «proporcionalidade» e da «adequação» – MÁRIO C. PINTO, «Greve – Aspectos jurídicos», cit., col. 120). Na doutrina francesa (dando conta de posições da própria Organização Internacional do Trabalho sobre a matéria), e no sentido que deixamos expresso em texto, cfr. JEAN-MAURICE VERDIER, «Débat sur le droit de grève à la Conférence internationale du travail», cit., p. 969.

que não restem dúvidas quanto a estes dois pontos, que pensamos terão ficado suficientemente nítidos: por um lado, o ordenamento jurídico português consagra, nos nossos dias, o sistema da «greve-direito», com todas as prerrogativas que daí decorrem; por outro lado, tal *statu quo* vem a ser o claríssimo resultado de uma longa e acidentada evolução jus-histórica, a qual, caldeando intertemporalmente as múltiplas dimensões que foram forjando a greve enquanto realidade social e jurídica, veio a redundar na actual impostação das coisas. Eis o que nos permitimos concluir de tudo quanto fica exposto.

5. Bibliografia

ALARCÃO, RUI DE, *Direito das Obrigações* (com a colaboração de JOAQUIM DE SOUSA RIBEIRO, JORGE SINDE MONTEIRO, ALMENO DE SÁ e JOSÉ CARLOS BRANDÃO PROENÇA), ed. dactilografada e policopiada, Coimbra, 1983;

ALBUQUERQUE, CAETANO D'ANDRADE, *Direito dos operarios: estudos sobre as «grèves»*, Imprensa da Universidade, Coimbra, 1870;

BRONZE, FERNANDO JOSÉ, *Lições de Introdução ao Direito*, 2.ª edição, Coimbra Editora, Coimbra, 2006;

CORDEIRO, ANTÓNIO MENEZES, *Manual de Direito do Trabalho*, 1.ª edição, Almedina, Coimbra, 1991;

COSTA, MÁRIO JÚLIO DE ALMEIDA, *História do Direito Português*, 4.ª edição (com a colaboração de RUI MANUEL DE FIGUEIREDO MARCOS), Almedina, Coimbra, 2009;

COSTA, MÁRIO JÚLIO DE ALMEIDA e RUI MANUEL DE FIGUEIREDO MARCOS, *A Primeira República no Direito Português*, 1.ª edição, Almedina, Coimbra, 2010;

COSTA, ORLANDO TEIXEIRA DA, «Derecho de huelga», *in Civitas – Revista Española de Derecho del Trabajo*, n.º 49, Septiembre/Octubre 1991 (pp. 693-704);

DIAS, JORGE DE FIGUEIREDO, *Direito Penal – Parte Geral – Tomo I – Questões Fundamentais. A Doutrina Geral do Crime*, 2.ª edição, Coimbra Editora, Coimbra, 2007;

FERNANDES, ANTÓNIO MONTEIRO, *A lei e as greves – Comentários a dezasseis artigos do Código do Trabalho*, 1.ª edição, Almedina, Coimbra, 2013;

FERNANDES, ANTÓNIO MONTEIRO, *Direito do Trabalho*, 16.ª edição, Almedina, Coimbra, 2012;

FERNANDES, ANTÓNIO MONTEIRO, *«Lock-out»*, *in Polis – Enciclopédia Verbo da Sociedade e do Estado*, vol. 3, Editorial Verbo, Lisboa/São Paulo, 1985;

FERNANDES, ANTÓNIO MONTEIRO, «Reflexões sobre a natureza do direito à greve», *in* JORGE MIRANDA (Coord.), *Estudos sobre a Constituição*, 2.° vol., Petrony, Lisboa, 1978 (pp. 321-333);

FERNANDES, FRANCISCO LIBERAL, *A obrigação de serviços mínimos como técnica de regulação da greve nos serviços essenciais*, 1.ª edição, Coimbra Editora, Coimbra, 2010;

FERNANDES, FRANCISCO LIBERAL, «O direito de greve nos ordenamentos francês, alemão e italiano», *in Boletim da Faculdade de Direito da Universidade de Coimbra*, Número Especial – *Estudos em Homenagem ao Prof. Doutor Eduardo Correia*, vol. II, Coimbra, 1984 (pp. 327-476);

FERRÃO, SILVA, *Theoria do Direito Penal applicada ao Codigo Penal Portuguez*, vol. VI, Imprensa Nacional, Lisboa, 1857;

JORDÃO, LEVY MARIA, *Commentario ao Codigo Penal Portuguez*, Tomo III, Lisboa, 1854;

LEITE, JORGE, *Direito da greve (Das lições ao 3.° ano da FDUC, ed. de 1992/93)*, Serviços de Acção Social da Universidade de Coimbra – Serviço de Textos, Coimbra, 1994;

LOPEZ, MANUEL CARLOS PALOMEQUE, *Direito do Trabalho e Ideologia – Meio século de formação ideológica do Direito do Trabalho espanhol (1873-1923)* (tradução portuguesa de ANTÓNIO MOREIRA, com a colaboração de NATÁLIA FRAGOSO e de TERESA COELHO MOREIRA), Almedina, Coimbra, 2001;

LUCENA, MANUEL DE, «Neocorporativismo? – Conceito, interesses e aplicação ao caso português», *in Análise Social*, vol. XXI (87-88-89), 1985-3.°-4.°-5.° (pp. 819-865);

MARTINEZ, PEDRO ROMANO, *Direito do Trabalho*, 3.ª edição, Almedina, Coimbra, 2006;

MARTINS, OLIVEIRA, *Portugal Contemporâneo*, vol. II, Publicações Europa-América, Mem Martins, 1996;

MOREIRA, VITAL, *Direito Corporativo – Tópicos das lições do ano lectivo de 1971-72 na Faculdade de Direito da Universidade de Coimbra*, Unitas, Coimbra, 1972;

NEVES, ANTÓNIO CASTANHEIRA, «Considerações a propósito do direito à greve», *in Digesta – Escritos acerca do Direito, do pensamento jurídico, da sua metodologia e outros*, Coimbra Editora, Coimbra, 1995 (pp. 429--432);

NUNES, ANTÓNIO JOSÉ AVELÃS, *Os Sistemas Económicos – Génese e Evolução do Capitalismo*, Serviços de Acção Social da Universidade de Coimbra – Serviço de Textos, Coimbra, 2009;

PINTO, MÁRIO, «O Direito perante a greve», *in Análise Social*, ano 4, n.° 13, 1.° trim. 1966 (pp. 48-73);

PINTO, MÁRIO C., «Greve – Aspectos jurídicos», *in Polis – Enciclopédia Verbo da Sociedade e do Estado*, vol. 3, Editorial Verbo, Lisboa/São Paulo, 1985;

PROENÇA, JOSÉ JOÃO GONÇALVES DE, «O direito à greve (análise doutrinal)», *in Revista Jurídica da Universidade Moderna*, ano I, n.° 1, 1998 (vol. I – pp. 65-109);

RAMALHO, MARIA DO ROSÁRIO PALMA, *Lei da Greve Anotada*, 1.ª edição, Lex, Lisboa, 1994;

RAMALHO, MARIA DO ROSÁRIO PALMA, *Tratado de Direito do Trabalho – Parte III – Situações Laborais Colectivas*, 1.ª edição, Almedina, Coimbra, 2012;

SARAIVA, JOSÉ HERMANO, *História Concisa de Portugal*, 21.ª edição, Publicações Europa-América, Mem Martins, 2001;

SOUZA, MARNOCO E, «Caracteres da legislação operária», *in Boletim da Faculdade de Direito da Universidade de Coimbra*, ano I, n.° 3, Novembro de 1914 (pp. 95-109);

SOUZA, RONALD AMORIM E, *Greve & locaute – Aspectos jurídicos e económicos*, com prefácio e notas de direito português do Prof. ANTÓNIO MONTEIRO FERNANDES, Almedina, Coimbra, 2004;

TAVARES, J. SILVA (Org.), *Direito ao Trabalho*, vol. II, 2.ª edição, 1966;

TENGARRINHA, JOSÉ, «As greves em Portugal: uma perspectiva histórica do século XVIII a 1920», *in Análise Social*, vol. XVII (67-68), 1981-3.°-4.° (pp. 573-601);

TEYSSIÉ, BERNARD, *La grève*, Dalloz, Paris, 1994;

VARELA, JOÃO DE MATOS ANTUNES, *Das Obrigações em Geral*, vol. II, 7.ª edição, Almedina, Coimbra, 1997;

VIANA, MÁRCIO TÚLIO, *Direito de Resistência – Possibilidades de autodefesa do empregado em face do empregador*, LTr – Editora Ltda., São Paulo, 1996;

VERDIER, JEAN-MAURICE, «Débat sur le droit de grève à la Conférence internationale du travail», *in Droit Social*, n.° 12, Décembre 1994 (pp. 968-971);

XAVIER, BERNARDO DA GAMA LOBO, «A greve no Direito da Europa ocidental», *in Revista de Direito e de Estudos Sociais*, n.ºs 1-2-3-4, ano XXXVIII, Janeiro-Dezembro de 1995 (pp. 45-75);

XAVIER, BERNARDO DA GAMA LOBO, *Direito da greve*, Editorial Verbo, Lisboa, 1984.

UMA NOVA VISÃO DA REALIDADE LABORAL NO DISTRITO DE COIMBRA

ANA RITA OLIVEIRA SANTOS

1. Introdução

O presente texto debruça-se sobre questões pertinentes do mundo laboral, a partir de dados recentes, organizados e analisados após uma investigação aprofundada no seguimento da elaboração de um relatório de estágio para a obtenção do grau de Mestre em Administração Pública Empresarial pela Faculdade de Direito da Universidade de Coimbra, intitulado de *Base de Dados de Denúncias. Novo Instrumento de Apoio à Decisão para a Reorientação Estratégica da ACT: Caso de Estudo das Denúncias da Autoridade para as Condições do Trabalho do Centro Local do Mondego*. Pela relevância dos resultados em questão, estes devem ser divulgados e conhecidos pela academia e até sociedade, contribuindo para uma melhor compreensão da problemática social que são as infrações laborais.

Após o levantamento das denúncias laborais apresentadas na Autoridade para as Condições do Trabalho do Centro Local do Mondego respeitantes aos anos de 2013, 2014 e 2015, foram analisados os resultados obtidos, o que permitiu a criação de uma base de dados.

É mister salientar que, com esta investigação, se pretendia responder, essencialmente, a quatro questões: quais os setores económicos de atividade denunciados, quem apresenta as denúncias, quais os assuntos laborais relatados e quais os meios utilizados para comunicar as denúncias. Adicionalmente, em consequência, é possível identificar as situações mais e menos problemáticas em questões laborais. Posto isto, com base nestes resultados é possível retirar bastante informação em termos da realidade laboral do nosso País. Este texto poderá tornar-se um ponto de partida valioso para outros investigadores de várias áreas científicas, nomeadamente, administração, direito, sociologia, gestão, jornalismo interessados por esta temática.

2. Os resultados

Obviamente que os resultados obtidos constituem uma amostra de um universo de 985 denúncias laborais, todas as expostas na Autoridade para as Condições do Trabalho do Centro Local do Mondego (ACT/CLM), correspondendo a quase todo o distrito de Coimbra, durante 3 anos: anos de 2013, 2014 e 2015. Esta amostra considerável é suficientemente relevante para permitir extrair e estudar informações extremamente interessantes, que nos levam a compreender de uma forma mais prática, real e objetiva o mundo laboral atualmente. Contribui, também, para a antecipação de infrações laborais, assim como previsão e minimização de más condições de trabalho, atuando estrategicamente de acordo com uma linha de ação preventiva, eficaz e eficiente.

2.1. *Quais os setores de atividade económica denunciados?*

Durante os anos de 2013, 2014 e 2015, a ACT/CLM recebeu 985 denúncias distribuídas por 68 setores de atividade económica. Ressalvo que, alguns setores foram agrupados, devido ao facto de serem similares. Contudo, encontram-se descriminados por CAE no relatório supracitado. Os 68 setores de atividade económica analisados foram: restauração, limpeza, construção civil, comércio a retalho, indústria, IPSS, indústria têxtil, comércio por grosso, laboratórios/clínicas/hospitalização privada, transportes, segurança privada, cantinas, atividades associativas/desportivas, supermercados/hipermercados, panificação/pastelaria, atividades informáticas/consultoria/contabilidade, hotelaria, instalação elétrica, cabeleireiro e estética, ensino particular e cooperativo, correios, trabalho temporário, comércio de veículos, agricultura/pecuária, lavandarias, carpintaria/serração, manutenção e reparação de veículos automóveis, abate de gado, atividades de serviços, administração de condomínios, formação profissional, gráficas/impressão, reparação e manutenção de equipamento ótico, exploração florestal, extração de calcário, extração de minérios, lares privados, reparação e manutenção de equipamentos, seguros não vida, telecomunicações, administração pública – atividades de saúde, agências de publicidade, bancos, casas da sorte, construção de redes de transporte de águas, escolas de condução, reconstrução de pneus, abate de aves, administração local, agências de viagem, aluguer de automóveis, atividades de arquitetura, atividades de engenharia e técnicas afins, atividades de investigação, atividades jurídicas, *call-center*, desmantelamento de automóveis, editoras de livros, extração de argila, imobiliárias, impressão de jornais, instalação de máquinas, organização de eventos, rádio, reciclagem, recolha de resíduos, reparação de calçado e vidro.

Após uma análise estatística apresentada no gráfico n.º 1, concluímos que o setor de atividade económica "restauração" é o mais denunciado na ACT/CLM nos anos de 2013, 2014 e 2015. Percebemos também, que este lidera, por enorme diferença, o número de denúncias em relação ao setor de atividade económica "limpeza", que se verifica ser o segundo setor mais denunciado. Face ao exposto, no distrito de Coimbra, a "restauração" é o setor de atividade económica mais problemático em termos de condições laborais, arrecadando 136 denúncias, o que equivale a 13,81% do universo em estudo, em relação aos 68 setores de atividade económica denunciados durante os 3 anos.

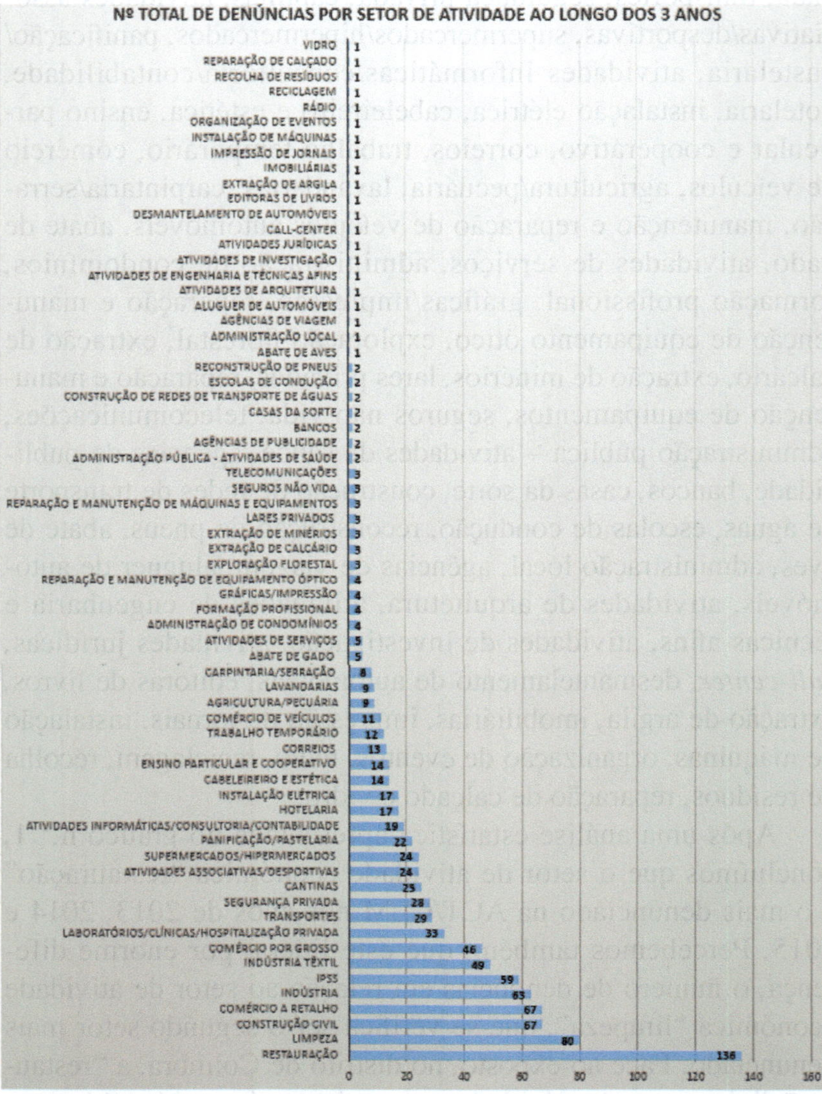

GRÁFICO N.º 1 – Número total de denúncias por sector de actividade económica apresentadas em 2013, 2014 e 2015 na ACT/CLM.

Se fossem elaborados estudos idênticos ao realizado, em todas as regiões administrativas de Portugal perceberíamos qual ou quais o(s) setor(es) de atividade económica mais denunciados por região. Pensamos que as regiões de Portugal são bastante heterogéneas nesta matéria, contudo só um estudo nacional poderia confirmar esta ideia. A consideração destes mesmos resultados nos Planos Estratégico e de Ação Inspetiva da ACT, iria certamente, aumentar a eficácia e a eficiência da sua atuação, através da prevenção inspetiva e de ações de sensibilização, conforme a missão atribuída à mesma[1].

2.2. *Quem apresenta as denúncias de infracções laborais?*

Na investigação foram considerados nove grupos de "tipos de denunciante", sendo eles: concorrência; informativo; ex-trabalhadores; cidadãos; outros denunciantes, mas sem relação laboral; anónimo; organismos públicos; sindicatos e trabalhadores. De modo a simplificar a compreensão destas designações, neste contexto, e de não criar possíveis dúvidas, passo a definir muito sucintamente cada uma:

- Concorrência: representantes de outras empresas/entidades que se apresentam como concorrente do setor de atividade económica denunciado pela mesma. O denunciante pode-se identificar ou não.
- Informativo: frequentemente utentes do serviço informativo da ACT relatam situações graves de ilegalidades ou infracções, porém não querem formalizar a denúncia. Não obstante, o Técnico Superior que acompanhou o relato reporta a situação ao Dirigente do serviço para

[1] Artigo 11.° da Lei Orgânica do Ministério da Solidariedade, Emprego e Segurança Social, sobre a ACT enquanto serviço central integrado na administração direta do Estado (Decreto-Lei n.° 167-C/2013 de 31 de dezembro).

sinalização. Por estas razões, não existe identificação do utente.

- Ex-trabalhadores: trabalhadores que denunciam após o término do vínculo laboral. Normalmente, identificam-se, mas nem sempre.
- Cidadãos: indivíduos que não possuem nenhuma relação com o trabalhador, nem com a empresa, nem tem um motivo pessoal aparente. Trata-se de pessoas que apenas querem reportar a situação por si conhecida ou observada, cumprindo os seus deveres de cidadão. Identifica-se sempre, caso contrário, é classificado como anónimo.
- Outros denunciantes, mas sem relação laboral: corresponde normalmente ao representante legal (Advogado) do trabalhador ou familiares e amigos. Identifica-se sempre, mas não tem relação laboral com a empresa denunciada.
- Organismos públicos: são consideradas comunicações internas. Trata-se de situações reportadas entre organismos públicos, não sendo consideradas como denúncias. No entanto, para fins do estudo realizado, estas também tinham que ser contabilizadas, uma vez que, efectivamente, expõem casos de incumprimentos laborais. Portanto, a meu ver, devem ser consideradas como denúncias em sentido amplo, pois não deixam de se tratar de números e casos reais.
- Sindicatos: denunciam infracções em representação do(s) trabalhador(es) ou coletividade com o seu consentimento. Identificam-se sempre, mas podem ou não identificar os trabalhadores.
- Trabalhadores: pessoas que denunciam a sua entidade patronal, devido à existência de uma relação laboral entre eles.

– Anónimo: sendo cidadão que não se identificaram, devido a falta de elementos não é possível colocar esta denúncia num grupo mais concreto, sendo uma categoria residual.

Posto isto, tendo as designações dos grupos explicadas neste contexto de estudo, torna-se mais translúcida a interpretação do gráfico n.° 2, no qual iremos aceder ao panorama real de quem elaborou as denúncias nos anos de 2013, 2014 e 2015 na zona do distrito de Coimbra.

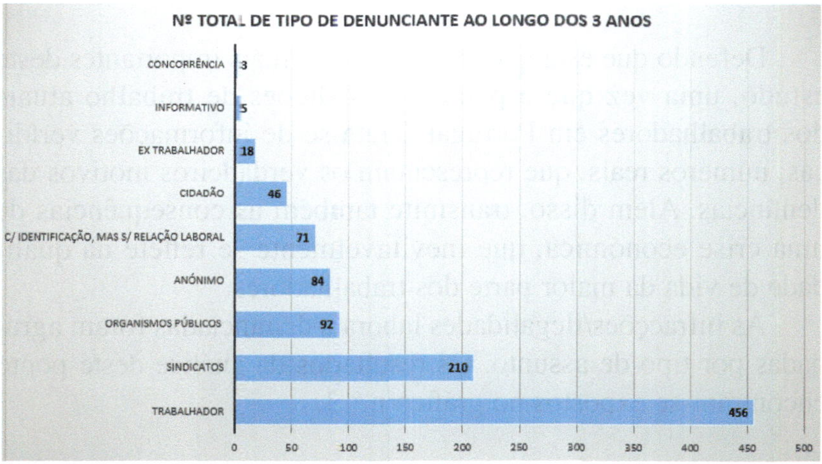

GRÁFICO N.° 2 – Número total de denúncias por tipo de denunciante na ACT/CLM nos anos de 2013, 2014 e 2015.

Podemos concluir que conseguimos retirar bastantes informações através destes resultados. Note-se que o número de denúncias apresentadas pelos trabalhadores corresponde a quase metade do universo em estudo, concretamente a 46,29% das denúncias expostas no distrito de Coimbra nos 3 anos em estudo. De seguida, destacam-se os sindicatos com 21,32% das denúncias. Com menos denúncias apresentadas temos os organismos públicos (9,34%), os anónimos (8,53%), outros denunciantes, mas sem relação laboral (7,21%), os cidadãos (4,67%), os ex-trabalhadores (1,83%), o informativo (0,51%) e a concorrência (0,30%).

É importante reforçar que, apesar dos trabalhadores terem receio de se depararem com situações de *mobbing*[2], mesmo assim, são estes quem mais denunciam as infracções laborais existentes no ambiente de trabalho.

2.3. *Quais os assuntos laborais denunciados?*

Defendo que esta questão é uma das mais importantes deste estudo, uma vez que espelha as condições de trabalho atuais dos trabalhadores em Portugal. Trata-se de informações verídicas, números reais, que representam os verdadeiros motivos das denúncias. Além disso, transmite também as consequências de uma crise económica, que inevitavelmente se reflete na qualidade de vida da maior parte dos trabalhadores.

As infracções/ilegalidades laborais denunciadas foram agrupadas por tipo de assunto. Os resultados da análise deste ponto encontram-se expostos no gráfico n.º 3.

[2] Expressão análoga ao conceito de assédio moral.

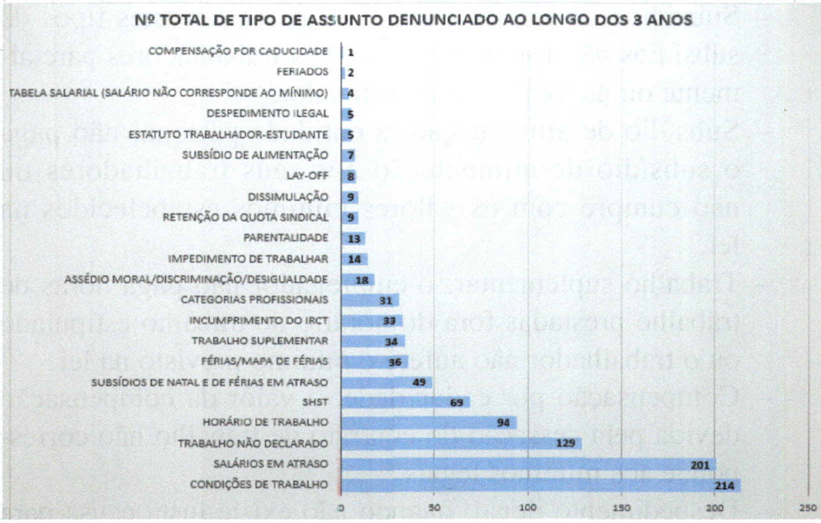

GRÁFICO N.º 3 - Número total de denúncias por tipo de assunto na ACT/CLM nos anos de 2013, 2014 e 2015.

Os tipos de assunto denunciados na ACT/CLM durante os 3 anos estudados são os que se seguem e, neste contexto, consistem sucintamente em:

- Condições de trabalho: constituída por problemas e irregularidades laborais, por vezes, consideradas "menos graves", que relatam mais do que uma queixa por parte do denunciante. Normalmente, estas denúncias dizem respeito ao ambiente do local de trabalho (higiene, equipamentos, etc.).
- Tabela salarial: o empregador não remunera o trabalho em conformidade e valores exigido por lei e IRCT aplicável.
- Salários em atraso: remunerações que não foram liquidadas na data acordada entre o trabalhador e a entidade patronal, geralmente correspondem a mais de um mês do vencimento.

- Subsídios de natal e de férias em atraso: estes tipos de subsídios não foram entregues aos trabalhadores parcialmente ou na totalidade do seu valor.
- Subsídio de alimentação: a entidade patronal não paga o subsídio de alimentação aos seus trabalhadores ou não cumpre com os valores mínimos estabelecidos na lei.
- Trabalho suplementar: o empregador não paga horas de trabalho prestadas fora do horário de trabalho estipulado ou o trabalhador não aufere o mínimo previsto na lei.
- Compensação por caducidade: o valor da compensação devida pela cessação do contrato de trabalho não corresponde aos mínimos legais.
- Despedimento ilegal: quando não existe justa causa para o despedimento.
- Dissimulação: consiste na dissimulação do contrato de trabalho. Quando existe uma prestação de serviços, parecendo que o trabalhador é independente (recibos verdes), mas na verdade, subsiste uma relação laboral, portanto, existe uma omissão do verdadeiro tipo de contrato.
- *Lay-off*: numa situação de crise económica da empresa, a entidade patronal não cumpre com o acordado, seja em termos de redução salarial ou de tempos de trabalho.
- Horário de trabalho: relativo a falta de horário afixado no local de trabalho, incumprimento do descanso obrigatório.
- Impedimento de trabalhar: situações em que a entidade patronal recusa ou impede a entrada do trabalhador no local de trabalho.
- Incumprimento do IRCT: quando a entidade patronal não aplica, nem cumpre com as normas estabelecidas nos Instrumentos de Regulamentação Coletiva de Trabalho (IRCT).

- Feriados: o empregador não paga os feriados com o acréscimo previsto na lei.
- Retenção da quota sindical indevida: a entidade patronal retém a quota sindical com o intuito de entregar ao sindicato representante do trabalhador e, na verdade, o empregador não encaminhou o valor da quota para o sindicato.
- Categorias profissionais: o empregador não executa progressões na carreira que estão previstas na lei ou o trabalhador não aufere o correspondente à sua categoria profissional que se encontra acordado no seu contrato individual de trabalho.
- Férias/mapa de férias: quando a entidade patronal não permite o gozo de férias ou não afixa o mapa de férias até a data estabelecida por lei.
- Estatuto trabalhador-estudante: a entidade patronal não autoriza o exercício dos direitos estipulados no estatuto de trabalhador-estudante.
- SHST: falta de fornecimento de equipamentos de proteção individual por parte do empregador ou incumprimento de questões do âmbito da medicina do trabalho.
- Parentalidade: a entidade patronal não permite o gozo do período da licença parental determinado por lei, assim como situações de amamentação ou aleitação. Nesta categoria também se inclui as consultas pré-natais, que o empregador também não autoriza.
- Assédio moral/discriminação/desigualdade: situações em que o trabalhador se depara com agressões físicas, verbais ou psicológicas no seu ambiente de trabalho ou é alvo de um tratamento menos favorável do que outra pessoa em situação comparável, assim como sentir medo ou receio no seu local de trabalho, devido a ameaças ou outras situações desconfortáveis por parte do empregador ou dos seus colegas de trabalho.

– Trabalho não declarado: trabalhadores que não se encontram declarados na Segurança Social e/ou não são abrangidos por seguro de trabalho.

Ao longo dos 3 anos em estudo, a ACT/CLM rececionou 214 denúncias de falta de condições de trabalho[3], o que corresponde ao assunto mais denunciado, obtendo 21,73% do número total de denúncias apresentadas. Em segundo lugar, surgem os salários em atraso com uma diferença, apenas, de 13 denúncias, o que perfaz 20,41% do universo em estudo. O trabalho não declarado aparece, também, com números elevados, atingindo 13,10% de denúncias. Os restantes assuntos denunciados como o horário de trabalho, a SHST, os subsídios de natal e de férias em atraso, as férias/mapa de férias, o trabalho suplementar, o incumprimento do IRCT, as categorias profissionais, o assédio moral/discriminação/desigualdade, o impedimento de trabalhar, a parentalidade, a retenção da quota sindical, a dissimulação, o *lay-off*, o subsídio de alimentação, o estatuto trabalhador-estudante, o despedimento ilegal, a tabela salarial, os feriados e a compensação por caducidade detêm 9,54%, 7,01%, 4,97%, 3,65%, 3,45%, 3,35%, 3,15%, 1,83%, 1,42%, 1,32%, 0,91%, 0,91%, 0,81%, 0,71%, 0,51%, 0,51%, 0,41%, 0,20% e 0,10%, respetivamente.

Note-se que as denúncias de salários em atraso significam mais de 1/5 das queixas. Como referi anteriormente, penso que consistem no reflexo da crise económica que temos vindo a atravessar. Trata-se de um assunto muito grave, que deve ser tratado com a máxima prioridade, em que estes valores necessitam de

---

[3] Conceito generalista, que consiste nos problemas e irregularidades laborais, normalmente, consideradas "menos graves", logo não reportam ilegalidades que, naturalmente, se classificam como "muito graves". Contudo relatam mais que uma queixa por parte do denunciante.

diminuir o mais rápido possível, de modo a garantir os direitos fundamentais dos trabalhadores. Não obstante, todos os demais assuntos devem ser resolvidos com a maior celeridade possível, especialmente o trabalho não declarado, devido a razões especiais de vulnerabilidade dos trabalhadores "invisíveis". Ressalvo e acrescento, que a ACT segue estes ideais, sendo o trabalho não declarado e os salários em atraso considerados como queixas prioritárias.

2.4. *Quais os meios utilizados nas denúncias?*

Os meios utilizados pelos utentes da ACT para exporem as suas denúncias são: a queixa-presencial, o *e-mail*, o *website*, a carta, o *fax* e a comunicação interna.

Quando o utente procede à queixa-presencial, preenche um formulário no serviço da ACT, formalizando a sua denúncia, sempre acompanhado por um Técnico Superior, para o auxiliar em eventuais dúvidas. O *e-mail* é vantajoso, no sentido em que não implica deslocação do utente ao serviço, tornando-o mais prático e acessível. O *website* da ACT também inclui as vantagens do *e-mail*, todavia, dispõe de uma particularidade: não é necessária a identificação do denunciante. Em relação à carta é muito utilizada por sindicatos e utentes que escrevem denúncias anónimas. Quanto ao *fax* é normalmente usado pelos sindicatos e advogados. Por fim, a comunicação interna, consiste numa denúncia, reportada pelos organismos públicos, que sinalizam uma situação ilegal de trabalho do seu conhecimento.

O gráfico n.° 4 demonstra os meios utilizados para denunciar as queixas dos utentes da ACT/CLM durante o período em estudo.

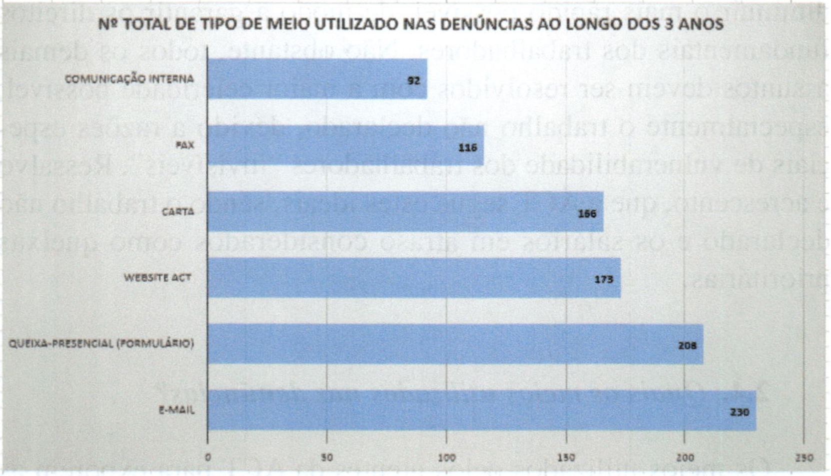

GRÁFICO N.º 4 - Número total de denúncias por tipo de meio utilizado na ACT/CLM nos anos de 2013, 2014 e 2015.

Observando o gráfico anterior, verifica-se que o *e-mail* é o meio mais utilizado pelos denunciantes, que aufere 23,35% das denúncias. A queixa-presencial soma 21,12% das queixas apresentadas. Segue-se o *website* da ACT com 17,56%. A carta corresponde a 16,85% das denúncias e o *fax* a 11,78%. Por último, a comunicação interna é o meio menos utilizado com 9,34% das queixas.

Note-se que mais de 40% dos meios utilizados para fazer chegar as denúncias à ACT/CLM são os meios tecnológicos: *e-mail* e *website*. Assim sendo, a meu ver, existe uma clara evidência de que os denunciantes optam pelas vantagens da *internet* no momento em que formalizam a sua queixa, o que demonstra que o investimento realizado nestes recursos deverá ser contínuo e atualizado.

3. Conclusões

A aplicação de ferramentas de análise como as da investigação seriam imprescindíveis para a ACT e de grande utilidade para Administração Pública em geral. Facilita o acesso a números reais e cria uma visão geral das grandes tendências, aumentando a eficácia e a eficiência dos serviços.

Para além disso, sugiro que este estudo possa ser interessante para a comunidade académica, para investigadores de diversas áreas como a administração, o direito, a sociologia, a gestão, jornalismo, entre outras, bem como, para a classe política – Governo e Oposição –, pois contribui para a compreensão e resolução de um grave problema social que são as infracções e ilegalidades laborais. Neste sentido, este artigo demonstra a importância da investigação académica ser baseada em dados efetivos relativos à realidade laboral, os quais são, muitas vezes, difíceis de obter, até em virtude da necessidade de proteção de dados pessoais. Devemos estar conscientes da realidade laboral para compreendermos os pontos fracos e as dificuldades. Daí a importância de responder às quatro questões iniciais: quais os setores de atividade económica mais denunciados, quem elabora as denúncias de infracções laborais, quais os assuntos laborais denunciados e quais os meios de comunicação utilizados nas denúncias. Meras impressões são insuficientes para problemas tão reais e delicados. São necessários números verídicos e fidedignos.

Por último, e não menos importante, este estudo contempla uma vertente social, no sentido em que abrange um propósito de valorizar as denúncias dos cidadãos, mais concretamente dos trabalhadores, relembrando que correspondem a quase metade dos denunciantes. Portanto, este estudo reconhece também a coragem dos mesmos, visto que, muitas vezes, os trabalhadores são alvo de opressões e medo das consequências das suas queixas, estando sujeitos a situações de *mobbing*.

Em suma, uma nova visão da realidade laboral não pode deixar de ser concreta, consciente e real.

ÍNDICE

O DIREITO LABORAL PORTUGUÊS NA CRISE ATUAL

João Reis

IMPEDIMENTO PARA TRABALHAR E DIREITO A FÉRIAS: CRÓNICA SOBRE A JURISPRUDÊNCIA DO TRIBUNAL DE JUSTIÇA DA UNIÃO EUROPEIA

Francisco Liberal Fernandes

A REPERCUSSÃO DA DOENÇA DO TRABALHADOR SOBRE O SEU DIREITO A FÉRIAS – ALGUMAS NOTAS COM BASE NO DIREITO EUROPEU E NO DIREITO PORTUGUÊS

Milena Silva Rouxinol

ALGUMAS NOTAS SOBRE O DIREITO À GREVE E A SUA EVOLUÇÃO AO NÍVEL EUROPEU

Júlio Gomes

O TRABALHADOR ESTRANGEIRO NO DIREITO LABORAL DA PENÍNSULA IBÉRICA: ASPECTOS BÁSICOS

Maria Regina Redinha
Ana I. Pérez Campos

DA (I)LEGALIDADE DO REGIME DO ARTIGO 366.°, N.ºs 4 E 5 DO CÓDIGO DO TRABALHO:
ANÁLISE DE UMA PRESUNÇÃO (POUCO) ILIDÍVEL
Ana Margarida Martins Pinto Pires

O DIREITO À GREVE NO ORDENAMENTO JURÍDICO PORTUGUÊS
NÓTULAS PARA UMA CONSIDERAÇÃO RETROSPECTIVA
Diogo Figueiredo Perfeito Dias Ferreira

UMA NOVA VISÃO DA REALIDADE LABORAL NO DISTRITO DE COIMBRA
Ana Rita Oliveira Santos